Otto Milfait / Das Mühlviertel, Sprache, Brauch und Spruch - Band 2

Otto Milfait

Das Mühlviertel

Sprache, Brauch und Spruch

Band 2

Bodenständiges Brauchtum,
mundartliche Umgangssprache mit Humor
und Erlebnisgeschichte

**Edition
Geschichte der Heimat**

Titelfoto: Otto Milfait

An dieser Ausgabe haben mitgearbeitet:
Roman Milfait, Gallneukirchen, Alte Straße 32
Johann Pree, Perg, Mühlsteinstraße 45
Gerhard Wagner, Liebenau Schöneben 27
Dr. Andreas Wolkerstorfer, Gutau, Fürling 18

Fotos: Otto Milfait, Albrecht Dunzendorfer

Die Deutsche Bibliothek - CIP-Einheitsaufnahme

Milfait, Otto:
Das Mühlviertel : Sprache, Brauch und Spruch ; bodenständiges Brauchtum, mundartliche Umgangssprache mit Humor und Erlebnisgeschichte / Otto Milfait. - Grünbach : Ed. Geschichte der Heimat
  Literaturangaben
Bd. 2 (1997)
  ISBN 3-900943-47-8

Copyright © 1997
bei Franz Steinmaßl, Edition Geschichte der Heimat
A-4264 Grünbach
Alle Rechte vorbehalten, Nachdruck verboten
Umschlaggestaltung:
Konzept: Otto Milfait, Ausführung: Gerhard Weinmüller
Satz: Fritz Fellner, Freistadt
Druck: Print-X, Budapest

Einleitung

Unerwartetes Interesse am 1. Band *Das Mühlviertel* haben in relativ kurzer Zeit zwei Auflagen notwendig gemacht. Allen Organisationen für Mundartpflege möchte ich für den unermüdlichen Einsatz um die Erhaltung der Muttersprache Dank und Anerkennung aussprechen. Ich möchte mit meinen beiden Büchern dazu nur einen bescheidenen Beitrag leisten, indem ich versuche, altherkömmlichen Dialekt in würziger, humorvoller Weise der jungen Generation wieder vertraut und lesenswert zu machen.
Das vorliegende Werk „*Das Mühlviertel in Sprache, Brauch und Spruch*" gilt als Zusatzband zum vorausgegangenen Buch gleichen Namens. Diese beiden Schriftwerke sollen nicht als Mundartlexikon verstanden werden. Weder die Schreibweise der Einträge, noch die Deutung der einzelnen Stammwurzeln sind als Grundlage für wissenschaftliche Zwecke gedacht.
Der Leitgedanke des Verfassers war, bei der Schreibweise des mundartlichen Sprachschatzes ohne die nur dem Fachkundigen verständlichen Lautzeichen auszukommen, um den Heimatfremden nicht die Lust am Lesen zu nehmen. Die Einbeziehung humorvoller Einschübe soll das übrige dazu beitragen, den Inhalt locker und schmackhaft zu machen.
Wie die Erfahrung aus dem Band 1 gezeigt hat, ist auch die Jugend an der Mundart sehr interessiert, und es kann erfreulicherweise festgestellt werden, daß das Mundartbuch in vielen Familien dem Fernsehapparat vorgezogen wird. Damit wird die Renaissance der heimischen Mundart wieder ins Leben gerufen, und die Bemühung des Verfassers möge daher auf fruchtbaren Boden fallen. Betonen möchte ich, daß die aufgenommenen Dialektwörter nicht ausschließlich im Mühlviertel gesprochen werden, sondern im großen und ganzen Bestandteile der allgemeinen oberösterreichischen Mundart sind. In Abwandlung und unterschiedlicher Betonung zeichnen sich die einzelnen Dialektgruppen des Mühlviertels voneinander ab. Um nicht in das Gebiet der Wissenschaft einzusteigen, will der Verfasser den dialektalen Sprachraum lediglich auf zwei Hauptgruppen eingrenzen. Da das Mühlviertel kein einheitlicher Sprachraum ist, unterscheidet der Verfasser im vorliegendem Buch nur ein *Unteres* (UM), und ein *Oberes* (OM) *Mühlviertel*.
Tausende Mühlviertler haben in den letzten Jahrzehnten ihre Heimat gewechselt, doch ihre Muttersprache ist ein Teil ihrer Identität, sie ist eine Art Geburtsschein, der sie bis in das hohe Alter auszuweisen vermag. Ein angelernter Dialekt kann niemals die Muttersprache ersetzen.

I brauch går koan Reichtum, i brauch går koa Gäd,
Mei Mü(h)biadl is ma mei Oi(l)s af da Wäd.

Otto Milfait

Abkürzungen:
MV = Mühlviertel
UM = Unteres Mühlviertel
OM = Oberes Mühlviertel
GM = gesamtes Mühlviertel
HG = Heimatgaue
O.Ö.HBL. = Oberösterreichische Heimatblätter
HB = Heimatbuch
MA = Mittelalter
Mzl = Mehrzahl
PN = Personennamen
Die in Klammer gesetzten Buchstaben werden mundartlich nicht ausgesprochen.

Nöt z'stad und nöt z'gach, nöt z'lehn und nöt z'zach,
dabei kerni und frisch, dås is mühbiadlarisch.

Mühlviertler Mundart

Schon Benedikt Pillwein befaßte sich zu Beginn des 19. Jahrhunderts in seinem ersten Band über den Mühlkreis mit der Umgangssprache der Mühlviertler: „Es gibt verschiedene Mundarten im Mühlviertel, von denen die an der bayerischen Grenze als die rauheste gilt. An der böhmischen Grenze ähnelt sie der singenden Mundart der Deutschböhmen, an der unterösterreichischen Grenze klingt sie besser und reiner."
Im vergangenen Jahrhundert hat die Mundart eine starke Abänderung durch die nähere Beziehung zur Großstadt erfahren. Ein großes Arbeitsangebot in der Stadt hat viele Mühlviertler zur Abwanderung bewogen, und ein Großteil pendelt täglich von seinem Heimatort zum Arbeitsplatz. Diese Stadtbezogenheit hatte auch einen starken Rückgang im Gebrauch der Mundart zur Folge. Trotz all dem aber sind die Wurzeln der heimischen Umgangssprache unveränderlich geblieben. Tonfall und Ausdrucksweise unterscheiden sich noch immer zwischen Unterem und Oberem Mühlviertel.
Um die Bedeutung der Mundartwörter ja recht verständlich und gewichtig zu machen, versteht es der Mühlviertler vortrefflich, sich ins rechte Licht zu rükken, indem er durch die Sinnverdoppelung das Gesagte besonders kräftig in den Vordergrund stellt. Dazu einige Wortbildungen:
stoareich, stoanarrisch, stoahiat, bettlårm, zaundürr, kreuzbrav, kreuzlusti, goaßnarrisch, saubled, hundselendi, fuchswüd, fuchsteuföwüd, bravmächti, großmächti, dårmlah(r), brinnliacht, maunåcht, eiskålt, kerzengråd, schnurgråd, brennhoaß, zåpfendusta, springgifti, saugrob, kitzgrab, stinkfäul, großmächti, kloawinzi, stoakrånk, himmeldürr, kråchdürr, zaunmårterdürr, hundsmiad, kotzengrob, kernfrisch, pumperlgsund, saugrandi, wieselflink, blitzgscheid, stroahmiad, bocksteif, sauschlecht, nudlsauber, saulöstö, hautschlecht, zeckafoast, schledanåß, tuschnåß, rinnåß, broisndrugga, zugasiaß, mötsiaß (OM), *grebsau, bockhört, handi* oder *gåihamddi, wåschnåss, budalind, budlnåckad, bazwoa, brismoa, födergring* (federgering), *fläunlgring* (gering wie eine Flaumfeder), *brödlebn* (eben wie ein Brett), *ziliacht funglnåglneu, strohdürr, glåshai* (a und i getrennt sprechen), *båstzah* (zäh wie der Binderbast), *råbnzah, bleischwa, sündtea,* (sündteuer), *stockfinsta, bicksiaß, saudeppert, saukålt, briahoaß, siebngscheid, spieglhoat, gamhiat, witzzach, bazwoach, kreuzfidäl, kugelrund, kasweis, råbnschwårz, sternhagelblau* (schwer betrunken), *mäuslstad, saugrandi, krenfrisch, haarschårf* ...

Gebärdensprache

Karg wie der steinige Boden ist auch die Sprache des Mühlviertlers – wo es nicht unbedingt notwendig ist, bedient sich der Mühlviertler lieber seiner Gebärdensprache, sie ist ein Teil der Kommunikation im Familienkreis.
Ein Kopfnicken bedeutet Zustimmung und Bejahung, Kopfschütteln bedeutet *nein*.
Zucken mit der Schulter heißt *ich weiß es nicht* oder auch *es ist fraglich*.
Zusammenschlagen der Hände bedeutet Entsetzen.
Sich umdrehen und wortlos weggehen bedeutet Verachtung.
Zwinkern mit dem Auge bedeutet Sympathie.
Rümpfen der Nase heißt keine gute Meinung haben.
Den Daumen zwischen Zeigefinger und Mittelfinger strecken und auf eine weggehende Person richten ist ein altes Abwehrzeichen gegen die Anfechtung der Hexen. Es wurde die *Feige* genannt und war in ganz Europa verbreitet, ein Symbolzeichen, das man auch als Amulett um den Hals getragen hat. Es half auch gegen den so überaus gefürchteten bösen Blick, besonders wenn dieser auf das Vieh gerichtet war.
Bei Betreten des Stalles mit fremden Leuten bemühte sich der Bauer aus Angst vor dem bösen Blick, den Blick des Besuchers auf den Boden zu lenken, indem er auf eine schlechte Türschwelle hinwies, die zu beachten sei, um nicht hinzufallen.
Unter dem Tisch die Füße über Kreuz legen ist ebenso ein Abwehrzeichen, das die Hexen daran hindert, ihre Macht auszuüben.
Eine kreisende Handbewegung vor der Stirne deutet an, daß die betreffende Person im Oberstübchen nicht ganz richtig sei.
Beide Arme in die Höhe strecken bedeutet: Ein großes Unglück ist geschehen.
Den Hund reizen, indem man ihm *das Gaberl* zeigt, eine vorgehaltene Hand, wo nur der Zeige- und der kleine Finger ausgestreckt werden. Die meisten Hunde reagieren darauf mit Zähnefletschen. Als Zauberabwehr wurde dieses Zeichen früher in meist aus Silber gefertigten Amuletten verwendet.
Über den linken ausgestreckten Zeigefinger streichen und dabei die Wörter *Elelex* oder *Schleckerpatzl* gesprochen ist eine beliebtes Spiel der Schulkinder, welches bedeutet, daß der andere unterlegen ist ... *Elelex*, håst mi eh nöt dawischt, *Schleckerpatzl!*

Drohen mit geballter Faust bedeutet Ankündigung von Schlägen.
Den Zeigefinger krümmen heißt: Herkommen!
Den Zeigefinger heben und hin- und herschwenken ist eine deutliche Warnung.
Die fünf Finger in der Kindersprache heißen: *1. das kloa Fingerl 2. das golda Ringerl, 3. Langhansl, 4. da Rezepter, 5. da Lauså(b)deter* (Lausabtöter).
Reiben des Daumens und des Zeigefingers bedeutet Mangel an Geld ... *den fäults a weng zwischen Dam* (Daumen*) und Zoagfinger* (Zeigefinger).
Die Mundwinkel nach unten gezogen heißt Verachtung oder Nebensache.
Den Daumen nach unten drücken heißt: Gib ihm mehr Druck.
Eine Handbewegung mit ausgestrecktem Arm nach hinten bedeutet ebenfalls Verachtung.
Winken heißt in der Volkssprache *wacheln*, eine übliche Form des Abschiednehmens.
Mit dem Zeigefinger an die Stirn tippen ist keine typisches Geste des Mühlviertlers, sondern vielmehr ein geistiges Armutszeichen gewisser Autofahrer von heute.
Das Vokabular reicht nicht aus, um einzelne Lautäußerungen des Landsmannes wiederzugeben. Es kann daher nur in etwa übersetzt werden, wenn man anstatt einer Verneinung die Laute *ng, ng* oder für eine Zustimmung ein knappes *Mhm* zu hören bekommt. Bei aller Sympathie muß hier dem Landsmann eine gewisse Sprechfaulheit unterstellt werden.

Mühlviertler Hymne

Norbert Hanrieder

Ös Leutln ban Inn, ba dar Enns, ba da Traun
Kemmts her då, mia låssn eng s'Hoamtl schaun.
Jå mei wirds åft hoaßn: „D' Roas håt uns nöt kränkt,
Eng håd jå da Himmel wås bsunders då gschenkt;
Von heut ån wird bessa ban Müh'biadl denkt!"

    D' Augn måchts af,
    Kemmts bål draf,
    S' Michölandl is's scho(n) wert,
    Daß mas nennt,
    Wånn mas kennt,
    Und mit Mund und Herzn ehrt!

Wia långweili is's in da Öbn oft hindån!
Dö Berg då ba uns muatn gånz ånders ån.
Dö Wasserl goldrein und dö Wälda rundum,
Åft d' Luft erst, dö guadi, wås gabats nöt drum!
Lång gnua san ma gschändt wordn, dö Zeit is hiatzt um!

    D' Augn måchts af u.s.w.

Da Mühbiadla wehrt sö ums Lebn wia na glei,
Und segtsn gånz munter und aufglegt dabei;
Schen zach måg a sei(n), åber treu is er a:
Er låßt und bazågt nöt, wånns wiadawö wa,
Und steht nu bamföst, liegt scho(n) olls af da Stra.

    D' Augn måchts af u.s.w.

A

a	auch, *i a* … ich auch
a	ein … *a G'sicht wira z'tretna Hüzschuah håbm* heißt, ein verunstaltetes Gesicht zu haben, das einem zertretenen Holzschuh ähnlich ist …
	a fescha Kampö … ein schöner Mann
	… *a bleda Hund, der sö säwa beißt* … ein blöder Hund, der sich selber beißt … (wenn sich jemand selbst verletzt)
a	er … *håd a ma vaschprocha* …hat er mir versprochen
a etla	*a ettla Birn* (einige), *a etla dreißg' Jåhr* (ungefähr)
a geh?	Verwunderungsausdruck, auch Beschwichtigung … *a geh, wås da nöt einfållt!*
a niads	*a niads*, ein jedes … *a niads Kind g'freut sö af Weihnåchtn* *a niada*, ein jeder … *a niada frågt, wias ma geht* *a niadi*, eine jede … *a niadi Schåchtl braucht an Deckl*
a påår	einige … *a påår hand scho(n) ångånga* … einige sind schon vorausgegangen
a wäu oa …	bedeutet sinngemäß eine größere Menge
a weng	ein wenig … *a weng wana låssen* … ein wenig wärmen lassen

Åamasä(l)nbüxn (die)	Armenseelenbüchse, eine am *Ristbaum* angebrachte Sparbüchse im Gasthaus Hubert Pammer in Guttenbrunn, Gemeinde Hirschbach. Alles anfallende Kleingeld von den Gästen wird in dieser Büchse gesammelt und am Jahresende zum Pfarrer gebracht, um für die verstorbenen Gäste eine Messe lesen zu lassen. Unglaublich, aber wahr! Diese Sparbüchse wurde sogar schon einmal von unerwünschten Gästen gestohlen, aber natürlich längst wieder durch eine andere ersetzt.
Åamasä(l)ntåg	Armeseelentag ... an diesem Tag holte man früher das Reisig für den *Ofenwisch* aus dem Wald, weil die Nadeln nicht mehr von den Fichtenästen abfallen
Åawad (die)	Arbeit
åbärn	abhausen, abwirtschaften
åbärdi Hosen	abgeflickte Hose mit vielen Flicken
Aberl (die)	Agnes
å(b)gånga	abgegangen, gefehlt ... *vazwirnt nu amål, dås is ma nu å(b)gånga* ... das hat mir noch gefehlt
å(b)hausn	dasselbe wie *åbärn*
A(b)leidn (das)	Ableiden, die Todesqualen
å(b)leidi	ableidig, abschüssig, ein Wiesenhang ist ein Leite, daraus dürfte auch der Name Leitner entstanden sein
å(b)muargsn	töten ... *heint miaß ma a Sau å(b)muargsn* UM

å(b)brunna	abgebrannt GM
å(b)reibm	mit dem Wagen um eine enge Kurve fahren ... *då måg i nöt å(b)reibm* UM
Åbleg (die)	1. oder Åblåg ... Lagerplatz für die *Blöcha* (Bloche) 2. Flurbezeichnung in der Gemeinde Bad Leonfelden
Å(b)schraufa (der)	Abschrauber, Gewehr mit abschraubbarem Lauf. Bevorzugte Wildererwaffe
å(b)wimmeln	abwenden, ein Unheil, eine Anzeige etc. vorzeitig abwenden
Achgod!	Achgott! Ausruf, Säufzer ... *Achtgod und neun Heiling* (Heilige), *und da Pfårrer va Greiling und da Mesner und sein Bua, wiavü* (wieviel) *brauchn dö Schuah?* (Nur zwei Paar, denn der Pfarrer war des Mesners Sohn)
achtn	auch *gachten* ... schwere Vorwürfe machen
ådämön	anpatzen, sich beim Essen anpatzen
Adamsåpfö	Kehlkopf
Aderlåßtåg (die)	Aderlaßtage waren festgesetzte Tage in abnehmenden Mondphasen, sie waren früher Tage für Pferdeopfer gewesen (J. Blau, Der Heimatforscher)
af	1. zur ... *kim af d' Nåcht* ... komm am Abend ... (sinngemäß) 2. auf ... *af d'Leich geh'n* ... soll heißen: auf das Begräbnis gehen ... *af und af drecki und d' Schuah voller Loam*

åfachtn	den Inhalt messen mit dem Hohlmaß OM
afbama	aufbäumen, Fasane *baman* (bäumen) am Abend *af* (auf), d. h. sie fliegen abends auf einen Schlafbaum ... auch die Jäger *baman* auf, wenn sie den Hochsitz besteigen
afbinden	aufbinden, glaubhaft machen, eine *Lug afbindn*
afbladln	aufdecken, ein Geheimnis ausplaudern, ein Verbrechen aufdecken, auch jemanden bloßstellen
afdunnert	aufgedonnert, auffrisiert ... *afdunnert wia a Palmesel*
affentirlö	leicht aufgebracht OM
affi	hinauf, (Aigen Schlägl), *auffi* (Bez. Freistadt) Siehe Band 1, S. 26
affikräun	hinaufklettern
Åffmberg	Affenberg, älter *Ahamberg*, verm. Berg mit Ahornbäumen, Ortsname Gem. Haibach bei Reichenau
afreibn	den Stubenboden mit Bürsten und Sodalauge aufwaschen
afgåwön	aufgabeln, erobern, ein Mädchen *afgåwön*; auch eine Rarität noch ausfindig machen
afgantn	aufpäppeln
Afhaftl (das)	schwere Krankheit ...*då kå(n)st da a Afhaftl zuaziagn* ... da kannst du dir den Tod holen. (wortgetreue Übersetzung nicht möglich!)

afhöbm	aufbewahren ... der Bub gibt seinem Vater das Geld zum *Afhöbm*
Afiesl	Ortsname im OM, wird als *Aneffoz*, Ohnefuß, oder Einfuß gedeutet
åfisln	abknabbern ... ein Ripperl *åfisln*
afli	empfindlich, ein verletzter Körperteil ist *afli* OM
aflosn	aufhorchen
afm	auf dem ... *afm Tisch steht da Mostkruag*
afmari	an den Tag bringen ... *es is hiatzt afmari wordn, wer den Häuslmånn umbråcht håd* ... es ist offenbar geworden
afs Kreuz legn	dem Sinn nach: jemandem hineinlegen, täuschen
Afsegn måcha	Aufsehen bereiten, besonders auffallen
afsitzn	aufsitzen, die Hühner sitzen *af* (auf den) *Håhnbam* (Hahnbaum), Sitzstange für das Geflügel im Hühnerstall
åfta	geringwertig ... *a åftana Håwan* ... ein geringwertiger Hafer
aftånzn	einen Tanz vorführen, Volkstanzen
Afwåschn (das)	den Fußboden aufwaschen ... *då gehts in oan Afwåschn* ... (Spruch) sinngemäß: man kann eines mit dem andern verbinden
afzwicka	aufzwicken, erobern, anlachen ... das Mädchen hat sich einen Freund *afzwickt*

aga	ärger, *es wird oiwei aga* ... es wird immer ärger
agarat	akkurat, ich habe es mir gedacht ... *agarat is a ös Wåsser gfålln, weil a afs Eis gånga is*
ågehad werdn	leicht übel werden bei Überanstrengung ... hiaz wird ma ågehad ... Schwächeanfall UM
ågem	interessieren, *dös duat mi ågem* OM
Ågn (der)	Agen ... Werchabfall
Ågråslstaudn	Stachelbeerstaude
ågschossn	ausgebleicht (siehe *ausbloacht!*)
åha	1. halt! (Kommando für die Zugtiere) 2. für das Wort *Entschuldigung* gebräuchlich ... Pardon – åha
åhagln	streiten
Åhån	Ahorn (Acer) in Weitersfelden, Flurnamen Ahornet (Sandl), Ahorn (Liebenau)
Ai Ai	und *Aitö*, Liebkosung durch kleine Kinder ... *a Aitö geb'n,* schmusen ... gib ma a Ai Ai!
aijå	oja, jawohl
åikain	hinunterwerfen ... *i kai da a påår Öpfö åi* ... ich werfe dir ein paar Äpfel hinunter
aizeigan	hinauswursteln (Rainbach)
aigeh(n)	hinausgehen (Rainbach)

Aiad	Allhut, Ortsname in der Gemeinde Reichental, vielleicht von Allgemeinweide?
Åidi, åida	Die beiden Ehegatten, Mann und Frau ... *i lieg ön Strååengråbm, wås wird mei Åldi sågn ...*
Aisa	Ortsname bei Schwertberg ... Ort mit beachtenswerter Freilichtbühne
Åkråm (die)	Buchecker, Buchnuß
åkråtzn	sterben, derbe Ausdrucksweise GM
Ålbaned	Albened, Gem. Kollerschlag, könnte von Alber, der Alberbaum – Weißpappel (Populus alba) gelegentlich auch zur Bezeichnung der Schwarzpappel (Populus nigra), herstammen. Volkstümlicher ist *Wåssabam* – Vgl. Rotalber zur Benennung der Eibe. (Jungmair – Etz, Wörterbuch zur O.Ö. Mundart)
Alberndorf	Ortsname – älter *Albans- Albandorf*, möglich vom PN Alban oder vom Baumnamen Alber
ålegn	die Kleider ablegen, sich ausziehen ... *ån und å(b)legn*
ålle Bot	alle Augenblicke ... *ålle Bot kimmt a daher*
Ållerheiligen	Ortsname, der vom Patrozinium der Kirche Allerheiligen abgeleitet ist
Åiraundel (das)	oder *Uraundeln* sind Kinder des Teufels und der Zauberin
Altaist	1171: Minnesänger Dietmar von Aist als tot gemeldet; 1778: die Reste der Ruine in Altaist, Gemeinde Wartberg wird zum Umbau des Kneißl-

hofes in Altaist verwendet (v. Strnadt). Der Sitz des Minnesängers auf der Burg Altaist ist urkundlich nicht nachgewiesen

Ålte anstatt Ehefrau ... *mei Ålte* ... für alte Menschen beiderlei Geschlechts ... *bei die Åltn is ma guad g'håltn* – Madame åntik

Åmoasberg Ameisberg, nicht von Ameise, der PN *Ameis* wäre eine mögliche Erklärung

Hanrieder Stube auf dem Ameisberg

Åmoaßn Ameise ... *an Stoppö drauf doa af d' Flåschn, daß koani Åmoaßn nöt einikräunt* ... einen Korken auf die Flasche geben, damit keine Ameisen „nicht" hineinkriechen (Es gibt scherzhaft gesprochen nicht nur Ameisen, sondern auch Stemmeisen, Blaumeisen, Brenneisen, Schlageisen, Reibeisen, u.a.m., (siehe Band 1, S. 18))

amåi einmal, auch *oamål* gespr. GM

Ameisenhaufen, an die zwei Meter hoch!

Amalettn (die, Mzl.)	Palatschinken, Omelette
Amerin	Goldammer. Sie war vor 50 Jahren im Mühlviertel noch sehr stark verbreitet
Åmparä (das)	Regenschirm OM, veraltet, englisch: umbrella
amsti	emsig ... *recht amsti dahinoawatn* OM
an	einen ... *an Derrischn an guadn Morgn wünschn,* d. h. einem Tauben einen guten Morgen wünschen, was so viel bedeutet, daß es sinnlos ist, ihm etwas zu sagen
ånana	*a ånana* ... ein anderer ... *då pfeift a ånana Wind* ... hier herrschen strengere Sitten. Die-

ser Ausspruch ist in der Lebenserfahrung alter Leute durchaus begründet. Mag es auch lächerlich erscheinen, von einem anderen Wind zu sprechen, doch das Heulen des Windes im offenen Kamin, wie es besonders im Herbst an manchen Tagen zu hören ist, unterscheidet sich im Ton von den Windgeräuschen anderer Gegenden. Dieser Unterschied war schon den Altvordern bewußt und sie haben dieses Phänomen in ihre Spruchweisheit aufgenommen UM

ånani	*a ånani* ... eine andere ... *a ånani Muadda håd ar a schens Kind* ... eine andere Mutter hat auch ein schönes Kind
anagehn	hereingehen OM ... *geh ana a weng* ... geh herein ein wenig, in Lamprechtswiesen heißt es auch *geh i* (geh hinein)
analoan	hereinlehnen ... *ban Fenster analoan* ... beim Fenster hereinlehnen
Ånari	Andreas GM
ånas	anders ... *i moa, mia kriagn a ånas Weda* ... ich glaube, wir bekommen ein anderes Wetter
Å(n)bandln (das)	Annäherungsversuch
Å(n)bindn (das)	Anbinden, auch *Ångfrean* (Anfrieren), eine geheime Kunst, jemanden an Ort und Stelle zu bannen. Ebenso war das *Loslösen*, einen *Angfreadn* wieder zu befreien, in unserer Heimat sehr verbreitet. Man konnte auch ein ganzes Fuhrwerk *a(n)gfrean* oder loslösen. Durch das Ausschlagen der ersteingesetzten Speiche des Wagenrades, die mit einem Kreuz bezeichnet

war, wurde das Fuhrwerk wieder befreit. In einer Reisebeschreibung, die vor ca. 150 Jahren erschien, wird folgendes berichtet:
„Beim Überschreiten der oberösterreichischen Grenze kommen wir in das Land, wo die Kunst des *Anbindens* besteht." Es muß diese Fähigkeit tatsächlich gegeben haben, wenn sie auch heute längst vergessen ist. (Lose Aufschreibungen von Dr. Oskar Schmotzer, Wels, 1934)

Aneis (der)	Anis, ein Gewürz
å(n)eisna	mit Eisglätte überziehen ... *å(n)eisna duats* UM
å(n)dudln	sich volltrinken
å(n)düwön	1. andübeln, mit Holznägeln festmachen, 2. jemanden anzeigen
å(n)failn	anbieten, anpreisen
Å(n)fang (der)	Anfang ... *a schlechter Å(n)fång, a guads End*
Å(n)ga (der)	Anger, Wiesenfleck
å(n)gaschiern	engagieren, zureden, aufmuntern (nicht im Sinn von „sich einsetzen") empfehlen OM
Å(n)gel (der)	Stachel der Bienen
å(n)gehn	anfangen und fortgehen ... *geh'n mas ån* (Nasalierung)
å(n)håbn	zurückhalten, bei einer Talfahrt *(nåhtål)* mit dem Fuhrwerk die Geschwindigkeit veringern ... *håb å(n) a weng!*

å(n)ho(c)h	zu hoch
å(n)kema	ankommen, berühren, treffen, erwischen
å(n)kuraschiern	aneifern, auch gut zureden, aufmuntern … (andere Bedeutung als im Sinne des Wortes) OM
å(n)legn	Kleider anziehen …*i muaß mi erscht å(n)legn*
å(n)mögn	der Sache gewachsen sein. …*er håd eam nöt å(n)mögn*, er war ihm nicht gewachsen; oder *da Wind håd recht å(n)mögn ba den Häusl* … sinngemäß: das Häuschen war sehr stark dem Wind ausgesetzt
å(n)özagln	oder *åniziagön* schlafen gehen, oder auch fortgehen OM
å(n)schick	geschickt … *der Franzl is recht å(n)schick*, OM
å(n)siedln	die Bruthenne auf die Bruteier ansetzen
å(n)stelli	geschickt, gelehrig, willig, zur Arbeit brauchbar
å(n)strudln	anpöbeln, anflegeln
å(n)taucha	anschieben … *hiefür muaß ma å(n)taucha* … nach vorne weg muß man anschieben (bei einem Pferdefuhrwerk bergwärts)
å(n)tümmöln	anpochen – wenn kein Türklopfer angebracht war, trat man mit dem Fuß an die Tür
å(n)vü	etwas zu viel GM
Å(n)wer (das)	Angriffsmöglichkeit … bei vieler Hände Arbeit, keine Möglichkeit mehr finden, mitzuhelfen … *hå(n) koa Å(n)wer!*

å(n)weign	anfechten, OM veraltet
å(n)wiehn oder ei(n)wögn	Die Ochsen mit dem Joch an den Wagen spannen, in die Waage bringen GM
å(n)wünschn	jemandem etwas Böses anwünschen. Gewisse Personen sollen die Kraft haben, jemandem etwas Böses anzuwünschen. Früher wirkte sich das in der Milchleistung der Kühe aus, und der Pfarrer wurde sodann gerufen, die Stallungen auszusegnen (HB Pierbach)
å(n)zwiedan	jemandem lästige Worte sagen
angsti	schwül ... *a angstigs Weda håma heint* ... es drückt auf das Gemüt UM
å(n)gschirrn	den Zugtieren das Geschirr anlegen
å(n)gradi	übermütig, zudringlich bei Mädchen sein
å(n)hänga	anhängen ... *den Å(n)hänga å(n)hänga* ... den Anhänger anhängen. – Eine Floskel.
å(n)höbn	heben, 1. für aufheben, 2. für beginnen ... *d' Åawad ånhöbn,* die Arbeit beginnen
å(n)kema	berühren ... *i bi netta a weng ba ihr å(n)kema* ... ich habe sie nur ein wenig berührt
å(n)kehrn	umkehren, wenden mit dem Fahrzeug ... *då måg i nöt å(n)kehrn*
å(n)lassi	übermütig sein
å(n)schmiern	anschmieren, jemanden betrügen

anstelli	und schicksåm, anständig und schicklich, bei Susi Wallner in *Hoamatgsång,* 1. Jahrb., S. 187
Å(n)stuck (das)	kleines, bei der Verlosung niemandem zugeteiltes Grundstück
Antn und Gäns	Enten und Gänse
ånthåln	zu Hause ... *endli han ma wieder ånthåln* ... endlich sind wir wieder zu Hause OM
Antl	für Anton, Kurzname *Toni,* im Bez. Freistadt auch *Tonei* oder *Tonl* (abgekommen)
Å(n)schåffer	Anschaffer, Polier, Befehlserteiler
Å(n)terweri	Schabernak OM, veraltet
åni	hinzu, *ånilegn,* hinzulegen
å(n)massen	mit einem Strick festbinden
Å(n)plåtz	günstiger Platz OM, veraltet
Å(n)wert	beständiger Wert ... einen gewissen *A(n)wert hå(b)m* heißt, von vornherein hoch eingestuft sein
Åpföbuzn (die)	Rest eines Apfels, Kernhaus mit Stengel
åpassn	abpassen, im Hinterhalt auflauern
åpröllt	abgeprellt, abgewiesen, zu kurz gekommen, nicht erreicht OM
ara	auch ein ... *sads ara weng då?* ... seid ihr auch ein wenig hier?

as	es ... *hörst as, wias Bründerl gluckst?* ...hörst du es, wie das Brünnlein gluckst?
åspensti måcha	jemandem einen Dienstboten oder ein Mädchen ausspannen, d. h. durch Überredungskünste für sich gewinnen
Asperl (die)	Mispel, apfel- bis birnenförmige Frucht, die erst nach dem ersten Frost genießbar wird. Sie war früher im Mühlviertel sehr verbreitet und ist ein vortreffliches Mittel gegen Durchfall; heute selten. Die Verbreitung wird wieder angestrebt
åstuma	abwehren OM
aufgehads Wåsser	feuchte Stelle auf der Wiese, in Rainbach „Ö" genannt (beim Maurerwirt). Es ist das kürzeste Dialektwort! (siehe „Ö")
aufi	hinauf ... geh auffi! ... im OM *affi* gespr.
aufikraün	hinaufklettern
Auflauf (der)	1. Mehlspeise, 2. Aufstand
auge – i	Ausruf der Verwunderung, auch des Bedauerns OM
Augn	Augen ... Spruch: *D' Augn sand oiwei weida wias Mäul* ... d. h. mancher gibt sich mehr auf den Teller, als er essen kann
Augnhöbö (die, Mzl.)	Augenwülste
auigjoad	hinausgejagt ... *dö Kiah håni auigjoad van Krautåcker*

aui – kai	hinauswerfen ...*i kim in an hübschen Streit, aft håms mi aui – kait*
Aumgådern (der)	das Gesagte muß man durch einen Aumgådern reitern, d. h. es ist so unglaubwürdig, daß man es durch ein grobes Sieb (spr. Reitern) *reitern* muß. – *Aum* = Heusamen, *Gådern* = Gatter, aus feinen Spänen geflochtenes Sieb
ausbloacht	ausgebleicht, aus: Susi Wallner im „*Hoamatgsång*" 1. Jhrb., S. 187
ausboaln	von Knochen befreien
ausdodln	für toll erklären, böse Namen geben, wie z. B. ... *du schaust aus wia d' Henn untern Schwoaf* ... du siehst aus wie die Henne unter dem Schweif GM, soll heißen: frierend, bleich
Ausgwåchsna (ein)	Mann mit einem Buckel, siehe Ho(ch)buglada
Aushålder (der)	Ein Tanz für eine bestimmte Gruppe von Gästen oder auch für das Brautpaar, die Brautleute etc.
aushetschn	Nüsse, Eicheln usw. von der Schale befreien
auskråma	auspacken, auch eine Rede loslassen OM
Ausnåhm (die)	auch *Ausnehma*, Auszug, Ruhestand der Altbauersleute
ausnamön	böse Namen geben ... *i låß mi nöt va dir ausnamön* OM
aussa	heraus ... *geh aussa* ... auch *aua* gesprochen

aussazåuna	herausschauen bei einer kleinen Öffnung, einem kleinen Fenster und dergl.
ausschnoatn	ausschneiden, die Klauen der Rinder *ausschnoatn*, die Bäume *ausschnoatn* = entasten
aussi	hinaus ... *i muaß amål aussigehn, weil herin derf i nöt aussi gehn* ... früher wurde eher *aui* gesprochen
ausweni	aussen ... *ausweni hui, ei(n)weni pfui* ... Mädchen, die in schöne Kleider gehüllt sind, können dennoch ungepflegt sein
auswixn	mit den Beinen ausschlagen ... *da Bräunl (Pferd) duat gern auswixn*
auszåhna	jemanden verspotten
auszwoa	das Gesicht waschen ... *dua dö gschwind auszwoa und in d' Schui gehn* OM
Auta (das)	Euter... *dö Kuah håd recht a kloas Auta* ... GM
authentisch	geschickt, tüchtig, keine Bewandtnis mit der Bedeutung des Wortes OM
åwa	1. aber ... *åwa heint is's guad!* GM 2. herunter ... *kräu åwa, sunst schnei i ön Bam um* ... klettere herunter, sonst schneide ich den Baum um
åwachtln	streiten, Worte wechseln
Awadöga	Apotheker ... Der Apotheker übergibt der Hoanzlbäuerin die Medizin für ihren Mann mit der Auflage *Vor Gebrauch fest schütteln* ... Ja meint

die H..., I duas eh oiwei, aber mein Månn håt gsågt, dös hålt er af d' Läng nöt aus ... ich tu es ohnedies immer, aber mein Mann hat gesagt, er hält das auf die Dauer nicht aus!

åwageh(n)	heruntergehen ... *åwigeh(n)* bed. hinuntergehen
åwalesn	herunterlesen ... *ma kå(n) eams van G'sicht åwalesen* ... man kann es ihm vom Gesicht ablesen
Awani (die)	(die) Ohrfeige mit der verkehrten Hand (dem Handrücken)
åwaschern	herunterscharren ... die Schuhe schief treten, (Betonung auf dem „e") OM
åwataferln	heruntertäfeln, verkleiden der Außenwand mit Eternit
åwatschna	ohrfeigen
a wäu wås	eine ganze Menge ... *du bist um a wäu wås gressa wordn*
åwi	hinunter
åwiagn	abwürgen
åwigeh(n)	hinuntergehen (Nasalierung bei *geh(n)*)
åwigledan	hinuntergleiten OM
åwihatschn	hinuntertreten, den langen Weg hinunter zu Fuß machen

åwikånzeln	jemanden heruntermachen, abwertende Reden führen, von der Kanzel herunter Zurechtweisungen erteilen
åwischnåbön	bissig sein
åwitoa	sich Sorgen machen ... *i hån mi a so åwitån* ...
åwiwiagn	hinunterwürgen. Speisen oder Medikamente, die man nicht mag, muß man mit Gewalt hinunterwürgen (schlucken)
Åxel (die)	Schulter ... *an Såg üwa d' Åxel nehma* ... einen Sack über die Schulter nehmen
å(b)zeima	abzehren, abmagern ... *10 Kilo håni scho åzeimt* OM
å(b)ziagn	ausziehen ... *s'Gwånd å(b)ziagn zan Bettgehn*

Jause am Feld

ℬ

ba	bei … *ba mir håts koa Trawing* … bin nicht in Eile, ich habe Zeit genug OM
babön	handeln (Hanrieder S. 38, Anm. 124)
båcha	backen
Bå(ck)heisl (das)	Backhäuschen, gemauertes Häuschen, das ausschließlich nur dem Brotbacken diente und wegen Brandgefahr abseits des Gehöftes stand. Einzelne Relikte findet man noch in entlegenen Gegenden des MV.
Bå(ch)trog	Backtrog, großer hölzerner Teigbehälter für das Brotbacken
bå(d)ln	urinieren, siehe die drei „B"
baff	perplex sein
bågizn	Herzklopfen haben OM
Bagasch (die)	Bagage, Gesindel, Gruppe von Menschen, die man verachtet
Baggö Dowag (das)	Packerl Tabak … um *a Baggö Dowåg* sind die Böhminnen anders gebaut als die Mühlviertlerinnen
båi	bald, fåst, beinahe … *hiatzt häd i di båi nöt kennt* … jetzt hätte ich dich beinahe nicht erkannt
Bå(ck)karl (das)	aus Stroh geflochtene Schüsselform für den Brotteig

Bäla (der)	1. Hund, der dauernd bellt 2. starker Hustenlaut z. B. bei Keuchhusten
bålladi Huaschtn (die)	bellender Husten, Keuchhusten
bållnschupfen	Ball schubsen, Ball spielen
bålwiern	balbieren, rasieren ... *übern Löffö balwiern.* Für älteren Männer mit eingefallenen Wangen hatte der Bader einen beinernen Löffel, den er der Kundschaft in den Mund schob und von innen die Wangen herausdrückte, um glatt darüber *balbieren* zu können. (Pfarrer Johann Sigl, in Beiträge zur Landes und Volkskunde im Mühlviertel.) Nach Aussagen des Friseurs G. Reiter aus Bad Leonfelden wurde hiezu statt des Löffels auch ein Apfel verwendet
Bam (der)	Baum ... *an altn Bam soll ma nöt vasetzn* ... sinngemäß auf alte Leute zu übertragen (gedehntes, nasaliertes „a")
Bamarantschn (die)	Orange (frz. Pommes d'orange)
Bamblia (die)	Baumblüte
Båmbs (der)	verächtliche Bezeichnung für ein außereheliches Kind ... *an Båmbsn håds kriagt* GM
ban	beim ... *ban Nåchbarn håmds a greani Goaß* ... beim Nachbarn haben sie eine grüne Geiß
banåna	beieinander ... *sand olli banåna?* ... sind alle beisammen? (Betonung auf dem „å")
banånd stehn	beisammenstehen

Bandl	leichtfertiger, pflichtvergessener Mensch OM (veraltet)
Bandlio(n)	Ortsname St. Pantaleon ... *i hå(n) a Teochta ön Bandlio(n)* ... ich habe eine Tochter in St. Pantaleon
Bandlkråma	Mann des Wandergewerbes mit Bauchladen, der Bänder aller Art und kleine Gegenstände des täglichen Lebens mit sich führte
bandln	Geräte in Ornung bringen, auch *anbandeln* ... Anäherung suchen
bangawitzi	bange, ängstlich OM
Bappada	ein dickbackiger Mensch
Bappm (die)	Mundpartie, verächtliche Bezeichnung, *hålt die Bappm!* ... halt den Mund!
Bargfried, Pargfrieder	Orts- und Familiennnamen ... von mhd. *bercvrit* (= Bergfried), Verteidigungssystem einer Burg
Bartl	Bartholomäus ... *Geh hin, wo da Bartl ön Most holt*
Bårtwisch (der)	Handbesen
Båseln (das)	das Staubbaden der Hühner
båschn	geräuschvolles Schmatzen beim Essen (b = p), auch Klatschen mit den Händen
båstmüll	langweilig, schlapp OM, veraltet
båstzah	sehr zäh, OM, veraltet

båtschad	ungeschickt; eine Person, der alles aus der Hand fällt, nennt man *båtschad*
batschnåß	pritschelnaß
Båtschoawad (die)	schlechte, primitive Arbeit ... *i muaß dö gånz Båtschoawad måcha*
Båtzenlippö (der)	Schimpfwort für einen tollpatschigen Menschen
båtzi	wichtig, im verächtlichen Sinn OM
Bau (der)	Bauch, *a Mån(n) ohne Bau(ch) is wira Hümö ohne Stern*
Bau (der)	Bauer
Bäu	Bäuerei, bäuerliche Umgebung ... *af da Bäu*, am Land
Baunhaus	Bauernhaus

Ein eigenartiger Überrest primitiver Feuerung im alten Mühlviertler Bauernhaus war der *Guckofen*. Von ihm zog der Rauch aus dem *Kuchlofen* in die Schwarze Kuchl und von da in den massiven, steinernen *Raupfång* mit seiner eigenartigen Bauweise. Von der *Kuchl* aus sah man durch ihn ins Freie. In der *Kuchl* wurden auf großen dreifüßigen Gußeisenpfannen noch vor 50 Jahren die Krapfen gebacken. Über dem runden Loch auf der Herdplatte stand der Dreifuß, es war ein Eisenring mit drei Beinen, auf dem die Häfen standen. Die Selchrenken hingen in Doppel- und Viererreihen in der Schwarzen Kuchl, und nicht selten stand da drinnen auch das *Schaffl* für die große Notdurft. Bei der *Sitzung* lief man Gefahr, während des unbequemen Aufenthaltes selbst mitgeselcht zu werden.

Küche und Stube bildeten oft nur einen einzigen Raum. Der Eingang von Flur und Küche war in der Regel auf einem oder zwei Quadratmetern mit Steinplatten gepflastert, ebenso ein schmaler Saum um den Ofen. Erst dann begann der hölzerne Fußboden aus schweren, zugehackten Brettern. Die Einrichtung war sehr schlicht: ein Tisch, ein, zwei Stühle, gewöhnlich aber Bänke, die an der Wand entlangliefen und fest mit ihr verbunden waren. Sie entsprachen nicht der normalen Sitzhöhe, sondern waren relativ hoch, da man für den Spinnrocken eine höhere Sitzstellung einnehmen mußte. Weiters ein oder zwei Betten, meist aber ein *zwiespanniges Bett,* d. h. ein überbreites Bett für das Ehepaar. Wenn es hoch herging, stand auch schon eine Nähmaschine in der Stube, weiters eine

Mühlviertler Bauernhaus

Wanduhr, die allerorts übliche Schwarzwälder - Uhr. Einige Hinterglasbilder im Herrgottswinkel, manchmal auch nur Farbdrucke, die von den *Umgehern* immer wieder angeboten wurden. Die Leute gaben dafür ihr letztes Geld aus, da sie ja den *Herrgott* nicht vor die Tür weisen wollten. An der Wand sah man auch häufig Bilder mit Wildererszenen und Fotos von gefallenen Angehörigen, von Hochzeiten oder Familienaufnahmen. Die Raumnutzung war sehr wichtig in der kleinen Stube, und so hatte man auch über dem Ofen die Ofenstangeln angebracht, sie dienten zum Trocknen von Kleidungsstücken wie Socken, Fäustlingen und auch des *Roßkiss*, des Innenteiles des Roßkumets. Am vorstehenden Stangenende hingen noch die Holzstiefel (*Schaftstiefel mit Holzsohle*)

Rüstbaum beim Pammer-Wirt in Guttenbrunn

des Bauern. Am Ristbaum, der meist geschnitzt war und vielfach noch bis in unsere Tage erhalten ist, waren Haken eingeschlagen, wo kleinere Gegenstände wie die Taschenuhr und der Hut des Bauern seinen Platz hatten. Die Zimmerdecke war pechschwarz vom Rauch der *Kienleuchte* und der *Spanleuchte*. Mitunter wurde sie auch mit Rinderblut eingelassen. Später wurden diese Beleuchtungskörper von der *Ölfunsn*, dem kleinen Öllicht und der Petroleumlampe abgelöst, die ebenfalls noch viel Ruß und Petroleumgestank in der Bauernstube verbreiteten. Wesentlich besser war die Lichtqualität dann durch die Erfindung der Petroleumgaslampe, auch *Petromaxlampe* genannt. Diese war sehr teuer, und nur wenige konnten sich eine solche Lampe leisten. Sie war der Vor-

Hofidylle aus den Mühlviertel

gänger des elektrischen Lichtes und brannte teilweise noch bis nach dem 2. Weltkrieg. Das *Aimerl,* der Mauerkasten, barg allerlei Schriften, Gebetbücher, das Kirchenblatt und mitunter auch die Flasche, in der der *Troadani* (Kornschnaps) aufbewahrt wurde. Im schrägfüßigen Bauerntisch, einem *Jogltisch* mit Tischlade, lagen der Brotlaib und das Tischtuch. Unter der Tischplatte waren kleine Riemchen angenagelt, wo die Hausleute ihren Löffel aufbewahrt hatten. Um den Kachelofen fehlte nie die Ofenbank, die besonders zur Winterszeit sehr begehrt war. Sie ist der vielbesungene Teil der Stube. Die mollige Wärme des Kachelofens war wohltuend für die oft durchfrorenen Glieder der Bauersleute, wenn sie auf ihrem stundenlangen Weg Sturm und Schnee ausgesetzt waren. Der Ka-

Reichenau

chelofen selbst bestand meist aus grünen oder braunen, glasierten Kacheln. Die Sonntagskleider wurden vorwiegend in Schubladkästen aufbewahrt, während das *Werdagwånd (Werktagsgewand)* in der Kammer auf der *Rem* (Balken mit hölzernen Haken) hing.

Es gab im wesentlichen Sölden, Huben, aber auch fränkische Dreiseithöfe, die an der Vorderseite mit einer Mauer geschlossen waren. In diese Mauer war das Hoftor und das Hoftürl eingebaut. Ferner wurden die wuchtigen Vierkanthöfe gebaut, die charakteristisch für das östliche Mühlviertel sind.

Baunkröpf (die, Mzl.)	Herrenpilze
Baunsacherl (das)	Bauernsacherl, kleines Gehöft mit ertragreicher Landwirtschaft
Bauntråcht	Bauerntracht: Je nachdem, wie man sich es leisten konnte, war auch die Kleidung des Mühlviertler Bauern beschaffen. Reiche Bauern drückten ihren Wohlstand in der Kleidung aus (Heute ist es die Zugmaschine). Man trug schwere Stiefel und eine reichbestickte Fellhose. Eine schwarze Samtweste, besetzt mit zwei Reihen silberner Knöpfe, und ein schwerer, kostbarer Gürtel zierten den Oberkörper. Den Rock hielten schöne Schnüre zusammen, die wieder an großen silbernen Knöpfen befestigt waren. Eine schwere silberne Uhrkette, an der eine kostbare silberne Uhr, in Schildpatt gefaßt, hing. Der Hauptstolz aber war die silberbeschlagene, hölzerne Pfeife, die oft ein kleines Vermögen kostete. Ein Bauer soll sich einmal eine Pfeife um ein paar Ochsen eingehandelt haben.

Baunzerl	kleiner Mensch, verwandt mit Bonsai?
bausbåckad	dicke Backen haben, pausbäckig
Bauweis	Bauweise: „Das Mühlviertler Bauernhaus wurde aus jenem Granitgestein gebaut, das in der Umgebung vorhanden war. Es hielt 300 bis 400 Jahre lang. Bei dessen Abriß kann man heute feststellen, daß die Mauern nur aus Steinen, Dreck und Lehm zusammengehalten waren. Kalk war Mangelware und es wurde auch sehr sparsam damit umgegangen. Er wurde in ungelöschtem Zustand angeliefert und mußte erst im *Sautrog* durch Wasserzusatz gelöscht werden, dabei entstand eine ungeheure Hitze und man mußte sich vorsehen, daß man von der qualmenden Brühe nicht angespritzt wurde, was schwere Brandwunden zur Folge haben konnte. Die heiße Kalkbrühe wurde dann in die Kalkgrube gegossen, die bei jedem Haus zu finden war. Schwere Steinquader wurden zurechtgemeißelt, man hatte sie aus der näheren oder weiteren Umgebung herbeigeschafft. Besonders an den Mauerkanten wurden oft schwerste *Überleger* eingemauert, die das Gebäude zusammenhielten. Die abgeflachten, außen sichtbaren Steinquader wurden mit Kalkmörtel ausgefugt und ergeben die heute so beliebte *Steinbloßfassade*. Das Dach bestand früher ausschließlich aus selbstgewonnenem Roggenstroh und reichte sehr oft bis zur Erde. Im nördlichen Mühlviertel war noch das Schindeldach üblich. Die Holzbestandteile des Dachgestühls verband man mit Holznägeln. Diese wurden von den Zimmerleuten mühevoll aus Buchenholz gehackt, wenn bei anhaltendem Regen die Arbeit im Freien nicht möglich war. Eisennägel

waren noch lange nicht erschwinglich. An Stelle von Dachlatten verwendete man Stangen und das Stroh band man an diesen mit selbstgedrehten Ruten aus Fichtenästen fest. Der fränkische Dreiseithof war im Mühlviertel vorherrschend. Er war die typische Hofform der Reihen- und Angerdörfer auf den Hochflächen des Mühlviertels. Der stattliche Vierkanthof war vornehmlich im Unteren Mühlviertel zu finden. Der Blumenschmuck an den Fenstern bestand aus den sogenannten *Buschen*, den Geranien, Fuchsien, Begonien, Pelargonien, Goldblatt und ähnlichen. Der Lichteinfall in die Stube durch die an und für sich sehr kleinen Fenster wurde damit zusätzlich beeinträchtigt. Die allerersten Bauernanwesen im MV dürften so wie überall aus primitiven Holzhütten bestanden haben, deren Wände und das Dach mit Lohrinde (Baumrinde) eingedeckt waren, und wo Mensch und Vieh auf engem Raum zusammenlebten. Aus dieser Zeit stammt auch noch die Bezeichnung *Loawänd*, womit die Bretterwände bezeichnet werden.

Bawalatschn (die)	zu groß geratenes Haus
Baz (der)	Brei, auch schleimige oder teigförmige Masse
Bazhaubm (die)	flache zusammengdrückte Haube, aber auch ein flaches rundes Weißbrot (abgekommen)
Be (die, Mzl.)	Beeren
BBB	die drei wichtigen „B" am Abend: Beten, Bå(d)ln (Urinieren), Bettgehn
Beåsatnåcht (die)	Bosheitsnacht, Unruhnacht, die Nacht von

	Pfingstsonntag auf -montag (Baumgarten, „Das Jahr")
bedaggön	beschwindeln ... *i låß mi nöd bedaggön*
Bedlmånn	Bettelmann ... *wån da Bedlmånn afs Roß kimd, is a nima zan dareitn* ... wenn der Arme zum Reichtum kommt, wird er arrogant
Bedlweibö	Bettelweib
begabö	ausgiebig OM
Beggaxö (der)	Bäckergeselle
Beggarei (die)	Bäckerei, gemeint ist die Weihnachtsbäckerei, Kekse
Beheimsteig (der)	Salzsteig nach Böhmen (Zöhrer, Österr. Chronik)
behmisch eikafm	böhmisch einkaufen ... einkaufen, ohne zu bezahlen, stehlen
behmische Kopftiachl	böhmische Kopftücher ... das Binden der Kopftücher der Mühlviertler Frauen nach böhmischer Art ist heute noch landesweit gebräuchlich. Leinen- und auch Barchenttücher werden unter dem Kinn gebunden
behmischer Wind	böhmischer Wind ... *Kam håni mei Troad af d' Leiten hingsaat, håts scho da behmische Wind vawaht!* Ein typisches Sprichwort für die mühselige Arbeit eines Mühlviertler Bergbauern (das auch vertont wurde): „Kaum habe ich mein Getreide auf den Hang hingesät, hat es mir der böhmische Wind schon wieder verweht."

Behmwind	der aus Böhmen kommende Wind. (Nordwind) *... ön da Nåcht wiri munter, wås burrt denn daher? Es scheppan dö Fenster, ha(n) – da Behmwind geht mehr!*
Bei, Bäu	Pfropfen im Faß
Beichtzedl (das)	der Beichtzettel, beim *Mentscha- und ban Buamabeichttåg* bekam man einen Beichtzettel, den man zu Hause vorweisen mußte
beidln	einen Buben bei den Ohren ziehen und schütteln, Drohung: *i wia di glei beidln!*
Beißn (die)	böses, bissiges Weib
beißn duats mi	es juckt mich ... *Liebe Resi, ich schreib dir, wenns dich beißt, dann kratze dir, mi håts a scho oamål bissen, hån ma säwa kråtzen miassn*
Beitlschneida	Beutelschneider ... Verbrechensart noch im vorigen Jahrhundert. Man trug das Geld in einem Beutel, meist aus Schweinsblase, am Hosengürtel. Listige Diebe benützten die Gelegenheit, den *Beutel* mit einem feinen Messer aufzuschneiden und den Inhalt an sich zu nehmen.
beleibi	*a beleibi*, nicht im geringsten UM (St. Oswald b. Fr.)
Bemoasn (die)	Kohlmeise
Beokira (die)	Emporkirche (mhd. bor)
Berfl (der)	immer greinendes Weib OM

berfön	greinen, nörgeln OM
Bergstadler (der)	ganz einfaches Taschenmesser mit gedrechseltem Holzgriff, auch *Trattenbacher Zauckerl* genannt. *Zauckerl* bedeutet etwas Weibisches, Schwaches, Minderwertiges. Das Zauckerl kam trotz seines minderen Wertes zu hohem Ansehen. Diese kleinen einfachen Taschenfeitel kosteten nur 10 bis 20 Groschen das Stück und waren in jedem Hause zu finden. Waggonweise wurden diese Taschenmesser noch vor dem Ersten Weltkrieg im In- und Ausland verkauft. Das Zauckerl bestand nur aus einer spitz geformten Messerklinge und einem bunt gefärbten gedrechselten Griff. Vom Schulbuben bis zum Pfeifenraucher hatte jeder so ein Werkzeug im Hosensack. Es gab *Mandln und Weibln*. Die Mandln hatten nebst der Klinge noch einen Dorn als *Pfeifenstierer*, während die ohne Dorn, Weibeln genannt wurden. Die Erzeugung erfolgte in mehreren Hammerschmieden in Trattenbach bei Steyr, der Bergstadler wird heute noch erzeugt. (Siehe HG. 18. Jhg. 1937 S. 63)
berschtn, aufberschtn	sich dagegen wehren
besli doa	jemanden etwas Böses antun OM
Besnreisa	Besenreisig; es wird aus den dünnen Ästen der Birke gewonnen, aus dem die *Reisatbesen* gefertigt werden
Bespucka	Der Speichel hat Heil- und Segenskraft. Vieh, Münzen, besonders Schweine und Geschenke werden bespuckt, damit nicht der Neid schadet und der Gegenstand, dessen man sich freut, nicht *vaschrian* (verschrien) wird. Ein Glücks-

pfennig wird bespuckt, nicht aber der Kopf der Münze, denn das bedeutet Hoheitsbeleidigung, Aufregung. Ein Oberösterreicher wurde deswegen im Orient verhaftet und es bedurfte eines wissenschaftlichen Gutachtens, um den Mann wieder zu rehabilitieren. Das Bespucken stellt einen Abwehrbrauch dar, der weit über die Grenzen Östereichs hinausreicht. Er ist schon im Altertum von griechischen und römischen Schriftstellern belegt. (Wuttke, „Der deutsche Volksaberglaube in der Gegenwart")

betadn beten würden ... *wån d'Leut a weng mehr betadn, weil i alloa mågs a nöt dabetn* ... wenn die Leute ein wenig mehr beten würden, weil ich allein kann es auch nicht erbeten

Bethlberg Bettelberg bei Mauthausen ... vermutlich nach den drei vorzeitlichen *Heiligen drei Madeln* be-

Bethelsteig

nannt, der Einbeth, Borbeth und der Barbeth (die Schreibweise ist verschieden). Sie werden auch die *Saligen* (Seligen) genannt. Zur Verehrung dieser drei Saligen wurden auch im benachbarten Tschechien eigene geradlinig verlaufende Steige auf Bergeshöhen angelegt, die teilweise heute noch erhalten sind. Sie enden meist bei einem Opferstein. Die von den *Bethen* abgeleiteten christlichen Heiligennamen sind:
Dös hand ön Hümi die schönsten Madln
Die Barbara min Turn (Turm) (Barbeth)
Die Katharina min Radl, (Borbeth, auch Worbet genannt)
Die Margareta min Wurm (Drachen) (Einbeth)

betn	beten ... *Kina, doats betn, da Våda geht stähln* ... scherzhafter Ausspruch ... Kinder, tuts beten, der Vater geht stehlen
Betn (die)	Rosenkranzschnur
Betthap (das)	Betthaupt, Fuß- und Kopfteil eines Bettes
bettn	betten, die Bettstatt einrichten ... *Wia ma sö bett, a so liegt ma*
Bettscha (die)	Bettschere, die ein Herausfallen der Kinder aus dem Bett verhinderte
Biachö (das)	Buch ... *dös Biachö „Das Mühlviertel" is guat zan Lesn*
biadn	bieten
Biagl (das)	Stück eines gebratenen Geflügels, auch *Bäugerl* genannt OM

Biastwer (das)	Abfall bei der Flachsverarbeitung, auch Agem genannt OM
Biervasüwara	Bierversilberer ... Angestellter der Brauerei, der den Wirten das Bier verkauft
Bidlmå(n) (der)	Vermittler, der feststellt, ob die Braut noch zu ihrem Worte steht. Er kommt mit dem *Zuabräugga* (Trauzeugen) als Letzter und ruft schon im Vorhaus recht herzhaft: *Gelobt sei Jesus Christus! Nun meine verehrten Nåchbårn und Hochzeitsgäst, der junge Bräutigam låßt frågn, ob der Jungfrau Braut ihre Worte noch beständig sein, då möcht mir ja jemand „ja" oder „nein" sågn* ... (veralteter Hochzeitsbrauch)
Bieg (die)	Mzl. von Bogen ... *Volla Bugln, volla Bieg, volla Berg und volla Stieg* ... so schildert Hanrieder das Obere Mühlviertel.
Bihända (der)	Bihänder ... ein großes Schwert, das mit beiden Händen geführt werden mußte
bim	*bimen* ... anstoßen ... *hiatzt håni ma ön Schädl ånbimt ban Türstock* OM
Bindabåst (der)	Binderbast, Schilfart, die im getrockneten Zustand zwischen den Faßdauben eingeklemmt wird, um das Faß wasserdicht zu machen
bindan	jemanden verhauen
Binkl (der)	das Bündel
Binköbuadhådern	Gesindel ... *oa G'sindl wia das ånere* ... ein Gesindel wie das andere

Biran (die)	Birke, auch Mzl. davon. *Birad* = der Birkenwald
Biranflådern (der)	Birkenflader ... krebsartige Wucherung meist im Wurzelbereich an Birken, aus ihnen werden verschiedene Ziergegenstände angefertigt wie Lampen, Luster und dergleichen
biräugi	weiß- oder rotäugig OM
Birnstingl (der)	wörtlich: Birnenstengel; 1. mäßiges Schimpfwort für einen Tollpatsch OM, 2. Bezeichnung für einen aus Birnbaumholz gefertigten Eisstock
bisaken	drängen ... *dur mi nöt oiwei bisaken* (Aigen, OM)
Bißl (das)	Bißchen ... *dö veråchten Bißl kemand gern ön d' Schüssel,* gemünzt auf einen abgewiesenen Verehrer, der letztlich doch noch auserwählt wurde
bittgårsche(n)	bitte gar schön ... *bittgårsche(n), derf i mitfåhrn* (Nasalierung auf dem „e")
Bizl (der)	jähzorniger Mensch, auch *Bizlhaferl* genannt
blåbleia	aus blauen Leinen (nasales „e")
Blådan	Blase ... *af da Feaschn håni a Blådan* ... auf der Ferse habe ich eine Blase
blådad	bläulich OM
blahd	aufgebläht, bauchig
blangi	lüstern sein nach gutem Essen, besonders Schwangere sind sehr *blangi*

Blåsnstoa (der)	Blasenstein ... St. Thomas am Blasenstein. Abgeleitet vom *bloßen* (nackten) Stein (siehe Buglwehlucka, Bd. 1)
Blaßl	Rind mit weißem Stirnfleck GM
Blätscharn (die)	unförmiges breites Gebäude GM (siehe Band 1, S. 44)
blåtternsteppi	blatternarbig OM
Blåds (der)	Platz ... *blådsmåcha* ... den Tanzboden frei machen
Ble–i (das)	Blech ... *Ble–i (ch)* (gedehnt gesprochen)
bleibast	bleiben würdest
Bleamö (das)	Blumen, auch *Bloaman* gesprochen. Für geschenkte Topfblumen, sogenannte *Gruawa,* darf man sich nicht bedanken, sonst gedeihen sie nicht.
bleamön	*ånbleamön* ... anlügen, jemanden zum Besten halten GM
bled schaut a aus	er sieht sehr kränklich aus OM
bledschauad	blöd schauend, blöd dreinschauend GM
blendn	dem Stier für den Transport eine Augenblende geben
Bleschn (die)	Ausschlag – Krankheit GM
Ble-isn (die)	Flecken, am Anzug etc.; *e-i* gesprochen, dürfte von Blöße kommen

Bleß (die)	Blöße ... baumloser Platz im Wald GM
Blessur (die)	veraltet für Verwundung
Bletschn (die)	große Blätter ... auch für Blattern gebr. GM
blian, blöan	blühen GM
bliadad	blutend ... *a bliadadi Zechan*
Bliapotzn (der)	Knospe einer Blüte
Blindökuahspün (das)	Blinde-Kuh-Spielen; Kinderspiel, bei dem einem Spieler die Augen verbunden werden
Blitza (der)	oder auch *Feamla* ... Blitzstrahl ... wenn es sehr stark blitzt, sagt man: *Häf God,* d. h., Helf Gott!
blitzgscheid	sehr gescheit, im Gegensatz zu *saudumm*
Blo(c)h (das)	Bloch, Baumstamm
blobaugad	blauäugig ... *a blobaugads Mensch*
Blödagoaß (die)	blökende Geiß, auch als Schimpfwort verwendet
blödan	plauschen ... *geh eina a weng, doan ma a weng blödan*
Blods (der)	Platz
bloiad	unförmig, klobig, unhandlich ... *a bloiads Trum* ... ein unförmiger Gegenstand (UM – Weitersfelden)
Blunzntrâchter (der)	Trichter zum Einfüllen der Masse für die Blut-

	würste, die auch *Blunzen* oder boshafter Weise *Bürofräulein* genannt werden
Boa (das)	Bein (Nasalierung) ... *Der Ochs besteht aus Fleisch und Bein zum Laufen, drum kann ich das Fleisch ohne Bein nicht verkaufen.* (Schild in einem Fleischerladen aus den 30er Jahren in St. Oswald b. Fr.
Boadwisch (der)	Handbesen
Boafråß (der)	Beinfraß (Osteomyelitis, Knochenmarkentzündung)
boahiat	hart wie Bein
boamherzi	barmherzig
boanana Löffö	Löffel aus Bein. Solche Löffel wurden in hauseigener Erzeugung auch aus Kuhhorn geschnitzt. (Ein Exemplar beim Verfasser)

Boanana Löffö

Boandlkråma (der)	Totengräber
Boasǻg (die)	Knochensäge
Boastl (der)	unangenehmer Dienstbote im Gefolge OM
Boazkräutl (das)	Beizkräutchen (Thymus offizinalis) sowie die Pflanze (Saturea hortensis) werden beim Beizen von Fleisch, besonders Wildfleisch, verwendet
Bockfel (der)	trutziger Mensch OM
Boding	Bottich GM
bögön	bügeln
Bögöeisn (das)	Bügeleisen
Bog (der)	Bock ... *der Radlbog, der Goaßbog* ...
bojad	dick, übermäßig dick angezogen sein ... *a bojads Gwånd å(n)håbn*
Bömö	Boden im kleinen Schaff etc. GM
Bomweidling	Bodenweitling, kleiner dicker Mensch OM
Bo(d)n (der)	Boden ... *koan Bon håm* ... keinen Boden haben, nicht genug bekommen, im OM „Bom"
Bockerl (die Mzl.)	Föhrenzapfen, in Bayern auch *Buzlküah* genannt
Bojaza (der)	Bajazzo, Stoffpuppe, meist selbst angefertigt ... *gebts eam ön Bojaza, daß's a Ruah gibt* ... gebt ihm (dem Kind) die Stoffpuppe, damit es Ruhe gibt

Bosnigl	boshafter Mensch
Bötl	Bötlhütte in Schwarzenberg, ehemalige Glashütte um 1600; (Bötl = bouteille = frz. Flasche)
Böttspantn (die)	Bettstatt OM (Seitenteile)
Bovesn (die)	Mehlspeise. Semmelwecken in Scheiben geschnitten, mit Marmelade (Powidl) gefüllt, in Omelettenteig gewendet und in heißem Fett gebacken. (Auch Zwetschkenpovesen)
bowan	zittern, auch *biwan* gesprochen OM
Boxbart (der)	Wiesenkraut; Boxbart und der Sauerampfer sind jene Wiesenpflanzen, die von den Kindern gerne roh gegessen werden
Bozen (die)	der Rückstand der Blüte auf Birnen und Äpfeln
bracht	bringen würde ... *wånn ma na s' Christkindl a Kletzenbrot bracht*
brächt	gebracht ... *wås håst ma denn brächt?*
bracka	schlagen, *zåmbracka* – niederschlagen, *Fliagnbracka* GM
Bradl (das)	Braten ... *Linz is a Stadl und Wean is a Städt, in Linz ißt ma s' Bradl und z' Wean in Sålåt.* GM
brav	auch für Dinge angewendet, wie ein Paar gute Schuhe ... *a Påår bravö Schuah* (Weitersfelden)
Bråm (die)	Brühe vom gesottenen Dörrobst OM
Brambori (die, Mzl.)	Erdäpfel, auch *Krumpiern* (Grundbirnen) genannt

brandln	nach Brand riechen
Bråsl	Zorn ... *a rechter Bråsler* ... ein sehr Zorniger, auch ein eilender Mensch ... *er låßt sö sein Bråsl aus* GM
bratsch	Wenn die Drescher mit der Drischel aus dem Takt kommen und alle zu gleicher Zeit auf den Boden schlagen, macht es *bratsch*
bråtschn	1. treten, dreinbråtschn, umanandbråtschn 2. im Mittelalter für das „Ausstechen" der Augen gebräuchlich
Brau(ch) (der)	Unsere Altvordern verfügten über eine ausgezeichnete Merkfähigkeit, was besondere Begebenheiten anbelangte. Augenblicklich konnten sie den Tag genau angeben, wann ein Haus oder eine Ortschaft abgebrannt war oder dergleichen geschehen war. Sie orientierten sich dabei stets an den Namensfesten der Heiligen. So hieß es z. B ... *am Simonitåg ön 28ga Jåhr is insa Haus å(b)brennt* ... Die religiösen Bräuche waren maßgebend für das Alltagsleben. Das Jahr und seine Tage wurden von den Namensfesten der Heiligen bestimmt. Die folgende Aufgliederung der wichtigsten Feiertage des Jahres zeigte das Kalendarium der Landbevölkerung, nach dem sich das bäuerliche Alltagsleben zu richten hatte.
Brauch, Brauchtum	*„Das Jahr und seine Tage in Meinung und Brauch der Heimat"* (Von Amand Baumgarten) Auszug aus dem Nachlaß von Dr. Adalbert Depiny – Linz, Heimatgauverlag P. Pirngruber 1927) **Erster Adventsonntag**, auch *Bråtwürstlsunda*

genannt. An diesem Tag ist es üblich, Bratwürstl zu essen.

Barbaratåg (4. 12.) Man trägt Kirschbaumzweige in die Stube, welche am Heiligen Abend aufblühen sollen. Ist dies der Fall, kann man noch in diesem Jahr heiraten.

Niglåståg, Nikolaustag, 6.12. Nikolaus und Krampus. In der Umgebung von Sandl auch in Begleitung der Habergeiß.

Die Bäcker backen Brote, die häufig das Aussehen von Tiergestalten, sehr oft von Hirschen haben (Cervinus, der Hirsch in der keltischen Mythologie ist ein Gott der Fruchtbarkeit).

Auch die Gebildbrote weisen in letzter Linie auf Tieropfer hin, so zeigt der Nikolausumzug den Zusammenhang mit uraltem Dämonenglauben, der vom christlichen Glauben beibehalten wurde.

Thomaståg (21. 12.) Thomastag, der kürzeste Tag im ganzen Jahr. Die vorangehende Nacht gilt da und dort als die erste der *Rauhnächte* und ist zur Erkundung der Zukunft geeignet, besonders was Heirat und Tod betrifft. Es knüpft sich an diese Nacht eine Menge von Bräuchen, wovon mehrere auch in den übrigen Rauhnächten ihre Geltung haben. Das Bettstaffeltreten war allgemein bekannt. Die *Dirn* (Magd) stellte sich auf das Bett, sodaß sie mit der Sohle die äußere Bettwand (Bettstaffel) berührt und sagt, indem sie dreimal auf das Holz tritt:

> *Bettstaffö, i tritt di,*
> *Heiliga Domas, i bitt di,*
> *Låß ma heint Nåcht erschein'*
> *Den Herzallaliabstn mein.*

Die heiratslustigen *Dirnen* gehen auch während des Aveläutens zu einem Zwetschken- oder Weichselbaum und schütteln ihn, indem sie dabei den Spruch sagen:

Zwöschbmbam, i ridl di
Und di, Domas, bitt i,
Låß ma wo a Hunderl bälln,
Von wo mei Schåtzliabsta duat sö
mä(l)dn.
Wo ra geht aus und ein,
Låß ma a Hunderl schrein.

Hierauf warteten die Dirnen, ob sie nicht in der Ferne irgendwo das Bellen eines Hundes hören würden.

Fåstnåcht, so heißt auch mancherorts die *heilige Nacht.* Einst lief man mit dem ersten Löffel Suppe vor die Tür und horchte, woher ein Hundegebell wahrzunehmen wäre. – Dorthin kommt man im kommenden Jahr als Dienstbote.

In der Fastnacht zogen Bettler und *die armen Leut* von Haus zu Haus und baten um eine Gabe.

Die *heilige Nacht* war in Bauernhäusern von zahlreichen Bräuchen gesegnet, die untereinander etwas abwichen. Besonders hervorzuheben ist der *Haltersegen,* der Segen des Viehhüters. Ihn sprachen besonders alte Leute gegen eine kleine Spende und wendeten dadurch Unglück, insbesondere von den Tieren des Hauses, ab. Er ist dem Rauhnachtsingen im Oberen Mühlviertel sehr ähnlich, das heute noch gepflogen wird.

Ein solcher Haltersegen lautete:
Glück herein, Unglück hinaus,
Es kommt ein fremder Hålda ins Haus.
Im Namen Jesu tret ich herein,
Gott behüt' eure Rinder und Schwein,
Und alles, was ihr habt in eurem Haus,
Das soll gesegnet sein
Wie der heilige Kelch im Wein

Und das wahre Himmelsbrot, das Jesu Christ
Den zwölf Jüngern selbst angewandelt hat.
Treibt euer Vieh durch Haus und Garten,
Da kömmt der heilige, heilige Petrus
Mit seinem Goldpaar Himmelschlüsseln
Er sperrt den Tieren ihre Rüsseln,
Dem Fuchs, dem Luchs, dem Wolf seinen Schlund
Auf das ganze Jahr, daß er kein Haar zerreißt
Und kein Bein zerbeißt,
Und kein Blutstropfen zött,
Das ist der größte Segen,
Den Jesus Christ hat gegeben.
Was ist Gab und Opfer?
Gab und Opfer ist euer Geschenk,
Sucht einmal neun Pfennig,
Wir wollen uns verwögen,
Wollens der Jungfrau Maria in den Opferstock legen.
Der Haldersegen is g'sprochen,
Über euer Haus auf 52 Wochen.
Wo ihr werd't Gott bei euch haben,
Wird euch kein Hex und kein Zauber schaden.
Seid hier und dort befreit,
durch die heilige Dreifaltigkeit,
Vor Hex und Zauberei,
Gelobt sei Jesus Christus.

Weihnachtsfasttag. An diesem Tag soll die Sonne scheinen. Scheint sie auf den Tisch, so wachsen im nächsten Jahr viele Äpfel. An diesem Tag kam für die Kinder das *goldene Heißl* (das goldene Rößl), es war der Vorgänger des Christbaumes. Das goldene Rößl lief am First des Scheunendaches vorbei und wirft einen Sack voll Kletzen in den Hof. Damit es aber herkommt, mußte man fasten.

Die **Mettennacht** (zweite Rauhnacht) ist vor allen übrigen jene Nacht, in der man Verborgenes oder Zukünftiges erkundete; Tod und Heirat, Witterung und Fruchtbarkeit des angehenden Jahres. Auch das häusliche und öffentliche Leben betreffende Dinge wurden in dieser Nacht im voraus erforscht.

Man erkennt die Hexen, wenn man sich in der Mette während der Wandlung auf einen Stuhl setzt, der aus neun Arten unfruchtbaren Holzes gefertigt ist. – Sie gehen, das Gesicht vom Altar weggewandt, zur Sakristei hinaus. In der Mettennacht können auch die Tiere im Stall miteinander reden. Schlag 12 Uhr wird das Vieh in den Ställen unruhig und erhebt sich vom Lager, um gleichsam seine Freude an der Geburt des Weltheilandes auszudrücken. Pferde und Ochsen reden sogar und weissagen. (Oberes Mühlviertel)

Ein Bauer, der es nicht glauben wollte, legte sich unter die Krippe seiner Ochsen. Als es Mitternacht wurde, sprach der eine: *Glaubt es unser Bauer wirklich nicht, daß wir reden können? Nein* war die Antwort, er glaubts nicht; – *doch wir führen ihn ohnedies bald in den Friedhof.* Um die Ochsen Lügen zu strafen, verkaufte sie der Bauer, und zwar beide zusammen um einen Gulden. Bald darauf brach eine *Sucht* aus und fraß Vieh und Leute. Auch der Bauer starb und wurde von den zwei Ochsen, die von allem Zugvieh übrig geblieben waren, zu Grabe geführt. (Innviertel)

Ein Bauer namens Griesecker legte sich in gleicher Absicht auf den Boden über dem Ochsenstall. In der Tat hörte er den einen Ochsen zu dem anderen sagen: *Du, steh auf, morgen ziehen wir unseren Bauern ins Griesloch.* Richtig fand man am andern Morgen den Bauern tot, und als man die Leiche auf den Wagen legte, der sie zum nächsten *Freithof* bringen sollte, rissen die Ochsen aus und gingen mit ihm ins *Griesloch* durch, einen wilden, verrufenen Platz im Böhmerwald. (Oberes Mühlviertel)

Wer am Heimweg von der Mette seinen eigenen Schatten sieht, stirbt das Jahr über nicht. (Steyregg)

Die Leute werden, wenn sie zur Mette gehen, häufig *fortgeschossen*. Wenn ein Erwachsener nicht in die Mette geht, so treten Geister an sein Bett, die ihm zurufen: *Geh in d' Mötn, åldö Plöttn!* (Plöttn – Wasserfahrzeug für die Überfuhr) OM.

Weihnachtstag. Er ist ein besonders festlicher Tag.

Die aus der Mette Heimkehrenden erwartet meistens noch ein Imbiß. Es gibt frisch gebratene Würste oder *grünes Schweinernes.*

Stefanitag. Da kommen die *Gödnleit* auf Besuch und bringen ihren Paten *ein neues Jahr*. Es gibt süßes Koch mit Rosinen darübergestreut, eine große Schüssel voll, die alle gemeinsam essen. (Gallneukirchen)

Tag der **Unschuldigen Kinder**. Da muß die Tenne leer sein, damit die unschuldigen Kinder auf ihr tanzen können. (Naarn)

Silvester (dritte Rauhnacht). Es beginnt landesweit das Neujahrsschießen, welches in neuester Zeit bereits üble Formen angenommen hat. Der ursprüngliche Sinn des Lärmens ist längst verloren gegangen. Er sollte die bösen Dämonen vertreiben und den guten Geistern Platz machen.

Neujahrstag. Da beginnt das große Neujahrwünschen und das Anschießen des neuen Jahres. Von den Kindern werden Neujahrwünsche aufgesagt ... *I wünsch eng a guads neigs Jåhr, s' ålte is går, und wånnst nöd gscheida wirst, bleibst da åld Nårr.*

Oder, wie man in Königswiesen sagt:

I wünsch eng a neugs Jåhr
Und a ålts Tor
Und mitten a Lucka,
Då kånnst das gånze Jåhr
Alleweil durigugga.

Im Oberen Mühlviertel ein Wunsch, den die Kinder den Eltern aufsagen:

I wünsch eng a neugs Jåhr,
A Christkindl mit kraustn Håår,
Glück und Segn und a långs Lebn
Und's Himmelreich danebn.
I wünsch da an guadn Tisch,
Ba an jeden Eck an bråtna Fisch
Na da Mitt a Glasl Wein,
Då kånn da Våda und d' Muada wohl lusti sein. -

Wichtig ist, was man im neuen Jahr zuerst ißt.
Am Neujahrstag sollen die Leute Branntwein trinken, sonst wird ihnen die Haut zu eng.
Am Neujahrstag beginnt die Zunahme des Tages schon merklich zu werden. Die Volksregel sagt:

Am Weihnachtståg, da wåchst der Tåg,
So weit dö Muckn gean (gähnen) måg,
Im Neujahrståg, so weit der Håhn schreitn måg,
Im Hl.Dreikönigståg, so weit da Hirsch springa måg.

Der erste Jänner wird als *Holzbrenner* bezeichnet. Überhaupt soll der Jänner kalt sein.
Tanzen im Jänner die Muckn, muß der Bauer nach dem Futter guckn.

Nacht auf Hl. Drei König 6. Jänner (vierte Rauhnacht)

Sebastianståg (20. 1.) An diesem Tag ernährt sich das Volk vornehmlich von gedörrtem Obst. Manche trinken an diesem Tag auch keinen Most und fasten bis zum Abend. Der Heilige wurde als Patron gegen Pestilenz und Seuchen verehrt. Zugleich wird aber auch aus dem Kalender bekannt, *daß zu Sebastian der Saft will in die Bäume gahn.*

Pauli Bekehrung (25. 1.) ist der Mittwinter.

Pauli Bekehrung
Halb Winter hinum,
Halb Winter herum!

Oder:

Pauli, bekehr di,
Wintazeit, scher di!

Lichtmeß (2. 2.) Die Woche davor und die Woche danach heißen die *Lichtmeßwochen,* da wechselten die Dienstboten ihren Arbeitsplatz.

Blasiuståg (3. 2.) An ihm darf nicht gesponnen werden, *sonst zerreißt der Wind das Dach.*

Fasching. Die Faschingtage sollen noch in die stürmische Zeit fallen.
Faschingkrapfen in da Sunn,
z'Ostern d' Oa in da Stubm.
Lustbarkeiten aller Art waren geduldet. (Dieser Brauch hat sich bis heute beinahe unverändert erhalten.)
In Steyregg gehen zwei Männer unter hoch emporgehaltener Plache, auf der ein Geißkopf angebracht ist. Ein dritter führt dieses Ungeheuer. Mehrere Wagen enthalten allerlei possenhafte Gestalten, welche sich vermummt und nicht selten durch künstliche Kröpfe, Buckel usw. verunstaltet haben. In einem mit *Grassad* (grüne Tannen- und Fichtenzweige) besteckten Wagen ist ein Strohmann. Er hat meist einen *Dreizipf* auf und wird, wenn der Zug ans Donauufer gelangt ist, in den Fluß geworfen.
Um Freistadt pflegten die Bewohner der Dörfer vermummt in der Nachbarschaft umherzuziehen und hatten *Drischeln* in den Händen, an denen aber statt der Flegel Strohwülste hingen. Nachdem sie allerlei Kurzweil getrieben, stürzte einer aus dem Zuge zu Boden, als ob er tot wäre; man schaffte ihn in ein nahes Haus, brachte aber an seiner statt einen Strohmann heraus, den man forttrug und begrub.
Allermannsfasching heißt der erste Sonntag nach Fasching. Da buken einst die Männer statt der Weiber abends die Krapfen (M. Höfer, Etymologisches Wörterbuch, 1. Teil Linz 1815, S. 21). Höfer nennt ihn auch *Nachfasching*. Einst habe man ihn als die *große, alte Fastnacht* bezeichnet, im Gegensatz zu der kleinen oder jungen, den drei Faschingtagen. Dieser Tag sei der Fasching für die, welche an den vorausgegangenen Tagen mit Arbeit beschäftigt waren, wie

Bäcker, Metzger, Kellner, Dienstboten u.s.w.

St. Gertrud (3. 3.) An ihrem Namenstag hört die Heilige zum Spinnen auf, ein Mäuslein beißt ihr den Faden am Rocken ab, und sie fängt zu *garteln* an. Daher endet auch an diesem Tag die Rockenarbeit und die im Freien beginnt.

Da März muaß's Holz gfrean
Bis ön Kern,
Eh mågs nöt Summa werdn.

Maria Verkündigung (25. 3.) ist ein Wendepunkt. Es gefriert nicht mehr, weil unsere Liebe Frau mit einem Brande unter der Erde hingeht. Um so viele Tage die *Anachsl* (Amsel) sich vor dem Frauentag meldet, soviele muß sie danach *stad* sein.

Z' Maria Verkündigung
Kommen die Schwalben wiederum

Palmsonntag. Wer am Palmsonntag als letzter aufsteht, ist der Palmesel.

Gründonnerstag, auch *Antlaspfingsta* genannt. Der Tag ist so heilig, daß sogar das Ei in der Henne geweiht ist. Die an diesem Tag gelegten Eier werden *Antlaseier* genannt. Ihr Genuß macht stark und die Eier gehören den Männern. Die am Ostersonntag gelegten Eier gehören den Weibern. Einem uralten Brauch zufolge werden Antlaseier über das Dach geworfen, sie sind das ganze Jahr über genießbar und verderben nicht.

Karfreitag, Tag der Kreuzigung Christi. Die am Karfreitag gelegten Eier färbt man nicht, sondern trägt sie, wie sie sind zur Weihe, nur zwickt man an der Spitze die Schale etwas auf, *damit die Weihe hineinkann.*

Karsamstag. In der Früh soll es ins Weihwasser regnen, dann geschehen das Jahr über wenig Unglücksfälle durch Feuer.

Ostersonntag. Je nachdem eine Weibs- oder Mannsperson vom Hochamte zuerst nach Hause kommt, werden aus den Eiern lauter Hähne oder Hennen. Deshalb ließ einst jede Bäuerin das Tor sperren und verweigerte einer Mannsperson den Eintritt. Gelangte er dennoch ins Haus, ging er zu den *Hühnernestern* und nahm die Eier heraus, welche ihm die Bäuerin rot färben mußte.

Ostermontag. Den alten Weihpalm wirft man am Ostertag ins Feuer, den neuen trägt man am Ostermontag aufs Feld, um es vor *Scheuer* (Schauer) zu bewahren. Dies nennt man: *Nach-Emaus-gehen* (Peilstein)

Aprilschnee düngt besser als der Schafmist.

Georgitag (24. 4.) Mit diesem Tag beginnt bei den Bauern der Frühling, an ihm fängt der Kukkuck zu schreien an. Dessen Ruf verstummt, *wenn der Wiesbaum fällt,* d. h. wenn die Heuernte eingebracht wird. Wer am Georgitag getauft wird, dem gibt man einen Wurm in die Hand, er kann dann den Wurm im Finger töten (MV). Dies vermag auch eine Frau, die hintereinander sieben Buben geboren hat. Der Fingerwurm war eine gefürchtete Fingerkrankheit, von der besonders die Näherinnen betroffen waren. Die Fingerspitzen waren wund, und die Schmerzen verhinderten die Arbeit mit der Nähnadel. Die Kirche am Hollerberg, Gemeinde Auberg, war eine Wallfahrtskirche, in der man gegen diese Krankheit Heilung erbeten konnte.

Am **Markustag** (25. 4.) fängt das Kornfeldbeten an. Der Bauer geht abends mit den Seinigen betend um das Kornfeld.

Erster Mai. Das Maibaumsetzen geschieht am ersten Sonntag des Mai. Zu diesem Brauch gehört auch das Maibaumklettern. Die Burschen, welche es versuchen, bestreichen sich die Hände und Füße mit Pech und führen in den Säcken Asche mit sich. Der Stamm ist nicht nur glatt geschält, sondern auch gewachst. Oben sind Beste angebracht, und zwar so gereiht, daß das höchste den Wipfel selbst krönt. (St. Martin im Mühlviertel)

Florianitag (4. 5.) St. Florian gilt allgemein als Patron vor Feuersgefahr, er wird auch *Wasserschafflmann* genannt. St. Florian war ein römischer Kanzleibeamter und wurde am 4. Mai des Jahres 304 mit einem Mühlstein um den Hals in der Enns ertränkt.

St. Pankraz (12. 5.) Pankraz, Servaz und Bonifaz heißen die drei *Reifmåna*. Nach diesem Tag kommt kein Reif mehr. Wenns am Pankrazitag regnet, so rinnt der Most bei den Bäumen am Stamm herab. Am Pankrazitag soll man die Bäume gießen. *Bitt für uns, hl. Pankraz, daß der Most und der Branntwei(n) grat.*

Christi Himmelfahrt. Unter lautem Gebet wohnt der größte Teil der Gemeinde an diesem Tage dem hl. Meßopfer bei. Im 18. Jahrhundert war es noch an vielen Orten Brauch, in der Kirche, nachdem das Bildnis Christi gen Himmel gefahren, auch Wasser von oben herab auf die Gläubigen zu sprengen.

Pfingsten. Die Nacht auf Pfingstsmontag heißt im OM die *Beosatnåcht* oder *Unruahnåcht*. (Siehe Band 1, S. 35)

Fronleichnamstag, einst *Prangertag* genannt. Die Fronleichnamsprozession ist auch heute noch ein nicht wegzudenkender Brauch. Im Pfarrort werden auf dem Weg, den die Prozession nimmt, grüne Birken an den Hauswänden aufgestellt. Nach der Prozession nehmen die Frauen je einen Zweig einer Birke von jedem der vier Altäre und fertigen daraus ein Kränzchen, das im Herrgottswinkel aufgehängt wird. Früher hing man es an das Fensterkreuz. Es soll das Haus vor Blitzschlag schützen.

Sonnenwendtag, 21. Juni. Überall im Lande brennen die Sonnenwendfeuer.

Man muß neun Sonnenwendfeuer von einer Stelle aus erblicken können, dann braucht man in diesem Jahr nicht zu sterben. – Als Herodes den heiligen Johannes gefangen nehmen wollte, trug er den Schergen auf, an der Stelle, wo ihnen der Heilige in die Hände fiele, zur Stund ein Feuer anzuzünden, damit er so schnell wie möglich davon erführe. Sie taten es, aber zur gleichen Zeit brannten ringsum auf den Höhen Feuer, sodaß der König völlig verwirrt wurde.

Für das Feuer wurden alle alten Besen gesammelt, die das Jahr über aufgespart wurden, ebenso die Wagenschmierfäßchen. An einer lange Stange wird eine Strohpuppe in alten Kleidern, der *Suniwendhansl* genannt, in den Reisighaufen gesteckt und dem Feuer übergeben. Ist das Feuer einigermaßen niedergebrannt, versuchen manche Wagemutige über das Feuer zu springen. Bei diesem uralten Brauch gibt es jährlich welche, die zu kurz springen und sich Brandverletzungen zuziehen.

Nach altgermanischer Sitte brannten vornehmlich am 24. Juni, dem **Johannistag,** die Feuer ringsum auf den Anhöhen. Es gibt heute noch zahlreiche Flurnamen mit der Bezeichnung *Scheiben*, die auf solche Feuerstellen hinweisen und stets eine Anhöhe nächst einer Ortschaft angeben. Durchlochte Holzscheiben wurden in das Feuer geworfen und brennend mit einer Stange aufgespießt und herausgeholt. Nach einigen kreisenden Schwingungen wurden die Scheiben in hohem Bogen weggschleudert. Jener Bursche, der die Scheibe am weitesten werfen konnte, wurde von den anwesenden Mädchen mit Kuchen belohnt. Auch brennende *Scheiben* wie alte, mit Stroh ausgeflochtene Wagenräder ließ man den Hang hinunterlaufen. (Wagenräder wurden früher im Volksmund als *Scheiben* bezeichnet.) Es kam bei diesem Brauch immer wieder zu verheerenden Bränden (Weitersfelden), sodaß er letztlich eingestellt werden mußte.

Den Tag vor **Baptist** bringen in der Gegend von *Oberweißenbach*, das ist der Altname von Vorderweißenbach im Mühlviertel, die Hüterbuben ihre Peitschen in Ordnung. Bei Sonnenuntergang hört man rings im Tal ein Jauchzen und Schnalzen, ein Johlen und Knallen, daß der Fremdling sich argen Übermuts versehen möchte. Bricht die Nacht an, gesellen sich je fünf bis sechs Buben zusammen und beehren ihre Bauern und Nachbarn, Pfarrer und Schulmeister mit den mannigfaltigsten taktmäßig ausgeführten Variationen im Schnalzen. Morgens um 2 Uhr geht der Lärm von neuem an. Wer aber zu früh schnalzt, wird durch das Morgentau gezogen und führt durchs ganze Jahr den Spottnamen *Tauwäscher. Froschschindder* heißt der, welcher sich verschläft und zuletzt *austreibt*.

Peterståg. Wie zur Sonnenwende werden auch an diesem Tag Feuer angezündet, und zwar desto zahlreicher, je mehr es die Sonnenwendfeuer oder die Johannisfeuer verregnet hat. Johannes- und Peterstag wird für das Kornreifen als besonders wichtig erachtet:

Da Veitl schlågts Korn mitn Scheitl,
Da Suniwendtåg schlägt ön Korn d'
　Wurzen å(b)
Und da Pederståg steht mit da Sichl då.

Wenn es am Johannistag regnet, regnet es 14 Tage fort; auch werden dann die *Büchl* (Bucheckern) und Haselnüsse wurmig und löcherig. Wenn es am Peterstag regnet, regnet es *Dreck und Mäus.*

Mariä Heimsuchung (2. 7.) Zu Anfang Juli entscheidet sich das Sommerwetter. Regnet es zu Mariä Heimsuchung, so regnet es 40 Tage nacheinander fort, es wird bis Mariä Himmelfahrt (15. 8.) nicht schön, denn wie unsere Liebe Frau übers Gebirge geht, so geht sie auch wieder zurück.

St. Ulrichstag, auch *Duråståg* genannt (4. 7.): Regnet es, so regnet es in den *Urakübl,* d. h. das Mehl zieht nicht an.

Kilian (8. 7.) Vom Korn heißt es: 14 Tage *schoßn*, (in den Halm schießen) 14 Tage *blüen*, (blühen), 14 Tage *einkirna* (einkörnen), 14 Tage *åzeidinga* (reifen).

St. Margaret (20. 7.)
    Z' Margaret und z' Magdlen,
    Da is' sältn schen!

St. Magdalenentåg. Er ist ein großer Unglückstag, an dem man nicht heiraten, nicht reisen, überhaupt kein wichtiges Geschäft tun oder antreten, nicht bergsteigen, noch auf dem Wasser fahren soll. Denn *neun hängen, neun erfallen, neun tränken sich.*

Jakobi (25. 7.) Wenn es am Jakobitag regnet, salzt Jakobi die Äpfel. Ihre Zeitigung bestimmt sich nach folgenden Fristen:
    Da Jågl duat d' Öpfö sålzn,
    Da Bartl gibt ea ön Gschmå(ck),
    Und da Michl brockts å(b).

Maria Schnee (5. 8.) ist wieder wetterbedeutsam: Wenn es zu Maria Schnee regnet, so wird der Getreide-Ertrag zu wenig – und wenn auch an jedem Zaunstecken ein Metzen Korn hinge.

Laurenziuståg (8. 8.) Zwischen Laurenzi und Bartlmei reift, was noch am Felde steht, denn St. Laurenz sagt zu St. Bartholomäus:

Schir, Bartl schir!
Ön 14 Tågn is' s an dir.

oder:

Der Augusti
Måcht den Bauern lusti.

Maria Himmelfahrt (15. 8.) und die Herbstfrauentage. Einen Laubfrosch zwischen Mariä Himmelfahrt und Namensfest gefangen, in ein Läppchen Leinwand gebunden und am Halse getragen, vertreibt den Schwindel. Nur darf er nicht mit *bloßer Hand* berührt worden sein. – Eine Kröte, zwischen den Frauentagen gefangen und im Stall aufgehängt, wendet Unglück ab. Dasselbe gilt vom Feuersalamander. Gibt aber dieser, wenn man ihn fängt, einen Laut von sich, verliert man das Gehör!
Zwischen den Frauentagen sammelt man auch Heilkräuter und Froschbrut; das *Kudlkraut* (Thymian) z. B., welches für das Vieh sehr gut ist, wird ebenfalls in dieser Zeit gesammelt.

Bartholomäus (24. 8.) Mit *Bartlmei* beginnt schon der halbe Nachsommer – genau ein halbes Jahr, nachdem Matthias das Eis gebrochen hat.

Zu Bartlmei
Führt man s' Groamat afs Heu.
Zu Bartlmei steckt ma d' Öpfö und
d' Nuß öns Heu.

Butter am *Bartlmeiståg* gerührt, ist gut gegen Bauchweh, sie wird das ganze Jahr nicht ranzig und hilft bei allerlei Krankheiten. (Siehe, Wagenlehner – Hexenprozeß, 1731)

Ägydi (1. 9.)
*Ist Ägydi ein heller Tag,
Dir einen guten Herbst vorsagt.*

Nikositag (21. 9.) An diesem Tag können, indem man gewisse Buchstaben an die Tür schreibt, alle Ratten und Mäuse aus dem Hause vertrieben werden.

Matthäus (21. 9.) Matthäus macht die Birnen süß.

Michaeli (29. 9.) Um Michaeli wird häufig der Weizen gebaut. Er sagt zu dem Bauern:
*Baust mi du ins Lackl
So füll da i dein Sackl.*

Simoni (28. 10.) Um Simoni soll sich der erste Schnee einstellen.
*Simoni wirft ön Schnee ån.
Wirftn da Såm nöt ån,
So hälfn olli Heiling zåm.*
Will das Laub nicht gern von den Bäumen fallen,
So soll ein kalter Winter erschallen.

St. Wolfgang (31. 10.) Wenn man am Wolfgangitag die Bäume düngt, so bringt das im folgenden Jahr viel Most.

Allerheiligen und **Allerseelen**. In der Gegend von Freistadt bäckt man *Allerheiligenlaibl* aus weißerem und schwärzerem Mehl; die armen Leute gehen da scharenweise, um Brot zu betteln. – Auch *Allerheiligenstritzl*, heute Brioche (briosch) genannt, werden sehr häufig gebacken.

Leonharditag (6. 11.)
*Behüt uns, St. Leonhard,
Daß uns koa Hund nöt beißt,
Koa Wolf nöt reißt
Und koa bösa Mensch nöt schådt.*
Der Wallfahrtsort St. Leonhard b. Fr. hatte in den vergangenen Jahrhunderten zahlreiche Pilgerscharen zu verzeichnen. Der Heilige wird

wegen seinem Attribut, der gesprengten Kette, als Viehheiliger verehrt, er ist auch zuständig für das Zuteilen eines Bräutigams für *sitzengebliebene Jungfrauen*. (Der Verfasser)
Ist's zu St. Leonhard warm,
So ists im Winter gut zu fahrn.

Martinitag (11. 11.) Es beginnt das große Gänseschlachten. Die Gänse wurden lange vorher schon mit aufgeweichtem Brot *gestopft*. Man trieb an diesem Tage die Gänse nicht aus, weil ein jeder das Recht hatte, sie zu fangen. Nach Martini soll man nicht mehr in den Acker fahren; der Bauer, der das dennoch tut, *fährt sein' Wein ein.*
Wenn Martini Nebel sind,
Wird der Winter ganz gelind.

Katharinatag (25. 11.) Er soll noch nicht Winter bringen.
Kath'reinschnee
Tuat dem Korn weh.

Kinderreim:
Katharina, bist drina
Steh auf und mach auf!
Mi friast jå ön d' Zechan,
Da Reif fållt ma drauf.

Andreas (30. 11.) Wenn der Andreasschnee liegen bleibt, liegt er 110 Tage.
An diesem Tag soll man die Wünschelrute abschneiden.
Der Christbaum, an diesem Tag abgeschnitten, verliert seine Nadeln nie.

Brau(n)beer

Brombeere, auch *Fraunbeer* genannt, nach der Reifezeit dieser Beerenfrucht zwischen den Frauentagen Mariä Himmelfahrt (15. August) und Mariä Geburt (8. September) benannt

Brauserl (das)	Brausetabletten oder Pulver für Limonadezubereitung – ein begehrtes Getränk für die Schulkinder in den Dreißigerjahren, es kostete 5 Groschen
bravmächti	sehr brav
Breadn (die)	Breite ... *Mei(n) Åldi geht ön d' Breadn* ... Meine Frau geht in die Breite
breamatschn	unsinnig und lange reden GM
Brechad (das)	gebrochenes Getreide als Tierfutter, auch für Erbrochenes
Bredasåg (die)	Brettersäge, damit wurde händisch ein Baumstamm in Bretter geschnitten
Brema (der)	die Bremse (Stechfliege)
Brema Öl (das)	Bremsen-Öl, nach Terpentin stinkendes Öl, mit dem man die Zugtiere bei der Heuernte einstrich, um sie vor den Bremsen zu schützen, was aber nur eine geringe Wirkung hatte
Brei(n)l (der)	braunes Pferd GM
brennhoaß	so heiß, daß man sich daran verbrennt
brennteuföhoaß	brennteufelheiß ... *heiß wie der Teufel*
Breot	Brot ... *a Stückl Breot is a guada Weggfährt* OM
Breotloatan (die)	Brotleiter, meist im Vorhaus, wo der Brotvorrat gelagert war. OM

brezettan	ein Geschrei machen, herumfuchteln mit den Händen, *umanåndbrezettan* UM
briadn	brüten
briamoa	brechmürbe OM
brigetzn	langsam sein, auch *brogetzn*
brinadi Liab	Gartenleinkraut (Silene armeria) Der volkstümliche Name wurde von den leuchtenden Farben der Blume abgeleitet
brinna duats	brennen tut es, *es håd brunna*, es hat gebrannt
brismoa	sehr mürbe, kommt von *bresten*, Gebrechen, bresthaft
broaddn	ausbreiten
Broadschedl (der)	Fisch mit breitem Kopf OM
broadmächti	überaus breit
broasendrugga	sehr trocken ... *s' Heu is broasendrugga* (bröseltrocken) OM
Broastier (das)	Kröte OM
brödlebm	flach, eben wie ein Brett GM
brödlebm aussiságn	ohne Umschweife Grobheiten sagen OM
brödö	sumpfig, auch ein mit Ausschlag behafteter Mensch ist *brödö*
Brogga (der)	Die Brotbrocken in der Suppenschüssel wurden

	durch die rechtshändigen Esser nach links im Kreise gedreht, und es bedurfte einer gewissen Geschicklichkeit, einen auf den Löffel zu bekommen. Wer am schnellsten war, konnte die meisten Brocken erwischen
brogga	pflücken
Brond (der)	Brand
Broschul	dummes Weibsbild, OM (veraltet)
Brostholz (das)	Knospenholz, Nahrung des Rehwildes im Winter
Bru(h) (der)	Leistenbruch, Leibschaden ... *der håd sö an Bru(h) g'hebt*
Bruathenn	Bruthenne, Glucke
Brucknwågn (der)	Brückenwagen, Pferdewagen mit großer Ladefläche
Brunnwieserl (das)	Brunnenwieserl, Schamgegend der Frau
Brunzwingö (der)	Pißstelle in alten Wirtshäusern, die hiezu noch mit einer Holzrinne, auch *Soarean* genannt, ausgestattet waren
Bschlåbruck (die)	Beschlagbrücke, Holzboden aus dicken Bohlen zum Beschlagen der Pferde. Der Bretterboden in der Stube wurde früher *Bruck* (Brücke) genannt
Buacha (die)	Buche, *a buachas Holz* ... Die Namen Buchner, Buchinger etc. dürften davon abgeleitet sein, *Rotbuacha*, Rotbuche

Büaldrahrer (der)	spaßhafte Bezeichnung für einen Apotheker
Buasen (der)	Rand, Saum GM
Budahenn (die)	Butterhenne, Henne ohne Schweiffedern OM
Budamü (die)	Buttermilch
Büdaråhm (die)	Bilderrahmen (der)
Budastriezl (der)	Butterstriezel. Frische Butter wurde in eine aus Holz geschnitzte Form gepreßt, was dem Butterstriezel ein gefälliges Aussehen verlieh, und so zum Verkauf angeboten
Büdstöckl (das)	der Bildstock, landesüblich auch *Kreuzstöckl* genannt. Sie sind meist Zeugnisse größerer Ereignisse wie Unglücksfälle, Erscheinungen, große Not u. dergl. Es gab Anlässe genug, die den Menschen bewogen, ein solches *Büdstöckl* zur bleibenden Erinnerung an sie zu schaffen
buglad	mit krummen Rücken (gehen)
bugöfünferln	Spruch ... *du kånst mi bugöfünferln* ... du kannst mir den Buckel runterrutschen UM
Bugökorb (der)	Buckelkorb. Die Bäcker trugen das Brot früher im Buckelkorb zu den Kundschaften
Bugöweh	Kreuzweh, Bandscheibenleiden, auch Kreuzweh UM
Bschlacht (das)	Verbauung, Verschlag, der Eisenbeschlag GM
Bschlög (die, Mzl.)	Beschläge

bstandi	beständig ... *mei b'standigs Weiberleut* ... mein Eheweib
bühln	heulen
Buhu (der)	Hochfrisur der Frauen, zu Berge stehende Haare
Büli-Oa	künstliches Ei, das im Hühnernest als *Lock-Ei* verbleibt
bumali	gemächlich ... *sche(n) bumali* ... schön gemütlich
bumfest	bodenfest, absolut dicht verschlossen ... *d' Fensterladn hand bumfest zua, gråd duat, wos nöt gschlossen håmd, håd a Liachtschein auazåhnd.* ... die Fensterläden sind dicht verschlossen, nur dort, wo sie nicht geschlossen haben, hat ein Lichtschein herausgescheint
Bunkö (der)	Kuchen; in der Gegend um den Viehberg (Sandl) auch *Wagga* genannt
burrn	brummen, sausen, brausen
Bumpara (der)	Plumpser, auch *Timmler, Klescher, Kråchwer* genannt GM
Bumsa (der)	Lärm von schwerem Fall
bumstinazl	*na bumstinazl, hiaz is a zåmgfålln*
Büss (der)	Pilz, Steinpilz, Birkenpilz, Satanspilz u.a.m. (mhd. *bülez* = Pilz)
büssad	dick (mhd. *bülez* = Pilz)

bussn	küssen
bußlfotzad	Ein Mädchen mit Kußlippen ist *bußlfotzad*
Buttn (die)	1. Eimer aus Holz mit einer verlängerten Daube als Griff. Früher wurde das Wasser und das Naßfutter für die Tiere in Butten in den Stall getragen. 2. jemanden *in d' Butten treiben* heißt, jemanden zornig machen (siehe Band 1, S. 60)
Büwaskopf (der)	Kürbis OM
Bux (das)	*s' Bux göbm* heißt: den Rest geben, *den Garaus machen* OM

Die kleine Gusen bei Au, Gemeinde Wartberg

D

d'	die ... *d' Schiach ångeh(n)* ... die Angst bekommen
då	hier ... *bleib nu a weng då!*
da	1. häufig für die Vorsilbe „*er*", wie *dasaufm,* statt ersaufen 2. der ... *da Ofn is zåmgfålln* ... wir haben Nachwuchs bekommen, aber vorher ist die Mutter nach *Rom g'fahrn!* 3. dir ... *i såg da wås,* ich sage dir etwas
dabåbern	vor Schrecken oder Kälte zittern GM, im UM, *dabåmman*
dabeiden	*kina* ... erwarten können ... *du wirst das nu dabeiden kina.* (Gesprochen vorwiegend an der bayerischen Grenze)
dåblei(b)m	nachsitzen der Schüler (Betonung auf dem „å")
Dåchkapfer	Dachfenster, OM veraltet
dadadn	tun würden ... *wånns na dadadn, wia mia möchatn* ... wenn sie so tun würden, wie wir möchten
dådarözn	schnell und viel reden OM
dadrähnt	nicht ausgeschlafen OM
dafålln	sich zu Tode fallen, zu Tode stürzen ... *paß auf,*

	daß di nöt dafållst! ... ein gut gemeinter Hinweis, daß der Weg sehr schlecht ist und man Gefahr läuft hinzufallen, sich weh zu tun oder gar ums Leben zu kommen
dafånga	Halt finden. Eine Frau wird beerdigt, der Hausfreund weint bitterlich am Grabe seiner Geliebten. Der Witwer kann den Schmerz nicht mitansehen und tröstet den Hausfreund mit den Worten: *Dafång di amål, i heirat eh glei wieder.* (Siehe Band.1, S. 64)
dafrågn	etwas erfragen
dafread	erfroren ... *gehts da eh nu wia fead* (wie voriges Jahr), *håts dö eh nöt dafread?*
dafroisn	erfrieren
dafüllt	gewohnt sein OM
dageht sö	es ist möglich, es wird sich ausgehen GM
daglånga mögn	danach greifen, erreichen mögen, können
dagledern	sich anpatzen OM
dahå(b)m mögn	festhalten mögen, bezahlen können ... *i håna frei nöt dahåbm mögn* GM
dahischt	verschimmelt
dahoam	daheim ... *dahoam sterbn d'Leit* ... daheim sterben die Leute
dahoamta Holz (das)	das dem Hauswesen nächstgelegene Waldstück

Dahoamtan (die Mzl.)	die zu Hause gebliebenen Angehörigen
dakråwön	langsam arbeiten ... *Es wird mehr dakråwöd oils dazåwöd* ... durch langsames Arbeiten wird mehr erreicht als durch Hasten
dalest	erlöst ... *hiatz bini dalest va dera Fuchtl*
dalebm	erleben ... *wås ma ois dalebt*
Dam	Daumen, *Damaling* ... wenn jemandem alles aus der Hand fällt, so sagt man, *der håd lauter Dam*
damåcha	kaum noch schaffen ... *i kå(n)s frei nöt damåcha* ... ich kann es kaum noch schaffen
damatscht	erschöpft ... *i bi gånz damatscht*
Damei (das)	kleines Schaf OM
damerln	mit den Fingern trommeln OM
damintan	wachkriegen ... *i någn oiwei frei nöt damintan* ... ich kann ihn fast nicht wachkriegen ... *Franzl, steh af, da Zug fåhrt scho. Antwort: ... I lieg eh nöt af dö Schienen*
Dämö (der)	ungeschickter Mensch, der sich beim Essen ständig bekleckert
Dåmpf (der)	Rausch
dampfi	betrunken
Dåmpfnudln	Bauernkost aus Germteig (Hefeteig)

dåna	herzu ... *geh dåna,* geh her ... *dåni* bedeutet weggehen ... *geh dåni van Fei* ... geh weg vom Feuer. (Betonung auf dem „å")
danå(ch)	hernach ... *danå(ch) måcha ma Feiråmd* ... hernach machen wir Feierabend (Betonung auf dem „å")
danåglånga	danach langen, danach greifen
da nämlige	der gleiche ... *da nämlige Schampa* (Jacke) der nämliche, der gleiche oder der ähnliche ... *i hån dan nämligen Schampa ån wia du* ... ich habe die gleiche Jacke an wie du
dångsche(n)	Danke schön
dånigråsn	untreu werden ... mit *Gråsn* wird auch das Fressen der Rinder auf der Wiese bezeichnet ... *dånigråsen,* über den eigenen Bereich hinausgehen ... untreu werden!
dåniloan	an die Wand lehnen, Werkzeug etc. ... *i muaß mi a weng dåniloan*
Dånterlån	nichtige Sache OM
Daom (der)	Daumen
darådadi	erratende ... *Du bist wia darådadi G'vatarön* (weil es die *G'vaterin* (Taufpatin) leicht errät, wann sie wieder zu einer Taufe kommen muß)
daradn	tun würden ... *wån d' Leit mehr zåmhåltn daradn* ... wenn die Leute mehr zusammenhalten würden

darenna	mit einem Fahrzeug tödlich verunglücken ... *da Gschwindlinger håd sö heint Nåcht darennt*
Darmdörrer	geiziger Mensch, de*r um an Pfenning a Laus af Wean treibt*
daroacha	erreichen können ... *in kån ön Zug nimma daroacha*
das nagst	unlängst ... *das nagst håni af di denkt* ... unlängst habe ich an dich gedacht
das Toal	ein Teil der Leute ... *das Toal is recht z'friedn.*
daså	derselbe ... *daså is gestern då gwen* UM
daschledan	jemanden mit starken Wassergüssen beschütten
daschln	plätschern ... *umanånddaschln ön Wåsser,* ... herumplätschern im Wasser
daseisn	bespritzen, jemanden sehr stark mit Wasser bespritzen UM
daß -d	daß du ...
dastessn	zu Tode fallen ... *da Zimmermånn håd sö dastessn*
dåtschn	schwerfälliges Gehen, *dahindåtschn*
Dåtschn (die)	kleiner Himmelbrand, Königskerze (Heilpflanze)
Daubm (die)	Holzwürfel als Ziel beim Eisstockschießen. *Stock da Daubm* ... Anweisung an den Schützen, zwischen Stock und Taube zu schießen

daun	dauern ... *wia lång wirds den nu daun?*
dawei	unterdessen ... *i siag wås, i siag wås, es schleicht af mi zua, i hån gmoant, s' is mei (n) Schwesta, dawei is's a Kuah*
Dawei låssn	Zeit lassen ... *lå da Dawei* ... laß dir Zeit OM
dawischn	erwischen
dawoatn	*es is leichter wås dawoat als wia darennt* ... es leichter etwas erwartet als übereilt
dawüdt	verwildert, gierig ... *gånz dawüdt is a hergfålln übas Essn*
dazahn kina	(kaum) schleppen können
de	der OM
deafadn	dürften ... *wånn ma deafadn a so wia ma möchadn*
deamiadi	demütig
Deamuad (der)	Diamant OM, auch für Demut
Deanahaus	das Haus des Gemeindedieners
dea(n)t	doch ... *bist dea(n)t guad ånkema* ... bist du doch gut angekommen
Deastbot (der)	Dienstbote; männliche Dienstboten mußten im Stall oder in der Getreidekammer schlafen, die weiblichen, *Dirnen* genannt, hatten ihre Betten im Rübenkeller (siehe Freilichtmuseum Pelmberg, Gemeinde Hellmonsödt)

Deastleit (die)	Dienstleute. *Die Lichtmößwocha* (Woche um Maria Lichtmeß) war für die Dienstleute die schönste Woche des Jahres, da brauchten sie sonst keine Arbeit verrichten als die Stallarbeiten. In dieser Woche hatten sie auch Zeit, ihren Brotgeber zu wechseln. In Sandl gab es sogar einen dafür eigens konstruierten Wanderschlitten. Eine *Gwandtruha* war fest auf den Schlitten aufgebaut, weil zu Maria Lichtmeß noch immer tiefer Winter war. An besonders fleißige Dienstboten richtete der Bauer bereits zu Weihnachten die Frage: *Bleibst ma eh wieder?*, darauf gab es dann entweder ein Ja oder ein Nein. Bei Zusage wurden außer dem Barlohn auch noch allerlei Naturalleistungen ausbedungen. So verlangte ein Knecht 70 bis 80 Gulden bar, drei Leinenhemden, ein Sonntagshemd, *(Sundapfoad und Werdapfoad)*. Die Mägde dagegen mußten sich je nach Arbeitsleistung mit 36 bis 50 Gulden abfinden, zuzüglich *Zeug* auf ein Kleid, 20 Ellen Leinwand, 20 Pfund Haar, und ein Paar *Jahrschuhe*. Ein *Drångeld* von 2 bis 5 Gulden besiegelte die Abmachung.
dennascht	dennoch ... *bist dennascht nu z'recht kema?*
dentiern	irgend etwas tun ... *wås dentierst den heint?* ... was machst du heute? UM
deina	*wegen deina hå(n)i so lång wårten miaßn* ... wegen dir habe ich so lange warten müssen
Depscha (der)	Bäule
dera	dieser ... *mit dera Maschin möcht i ara mål fliagn*
derblädert	erblaßt OM

derfm	dürfen
derrische Kapän	taube Kapelle ... scherzhafte Bezeichnung für einen Menschen, der schlecht hört. Dieser verteidigt sich wiederum mit den Worten: ... *schlecht segn dad i eh nu guad, åber guat hörn duri scho schlecht*
Detschn (die)	Ohrfeige ... *bitte Herr Lehrer, der Lois hat mir eine Detsche gegeben!* GM
Deuta (der)	Wink, auch ein Schubs
deyg(n)a	denken
dick	dick für schwanger ... *d' Nåchban Kathi is dick* ... die Katharina vom Nachbarn ist schwanger
Dill (der)	Hederich (Unkraut)
Dinghachtl	Verlegenheitsname; wenn man einen Namen nicht nennen kann, so sagt man eben der *Dinghachtl*
Diri dari (der)	das nötige Geld ... *då fählt ma da Diri dari*
Diraß (der)	Hundename, nach dem französischen General Duras (Stepan, Das Mühlviertel)
Dirndlstaudn	(Cornus mas) wuchs vornehmlich auf Feldrainen
dischkeriern	diskutieren, reden, GM
Distelstecha (das)	zeitraubende Arbeit der Bauersleute im Frühling, mittels einer an einem Stecken befindlichen alten Sensenspitze die Disteln aus dem Acker zu entfernen. Diese Arbeit ist *dank* der Chemie überflüssig geworden

dlae	gleich OM
Dlasl (das)	kleines Glas OM
dnad	genäht
dneissn	dünken, ahnen
dnilln	klopfen, schlagen OM
Dnopf (der)	Knopf GM
dö	die ... *dö Såch is netta a so* ... die Sache ist eben so ...
Doe	Tal ... *duris Doe bini gånga, af dö Bergal bini gstiegn, und dei(n) Sunn håd mi trickad, wånn mi gnetzt håd dei(n) Regn*
Dog	Tag
dogitzen	eine Wunde *tobt*, man sagt auch *eiterfassen*
dö Tag	dieser Tage, neulich ... *dö Tag is ma wås passiert*
Dodl (der)	Idiot
Dodlhofer	abfälliger Ausdruck ... *da Dodlhofer va da Sunnseiten* (Volkslied)
Dögerl (das)	kleiner Tiegel
doistessn	wegstoßen, auch *dånistessen* GM *doirenna* wegstoßen ... *Toni geh' dåni, sunst renn i di dåni* ... Anton geh weg sonst stoß ich dich weg
doina, überdoina	jemanden Püffe versetzen OM

Doln (der)	Dolde, Quastenkopf GM
dörrmäuln	einen trockenen Mund haben, vom Arbeitgeber zu wenig bekommen
dösn	dahinsinnieren, dahindösen, teilnahmslos dreinschauen
Dowågbei(t)l	Tabaksbeutel, meist getrocknete Schweinsblase, mit Zierband eingesäumt und mit Tabak gefüllt, trug man sie am Hosenriemen. (Nachahmenswert für rauchende Frauen!)
Dowö	Tobel, Senke
Döwö (der)	mit Hanf gefüllte Bettdecke, mit der sich die Dienstboten um Königswiesen noch bis in die 60er Jahre zudecken mußten (erzählt von Johann Lindner, Gallneukirchen 1996)
dowöd	doppelt ... *dowöd hålt bessa*
draem	treiben, umtreiben
drahn	drehen, auch betrunken sein ... *stad, stad, daß di nöt draht, håts dö erst gestern draht, drahts dö heint a* (Teil eines alten Volksliedes)
Drahtpost aufgebm	jemandem telegraphieren
drånå(n)	anschließend ... *drånå(n) is a Wiesn*
dränga	1. durchwachsn der Baumwurzeln auf das angrenzende Grundstück und folgliche Ertragseinbuße desselben 2. ertränken

Drånsch (der)	beschränktes Weibsbild
dråntauschn	Ware für Ware tauschen
draufgeh(n)	zugrundegehen, sterben ... *zweg(n) dö giftig(n) Schwåmma hand scho(n) vü Leit draufgånga* ... wegen der giftigen Schwämme sind schon viel Leute gestorben. – Anektote: Ein Urlauber hat aus Tunesien etwas mitgebracht, da ist die ganze Familie draufgegangen ... *ja was denn?* ... einen Nachttopf!
drauri	traurig
Dreaschn (die)	zur Grimasse verzogener Mund ... *då geht eam dö Dreaschn ausanånd*
Dreg	Dreck ... *je kleana* (kleiner) *da Dreg* (Dreck) *desto mehr stinkt a*
Dregwer (das)	Dreckwerk, unnützes Zeug
Dreizipf (der)	Kopfbedeckung (Steyregg, Baumgarten, „Das Jahr")
dren	treten (Betonung auf dem „e") OM, im UM *dretn (zåmtretn)* gesprochen
drent	drüben ... *drentas Bå(ch) fliagn meini Taubn, hiatz muaß i amål umigeh'n, Federn zåmklau(b)m,* (Teil eines alten Volksliedes)
Dreschertakt	Takte beim Dreschen mit der Drischl. Das Ausdreschen des ganzen Getreides dauerte oft bis Weihnachten. Jenem Bauern, der beim Dreschen letzter wurde, hatte man als Verhöhnung die *Gumsen* beim Stadeltor hineingeworfen. Die

Gumsen wurde aus einer Rübe angefertigt, mit Federn bespickt und mit Kopf und Beinen aus Holz versehen. Sie ist im UM meist unter der Bezeichnung *Stadelhenn* bekannt. Die *Drischl* besteht aus einen Führungsstab und dem eigentlichen Dreschflegel. Sie wurde bis zur Einführung der Dreschmaschine in jedem Bauernhaus dazu benützt, das Getreide aus den Ähren zu schlagen, was bei kleinen Bedarfsmengen oft nur über ein Wagenrad erfolgte. Über das Wagenrad oder über die Egge wurden hauptsächlich die *Schwaben* (große Bunde) ausgeschlagen, weil man das Stroh nicht verletzen durfte, das zum Dachdecken verwendet wurde. Noch bis 1945 wurde teilweise mit der Drischel gedroschen, weil es mit dem Heranschaffen und dem Betrieb der Dreschmaschine oft Schwierigkeiten gab und die Dienstboten *sowieso* eine Arbeit brauchten. Die Dreschmaschine wurde mit der Dampfmaschine angetrieben.

Das Dreschen mit der Drischel erfolgte in einem gleichbleibenden Takt, wozu es als Hilfestellung gewisse Taktsprüche gab:

Für 2 Drescher: *I und du und i und du!*
Für 3 Drescher: *Schind d' Kåtz aus!*
Für 4 Drescher: *Sterz in d' Schüssl*
Für 5 Drescher: *Van Mü(ll)na zan Bäcker*
Für 6 Drescher: *Wån Gott gab, daß s' Nåcht war,*
Wånn ma d' Suppen
ban Tåg aß

oder:

Für 2 Drescher: *Tick tack, tick tack!*
Für 3 Drescher: *Stich d' Kåtz å!*
Für 4 Drescher: *Treib d' Schåf zan Bå(ch)!*

Für 5 Drescher: *Du pfeif hinter d' Hütten*

Für 6 Drescher: *Beim Mü(ll)na,*
Ban Bäcka
Doans Menscha aufwöcka.
Hand d' Kråpfen scho båcha?

dressiern	jemandem in spöttischer Weise seine Schandtaten vorhalten
Driggan (das)	Trocknen, auch für Verhauen eines Übeltäters
drilln	schlagen OM
drinat	drinnen
dringa	trinken
drinta mischn	darunter mischen ... *ba dö Kina und bei dö vaheiratn Leit derf ma sö nöt drinta mischen* ... bei Kindern und verheirateten Leuten darf man sich nicht in ihre Streitigkeiten einmischen

drischakn	durchprügeln ... *den håmts gestern drischakt* OM
Drischdrein (der)	ein achtlos vorgehender Mensch OM
Drischlåg	ein ungeschickter Mensch OM
Droischl	Drossel OM
Driezipf	Dreizipf, auch dreieckige Parzelle (siehe Band 1, S. 82)
Droad (das)	Getreide ... *'s Droad umschaufeln*
dröo, droi	drei OM
Drud	Wud, Alpdruck. Die Ursache für den Alpdruck wurde einem bösen Geist, der *Drud,* zugeschrieben. Der Abwehrspruch lautete: *Drud, Wud, Wei(b), geh über Steg und Steig, über Stöck und Gråbn! påck mi nöt am Krågn!* Zeichnet man noch zusätzlich den Drudenfuß (Pentagramm) ohne abzusetzen in die linke Handfläche, so kann man sicher sein, daß einem nichts passiert. Eine jetzt alte Frau erlebte mit zirka 25 Jahren die Drud am eigenen Körper. Den Drud-Spruch hat ihr die Mutter schon als kleines Kind beigebracht. (O.Ö. Heimatblätter Jhg. 24, Heft 1/2, 1970 S. 42, und Band 1 „Das Mühlviertel", S. 83, vom Verfasser)
drum	darum ... *drum is's netta oa Ding, nimmst ös schwa oda gring*
drum und drån	das ganze um und auf

drumanedn	auch *drumana* gespr., wie für *darum* verwendet
dsåmleitn	zusammenläuten vor dem Gottesdienst mit der Kirchenglocke
dseiln	melken OM (Betonung auf dem „ei")
dseoni	zornig
Dsibf (der)	Zipf
dsimdmi	es dünkt mich
dückeln	heimlichen Unwillen zeigen, beleidigt sein GM
Duckmauser (der)	Hinterhältiger
Dull	verächtlich für eine Frauensperson, Schimpfwort OM
Dümpfö (der)	Tümpel
Dung (der)	Dünger ... die alten Germanen deckten ihre Grubenhäuser mit Dung (Germania)
dunga	einnicken, sitzend einnicken ... *i dua a weng dunga* ... *dunga* bedeutet aber auch düngen
Dunnaweda (das)	Donnerwetter
dunneriern	herumschimpfen OM
duözn	mit *Du* anreden, im Gegensatz zu *ihrözn* OM
durgråumd häts mi	durchgeräumt hat es mich, Durchfall hatte ich
durigehn	durchgehen

Dürnauerschlacht   Eine wilde Rauferei zwischen fürstlichen Jägern und böhmischen Wilderern in der Dürnau in der Gemeinde Leonfelden am Fronleichnamstag um das Jahr 1850. Sechs böhmische Wilderer waren rußgeschwärzt in stockdunkler Nacht ausgezogen, um organisiert eine regelrechte Treibjagd auf starhembergischem Gebiet zu unternehmen. Noch während sie einzeln auszogen, um wie vereinbart ihre Posten zu beziehen, waren sie auch schon bei den herrschaftlichen Jägern verraten, die ihrerseits alle ihre verfügbaren Jäger in der Umgebung mobilisierten. In der Folge gab es ein fürchterliches Gerangel, jedoch ohne Anwendung einer Schußwaffe, wobei bald die eine und bald die andere Partei die Oberhand behielt. Kaum waren zwei der Wilderer gefangen und gebunden, so schickte man schon eine Botschaft nach Leonfelden, um den Arrest für die weiteren Wilderer vorzubereiten. Inzwischen aberer wendete sich wieder das Blatt und die sechs rußgeschwärzten Wilderer hatten mit der Zeit alle 17 herrschaftlichen Jäger außer Gefecht gesetzt. Einer nach dem anderen zog sich in die Jagdhütte zurück. Aber auch die böhmische Wildererschar hatte sich schleunigst aus dem Staub gemacht und ist über das Bächlein ins Böhmische hinübergeflüchtet. Peinlich war die Rückkehr der Jägerschaft, wo doch bereits ganz Leonfelden auf den Beinen war, um den Triumph der Jäger und den Einzug der Wilderer in das Gefängnis mitzuerleben. Angeblich soll bereits die Musikkapelle bereitgestanden sein.

Dusl (der)   Schwindel OM

dusti   dunstig, trüb (OM), *dusmi* (UM)

Duttlkumad (das)	geschmackloser Ausdruck für den Büstenhalter, das *Kumet* ist ein Teil des Pferdegeschirres
Duttlschmier	Busensalbe
d'Zent	Zähne
d'Zung	Zunge

Ochensgespann in Ottenschlag

E

eamsämti guad	rechtschaffen ... *den gehts eamsämti guad* OM
eballa	vorsichtig, empfindsam ... *der is a weng eballa* OM
Ed (der)	1. Ernst, Gewalt ... *an Ed ånwendn* OM (veraltet) 2. die *Ed – Öd* (Öde) – gerodete Waldfläche
Edlstaudn (die)	Erle (Strauchform), (Alnus), wird regelmäßig zur Brennholzgewinnung abgeholzt
eh	ohnehin ... *is eh oa Ding* ... ist ohnehin egal
Ei(n)büddung	Einbildung ... *d' Ei(n)büddung måcht d' Leit krång* ... die Einbildung macht die Leute krank
Eicht (die)	Weile ... a Eichtl, eine kurze Weile ... *sitz di nieda an Eichtl*
ei(n)föseln	Einrasten des Türschlosses ... *dös Türschloß is nöt ganz eingföslt* UM
ei(n)gschlågn	*Ba da Resi håts ei(n)gschlågn ös Goaßheu* ... Bei der Resi hat es eingeschlagen in das Geißheu. Sie ist schwanger geworden.
ei(n)gsetzte Zähnt	Zahnprothese
ei(n)gschnåppt	beleidigt sein ... einen Spaß falsch verstanden haben
ei(n)kråma	einhandeln ... *då håni ma wås ei(n)kråmt* ... einen schlechten Handel gemacht GM

ei(n)sågiern	in Säcke füllen OM
Ei(n)tunk	heißes Fett, in das man Mehlspeisen mit der Gabel eintunken durfte
ei(n)zügi	sparsam OM, im UM *einzogn sein*, sparsam sein
eigamentl	sehr wenig OM
eini	hinein ... *geh' eini*
einidåtschn	hineintrampeln ... in Wiesen und Felder hineintrampeln UM
einikina	hineinkönnen ... *i hå(n) ba da Tür nöt einikina*
ei(n)måcha	sich mit warmen Kleidern gut anziehen ... *guat einmåcha*
ei(n)tischn	den Tisch nach dem Essen abräumen, Brot und Tischtuch in die Tischlade geben
Eisnbåhnerkuah	Ziege, die *Kuh* im Eisenbahnwärterhäuschen
Eisenaz (das)	Eisenerz. Viele Mühlviertler mußten in den dreißiger Jahren nach Eisenerz fahren, um ihr Brot zu verdienen, sie kamen erst nach vielen Monaten wieder nach Hause
eisanar Herrgott	Die Stuben- und Kammerfenster maßen oft kaum ein Geviert von 60 cm und waren außerdem mit einem dreiteiligen Fensterkreuz abgesichert. Dieses Fensterkreuz schützte vor Einbrechern, während die Bauersleute auf dem Felde waren. Die *Fensterlbuam*, das waren die Verehrer der Mägde und Töchter des Bauern, nannten diese unbequemen Fensterkreuze den

	eisernen Herrgott, der sie ständig daran hinderte, die Angebetete in die Arme zu schließen. Die *Fensterlbuam* hatten schließlich jedesmal den Abdruck des Kreuzes auf der Brust, wenn sie frühmorgens nach Hause gingen
ella	etliche ... *ella Weni mächt a Mengi* ... viele Wenig machen ein Viel
elendn	sich beklagen ... *sie tuat sö ba mir oiwei elendn* OM
Elex(e)nstaudn (die)	Traubenkirsche, auch *Elex(e)n* genannt
enga	euer ... *enga Haustür is offm*
Eodbrenna (das)	Sodbrennen (Kollerschlag)
eorna	ordnen ... *ö(n) da Kåmman d' Såch a weng eorna* OM
Eråpfö (der)	Kartoffel. Im Jahre 1643 ist das Vorkommen des Erdapfels in Oberösterreich in einem Viktualienzettel der Herrschaft Schwertberg erstmalig beurkundet. Abgabe an den Grafen Meggau in Greinburg: *Neben Erdäpfeln ein 5 Eimer-Faß mit gedörrten Zwetschken, Äpfel- und Birnspalten, 1 1/4 Metzen Nüsse, Weißpracher Äpfel, Rettich, Zichori, Scheribl, Rannarüben, Kohlrabi und Salat.* Inzwischen hat die Kartoffel ihren Stellenwert am bäuerlichen Speisezettel beträchtlich eingebüßt, man ißt ihn nur mehr als Zuspeise. Bäuerliche Dienstboten sind heute eher selten geworden. *Eröpfö (Mzl.) gestern, Eröpfö heint, Eröpfö übermorgn und in alle Ewigkeit,* so lautete der Spruch der Knechte und Dirnen in vergangenen Zeiten

Erl (das)	Ohr ... måch deine Erl auf!
Eröpfökas	Kartoffelkäse ... Rezept: g'kochte Eröpfö zerdrücken, Salz, Pfeffer, gehackte Zwiebel und einen Becher Sauerrahm gut durchmischen
Eröpförebm	Kartoffelrebe ... Wån ma d' Eröpfö ban Neumond setzt, gengans ön d' Rebm
es wuacht	würde ... es wuacht am End g'scheida sei(n) ... es würde am Ende gescheiter sein
Eschling (der)	die Esche (Fraxinus)
Eselbång (die)	die hinterste Bank im Klassenzimmer
Essibeerstaudn (die)	Berberitze (Berberis vulgaris). Die Beeren wurden zur Essigerzeugung verwendet
Essimå(n)	Mann, der von Haus zu Haus ging und Essig verkaufte ... abfälliger Spruch aus dieser Zeit ... der schaut drei(n) wia da Essimå(n). Gemeint ist das vom sauren Essig verzerrte Gesicht
etla	etliche, im OM ella gespr. ... etla – zwoanzgi heißt über 20, etla – dreißgi, etla – vierzgi usw. eine geschätzte Zahl, so beiläufig, diese Schätzung beginnt erst über 20. Bis zu 15 sagt man ... a zea a fuchzea ... so zehn bis 15
Exl (das)	Öchschen, junger, einjähriger Ochse, auch Schnittling oder Zåma genannt (Zåma dürfte vom Zäumen kommen) GM
Extrikeitn (die, Mzl.)	Besonderheiten ... dös wan a so a Extrikeitn! OM

F

Fä (das)	Feld
Fäa (der)	Fehler
fad	langweilig ... *a fada Zipf* ... ein langweiliger Mensch
faha	fangen OM
fålsch werdn	falsch werden ... zornig werden ... *då wiri åber fålsch*
falsche Kåtz	falsches Mädchen
fam	färben, *å(n)fam* ... anfärben
farbi	färbig, *driefårbi* (dreifärbig), *koischwoaz, råbnschwoarz, schwöfögäb, himmelbloab, feigerlblau, gråsgrea, köstnbraun, mausgrab, öslgrab, kitzgrab, fålb* (hellgrau), *bluaroid,* (blutrot) *gscheckad, rehbraun, gagerlgäb, blüahweiß*
Fassa (die, Mzl)	Fässer
Fåsserin	Die Bäuerin oder Magd steht auf dem Heuwagen, nimmt (faßt) die dargereichten *Heubauschen* entgegen und verteilt sie auf dem Wagen
Fatschnkind	Wickelkind, eine Bezeichnung, die noch auf das Wickeln der Kleinstkinder mit sogenannten *Fatschn* (breiten Bändern) zurückgeht. Fatschn

waren mehrere Meter lange Binden aus Leinen. In der Pfarrkirche St. Georgen an der Gusen findet man unter dem Predigtstuhl den Grabstein eines Fatschnkindes. Es war in früheren Zeiten nicht üblich, für ein verstorbenes *Fatschnkind* einen Grabstein machen zu lassen. Die Arme wurden den Kindern mit in den Wickelpolster eingebunden, sie konnten sie nur während des Wickelns bewegen

Fatzkn (die)	Ohrfeige ... *a Fatzkn kriagn* ... (abgekommen)
Fäula (der)	Fehler ... *a niada Mensch macht amål an Fäula*
Fäu(l)beerbam (der)	Faulbeerbaum, Eberesche
fäun	fehlen, nichts treffen, danebenschießen
Faunzei (das)	kleine Fasern von einem Tuch OM
faunzn	zerknittern OM
fawön	färben, die Wand herunterfärbeln
feacht	voriges Jahr, auch *fert* oder *fead* gesprochen (siehe Band 1, S.110) GM
Feaschn (die)	Ferse ... *af d' Feaschn steign*, heißt ihm das *Heiratsguad åbitreten* ... (das Hochzeitgut heruntertreten)
feazn	verhöhnen
Fechta (der)	Bettler ... Bettler, welche krank in ein Haus gebracht wurden, weil sie im Freien zusammengebrochen waren, wurden auf einer Trage ins nächste Haus gebracht, sie starben oft schon auf der Trage (Pfarrer Johann Sigl in Beiträge

zur Landes- und Volkskunde des Mühlviertels, 18. Bändchen 1926)

fechti werdn	fertig werden GM
Fegö (die, Mzl)	Vögel
Fehra (die)	Rotföhre (Pinus silvestris)
Fei	Feuer, im OM auch *Foi* genannt
Feichtaknecht	ein Knecht, dem nichts lieber ist als ein Feiertag; vielfach auch auf den Pfarrer gemünzt, der ja an Feiertagen die meiste Arbeit leistet
feichtas Holz	Fichtenholz ... *a tennas Holz*, Tannenholz. Es gibt weiter *a lindas* (Linde), *a ahornas* (Ahorn), *a eschpas* (Espe), *a eschas* (Esche), *a birkas* (Birke), *a erlas* (Erle), *a kerschbamas* (Kirschbaum), *a birnbamas* (Birnbaum), *a föhras* (Föhre), *a lärchas* (Lärche), *a ålbas* (Alberbaum, Weißpappel Populus alba) u.s.w.
Feichtn (die)	1. Fichte, 2. Erdfeuchte ... *es is Zeit daß 's wieda regnd, daß ma wieda a Feichtn kriagn* ... Es ist Zeit, daß es wieder regnet, damit wir wieder eine Erdfeuchte bekommen
Feignkafe	Feigenkaffee; Bohnenkaffee war viel zu teuer und konnte nur an ganz besonderen Feiertagen genossen werden
Feimål (das)	Feuermal
fei(n)	bestimmt ... *kim fein af d' Nåcht*
feindla	gern ... *er is feindla auswärts* OM, veraltet

Feischlågn (das)	Feuerschlagen. Bis zur Jahrhundertwende war es sehr mühselig, Feuer zu machen. Mit feilenähnlichen Gegenständen wurde auf einen Feuerstein geschlagen um Funken zu erzeugen. Die Funken lenkte man auf leicht brennbares Material wie den Buchenschwamm, Werch usw., und pustete die glimmenden *Bauschen* an, bis eine Flamme entstand. In den Strafanstalten verwendete man Porzellanknöpfe, die man mittels einer Schnur im Kreise drehte und auf harten Steinboden aufschlagen ließ; auch sie gaben einen Funken. Für einen Glimmbrand eigneten sich auch Fasern aus der Bekleidung. Die Pfeifenraucher besaßen ein Taschenmesser, auf dessen Rückseite feine Kerben angebracht waren, die sich zum Feuermachen eigneten. Den Buchenschwamm (Fomes fomedarius) hatte man stets in kleinen Schnitten bei sich und zu vorgerückter Stunde kam es manchmal vor, daß man einem Zechgenossen einen glimmenden Buchenschwamm auf den Hut steckte. Es dauerte oft lange, bis der Betroffene eine eigentümliche Wärme am Kopf verspürte. Dann allerdings hatte der Hut auch schon *a mords Lugga* (ein beachtliches Loch) und die Stimmung am Biertisch seinen Höhepunkt erreicht. Schwefel war ebenfalls ein Mittel zum Feuermachen, und alsbald kamen die ersten Schwefelhölzer auf den Markt, die man an der Zimmerwand oder an der Lederhose anfachen konnte.
Feisegaranz (die)	Feuerassekuranz, Feuerversicherung
Fe-io (das)	Feuer (helles *e-i* gespr.)
Feiwö (das)	Rind mit grauer Farbe OM

Felger (der)	falscher Pelz, Plüsch OM
Fenichl (der)	Fenchel
Fenstagsims	Fenstervorsprung
Fenstaschdog (der)	Fensterstock. ... *Hiasl, ho, ho, låß ön Fenstaschdog då, du kå(n)stn nöt braucha und mir geht a å* ... Matthias, laß den Fensterstock hier, du kannst ihn nicht brauchen und mir geht er ab
Fenstaschwitz (der)	beschlagene Fenster
Ferdl	Ferdinand
Fesei	Fesel, ein ganz kleiner Teil OM, im UM *Fuzei* gesprochen
fest oder loder	fest oder locker, entweder oder ... Aufforderung für Unentschlossene
fette Henn	Dachrampfe, auch *G'schwulstkraut,* Hauswurz (Sempervivum textorum), ist in der Volksheilkunde sehr geschätzt
Fetzn (der)	Lappen, Lumpen ... *Aufreibfetzn,* Lappen zum Schrubben des Fußbodens
Feubeer (die)	Feuerbeere, Vogelbeere vom Vogelbeerbaum, spr. Eberesche
fexna (das)	fechsen, ernten
Fia (das)	Vieh
Fiageh(n) (das)	Vorbeigehen ... *ban Fiagehn håni gsegn, daß a Liacht brennt in da Stu(b)m*

Fiastbam	Firstbaum, ein gechmücktes Bäumchen zum Anlaß der Fertigstellung des Dachstuhles (siehe Zimmermannsspruch)
fiasteign	voranschreiten
fidä	fidel, lustig
fiesln	abnagen, die Knochen *å(b)fiesln* UM
Filigra'(n)	Filigran. (Nasalierung bei „a"), Zierwerk aus feinem Gold- und Silberdraht, häufig in Verbindung mit Granulation, Fäden, die um ein *Korn* gelötet sind. (Herkunft Italien)
Fi(l)z (der)	Dickicht, Walddickicht
Fingerhosn (die)	Fingerhülse aus Leder, als Verband nach Verletzungen
Finstern (die)	Finsternis, Redewendung: *Zwischen Finstern und siagst mi nöt* ... Einbruch der Dunkelheit, wo du mich kaum noch sehen kannst
Firstbamstähn (das)	Firstbaumstehlen. Es war üblich, das mit Bändern geschmückte Bäumchen, welches bei Fertigstellung des Rohbaues am Dachfirst angebracht wurde, zu stehlen. (Siehe O.Ö. Hbl. 2.Jg. Heft 2 1948) Dieser Brauch wurde fallweise auch im MV ausgeübt
Fisch (die, Mzl.)	*heint gibts Fisch ohne Gradn* ... heute gibt es Schläge
Fischghålter (der)	Fischbehälter für Unterwasser
Fisoln (die, Mzl.)	Fisolen, grüne Gartenbohne (wird nur in Österreich verwendet)

fiwan	nervös sein, zittern, fiebern
fixeln	in listiger Weise stehlen OM
Flausn (die, Mzl.)	Eigenheiten ... *dös wa(r)n a wäu a Flausn* ... das wären solche Eigenheiten (wortgetreue Übersetzung nicht möglich!)
Flanitz (die)	Fluß, von tschech. blana, *Au*, Gemeindewiese, Feld – Aubach
Flånken (der)	zerrissenes Gewand und schlechte Person OM
fleaschn	verspotten
Fleckerlpåtscher (die)	aus Filzstreifen geflochtene Patschen, sie waren sehr verbreitet, hatten aber keine lange Haltbarkeit
Fleg (der)	Fleck ... *dö Hosen håd scho sovü Flegg* (Mzl.), *daß neun Kåtzen koa Maus nimma findn* ... die Hose hat schon so viele Flicken, daß neun Katzen keine Maus mehr finden
flehn	flennen, weinen GM ... *flehn nöd a so, wird eh wieder recht*
Flein (die)	Haferspreu, auch *Fleim* gespr. GM
Fleischbank (die)	Flurbezeichnung, die im MV mehrfach vorkommt und für die es keine stichhaltige Erklärung gibt
Fleischfliagn (die)	Schmeißfliege, blauschillernde Fliege, die meist auf Aas zu finden ist
Fleo (der)	Floh OM. 2. *Floi* im UM

Fleobeidla (der)	Française, Gesellschaftstanz aus dem 18. Jhdt. im 6/8-Takt. Volkstanz, bei dem schüttelartige Bewegungen gemacht werden, die an das Abschütteln von Flöhen gemahnen, er war im MV sehr verbreitet
Fleßl (das)	geflochtenes Kleingebäck GM
fleßln	sehr stark regnen GM
Flinsinger (die)	waren ein kurioses Völklein aus dem OM. Die Art, wie sie ihre Arbeiten ausführten, glich den sogenannten *Hirschauerstückln*. Sie luden ihren Wagen mit Korngarben so voll, daß sie letztlich den Wagen nicht mehr von der Stelle brachten. Immer legten sie noch eine Garbe darauf und meinten: *Oani geht nu*, bis ein Wanderer ihnen den Rat gab, doch die Hälfte abzuladen, mit den Worten: *Gring auf, gring å(b)*. – Und so fuhren sie fortan mit halber Ladung nach Hause
flöantschen	mit verzogenem Mund verspotten, auch *fleaschen* GM
flodaritzn	Herumflattern des Geflügels, der Schmetterlinge und dergleichen
floign	fliegen
Floign (die)	Fliege … *Fleogn* (OM)
Floignbigga (der)	Fliegenkleber … *an Floignbigga ums Mäul, und aus is's mit da Streiterei*
Floingpragga (der)	Fliegenklatsche

flottgriawi	lieblich, lebendig OM
Flötzn (die)	Durchfall ... *s' Kadei håd d' Flötzn,* auch die *Katharina Flink* genannt, weil auch eine sonst langsame Katharina flink sein muß, um noch rechtzeitig den *stillen* Ort zu erreichen
flungatzn	1. glitzern ... *der Schnee flungatzt* 2. lügen, flunkern
foacha	fangen ... *a Maus håni gfoacht* OM
foign	gehorchen, folgen, im OM auch *folign* gespr.
Foizetln (die Mzl.)	Feuerzelten, am Feuer gebackene Mehlfladen OM
Fon (der)	Faden ... *da Fon is ågrissen* ... der Faden ist abgerissen
Föo oder Foir (das)	Feuer OM (Betonung auf dem „ö", Kollerschlag), *Fei* – UM
förizn	mit dem Feuer spielen, Funken schlagen, GM
Fortgeha	Pendler; Mann, der am Sonntag abend die Familie verlassen mußte, um seinen fernen Arbeitsplatz zu erreichen, und erst am Samstag wieder nach Hause kam
Fotz (der)	Mund, die Lippen, *an Fotz å(n)måcha,* einen Schmollmund machen
Fotzhäferl (das)	kleines Küchengeschirr mit schnabelförmigem Auslauf
Fotzn (die)	Ohrfeige ... *i gib da a Fotzn, daß't ön Kiraturm für a Zwieföhäupö ånschaust* ... ich gebe dir

	eine Ohrfeige, daß du den Kirchturm für ein Zwiebelhäuptel hältst
fraülö	freilich, selbstverständlich
Frånzn (der)	Fransen ... *Hiatzt wa gråd s' Lebn a bisserl schen, hiatzt muaß dö Gschicht af Frånzn gehn* ... (Zecher in der Weltuntergangsstimmung)
Franzosenkräutl	auch Knopfkraut genannt (Galinsoga parviflora)
fraschln	fragen, ausfratscheln ... jemanden etwas herauslocken
fravön	freveln
Frechdax (der)	frecher Dachs, Schimpfwort für einen frechen Buben
frei	fast, schier, beinahe ... *frei nöt gehn kå(n) ma va lauter Schnee*
Freida	Freitag ... *wer am Freida låcht und am Samsta singt, der read (weint) am Sunda gånz bestimmt*
freosen	frieren OM
Fressadi (das)	Wunde, die immer größer wird und nicht heilen will ... (Krebs)
fressn wira Kuah	fressen wie eine Kuh ... *a Vüfråß wird nöt geborn, sondern erzogn*, meinten früher die Leute
froad	minderwertig, nichtig OM, veraltet

Froas (die)	Kinderfraise, Herzkrampf, durch moderne Medizin bereits abgekommen (siehe Band 1, S.118, 119,120) ... *in d' Froasn fålln* ... einen Herzkrampf bekommen

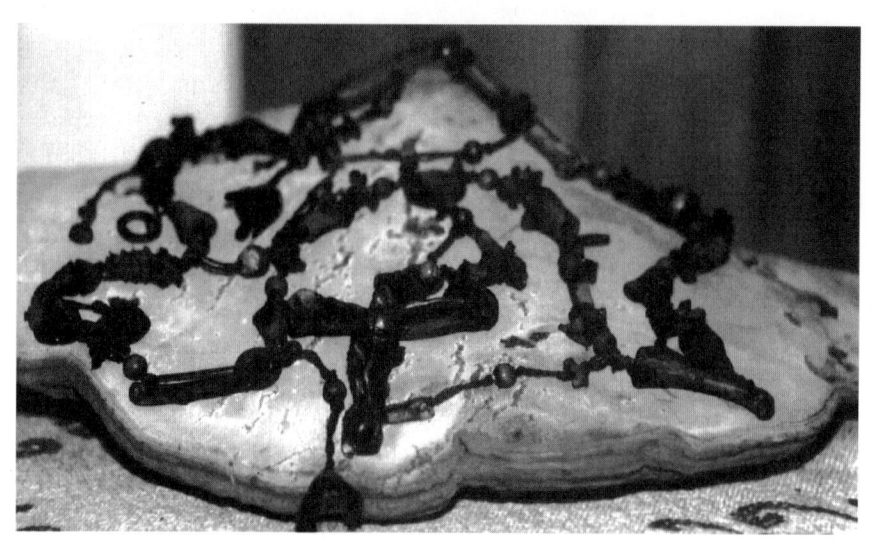

Froasnkettn, wie sie den Kindern aufgelegt wurden – bestückt mit einem Kruzifix aus Hühnerknochen, Eicheln, Sargnägeln, Holzkugeln, Stockzähnen, Schröckbeineln, Münzen, Drahtspiralen und anderem.

froisn, fruisen	frieren ... *wånnst dö nöt bessa ånlegst, wird dö froisn* ... wenn du dich nicht besser anziehst, wird dich frieren
fruadi	fröhlich, gesund aussehend
Fuaßhaxn (der)	Unterschenkel ... *ön Fuaßhaxen håni ma å(b)brocha* ... das Bein habe ich mir gebrochen UM
fuchsteuföwüd	fuchsteufelswild sein, voller Wut sein
fuchti	zornig

fuchzea	fünfzehn
fuchzgi	fünfzig
fuhrwera	Mit Roß und Wagen fuhrwerken. Der Befehl an die Zugtiere, schneller zu gehen, lautet *wüa,* oder *hüstaha. Hü* heißt nach links und *hot* nach rechts ziehen. *Åha, äj* oder *äha* heißt stehen bleiben
fünfö	fünf ... *der kå(n) nöt bis fünfö zöhln* ... der kann nicht bis fünf zählen, ist etwas beschränkt
fungizn	glänzen ... *dös Auto dös fungizt nagråd* GM
für d' Lucka steh'n,	im Wege stehen, jemanden für ein begangenes Unrecht schützen
Fürasegna	Hervorsegnen nach der Geburt, hervorgehen, um gesegnet zu werden. Nach neun Tagen im *Wochenbett* vereinbarte die Hebamme mit den Pfarrer einen Termin zum *Fürasegna.* An einem Wochentag vor der Frühmesse erschien die Hebamme mit der Wöchnerin in der Sakristei. Die Hebamme entzündete eine schöne Wachskerze und gab sie der Kindesmutter, der Pfarrer sprach ein Gebet für die glückliche Niederkunft. Anschließend ging er, gefolgt von Hebamme und Mutter, in die Kirche. Die Mutter war von der leichten Schonkost sehr geschwächt, die in den vergangenen Tagen aus Rahmsuppe und Weißbrot bestand. Unter Verrichtung weiterer Gebete wurde um den Altar herumgegangen. Wieder vor den Altarstufen angekommen, löschte die Hebamme die Kerze und legte sie auf das Speisgitter für die nächste Mutter, die *füragsegnt* wurde. Ein alter Brauch er-

laubt es nicht, daß eine Mutter sich vor dem *Füresegna* in der Öffentlichkeit zeigte. (Helfenberg)

Fürbeta (der)	Vorbeter
Fürbitta (der)	für den jeweiligen Anlaß oder den Beruf zuständiger Heiliger
Fux	1. Fuchs … *då fångt uns da Fux nöt*, sagt man, wenn man eine angebrannte Milch trinkt 2. Stern in der Unterhose (Niederwaldkirchen)
fuxen duats	es will nicht gelingen

Mühlviertler Keusche

G

ga(ch)zorni	jähzornig
gä, gelt?	nicht wahr?
gåanöt	gar nicht ... *i kå(n)s gåanöt glaubn...*
Gachn	an Gachn håbm, einen Jähzorn haben ... *då griag i an Gachn*
Gachtl (das)	Garten ... *im Gachtl* (Gemüsegarten) vor den Stubenfenstern gab es rote Rüben, Rettich, Salat, Schnittlauch, und wenn es der Platz erlaubte, auch noch Lilien, Herzerlstöcke, Malven, Hortensien, Pelargonien, Geranien, Nagerlstöcke und Küchengewürze. Am *Gachtlzaun*, der aus zugespitzten *Sprissln* (Spreißeln) bestand, befand sich noch die *Ågråslstaudn* (Stachelbeere), die *Ribislstaudn* (Johannisbeere) und die *Krenbletschn* (Meerrettich). Auf dem Zaun wurde Sommer und Winter die *grobe* Wäsche aufgehängt. Im Winter wurde sie in steifgefrorenem Zustand abgenommen und bügelfeucht mit dem Kohlenbügel- oder Stachelbügeleisen geglättet
gabad	geben würde ... *wånns koani krånga Leut nöt gabad, miaßad da Dokta ö d' Oawad geh'n* ... wenn es keine kranken Leute gäbe, müßte der Doktor in die Arbeit gehen
Gabiså (der)	Krautsamen,. *ön Gabiså muas ma ön Frialing ånbau(n)* ... den Krautsamen muß man im Frühling anbauen OM

Gabler (der)	Rehbock mit gabelförmigem Gehörn
gacki	schmutzig in der Kindersprache ... dös is gacki!
Gad	Sankt, für fünf Ortschaften im Oberen Mühlviertel, bei denen das St. durch das noch nicht eindeutig erklärte Mundartwort *Gad* ersetzt wurde. *Gad Peda* = St. Peter, *Gad Håns* = St. Johann a.W., *Gad Ura* = St. Ulrich, *Gad Mörtn* = St. Martin, *Gad Göbal* = St. Gotthard
Gäd (das)	Geld ... *Gäd vadirbt ön Karakter* ... *'s Gäd wird å(b)gschåft*, sagt der Lois, *es gibt scho vü Leit dö koas mehr håmd*
Gådasäuln (die)	In Fluren am Wegesrand aufgestellte Steine, Gattersäule oder auch Lochstein genannt. In einem Hofkirchner *Taiding* (Tagding, Satzung) wird bestimmt, daß zum Korn- und Haferbau die

Rechts: Gattersäule in Neumarkt

Gattern bereit und fertig sein müssen, *das niamand Schaden leidet. Die Weg und Landstraßen, so man für die Gättern kommt, soll man treulich machen und khein Müst in den Wegen aufscharen* (keinen Mist), 18. Bändchen v. Johann Sigl, Beiträge zur Landes- und Volkskunde im Mühlviertel) (siehe Band 1, S. 125)

Gäds God (der)	*Vagädsgod* – Vergeltsgott (Gott vergelte es dir) ... Nach dem *Gäds God* folgt das *G'sengs God* ... Gott segne es. Es ist heute noch teilweise die übliche Dankesformel im MV. Bei Kleinigkeiten fragt man nicht, was es kostet, ein ehrliches *Gäds God* ist vollauf genügend, was mit *G'segn das God* beantwortet wird. Nur die Fuhrleute begnügten sich oft nicht mit einem *Gäds God* und man konnte oft die lakonische Antwort hören ... *an Gäds God fressn meine Roß nöt, dö brauchan an Håwan und der kost a Gäd* ... Als *Vagädsgod* wird auch die Fußlatte des Tisches bezeichnet
Gagerhaun (der)	Hackstock OM
Gåglwer (das)	unnützes, dummes Zeug GM
gah, gach	1. schnell, jählings ... *mit den Franzl is's gah gånga* ... mit dem Franz ist es schnell gegangen, der hat früh sterben müssen 2. steil ... *då gehts gah åbi über d' Leitn* ... da geht es steil bergab über den Hang
gahlings	jählings ... *du warst gahlings z'sprunga*, aus dem Gedicht *Muaddaliab* von Max Hilpert
Gålgn	Galgen ... *der hängt då, wia da Diab am Gålgn*

Galoschen (die, Mzl.)	Überschuhe (franz.) veraltend. In Zeiten, wo man lange Strecken zu Fuß zurücklegen mußte, waren die *Galoschen* sehr gefragt
Gamaschn (die)	Beinschutz aus Leder mit Klammerverschluß. Diese Gamaschen gab es nur für Männer und wurden auf das Schuhwerk aufgesetzt. Sie ersetzten einen Schaftstiefel
gamhiat	gespr. von einem 91jährigen Mann, (hart wie der Gaumen?) UM
Gamündee (der)	Kamillentee
Gäng, Geng (die, Mzl.)	Enge, Ortsname Geng? OM
gangadn	gehen würden ... *wauns nagråd scho gangadn*
gåaschti	garstig, unartig, schlimm ...*bist recht a gåaschtiga Bua*
Gårizn (das)	knarrendes Gräusch eines alten Stadeltores in den Gehängen, auch *gåratzn* gesprochen
Gäsucht (die)	Gelbsucht
gawadn	(Betonung auf dem ersten *a*) geben würden ... *wånns ma wås gawadn*
gax	plötzlich ... *gax kimd a Weda, åft håst koan Schirm dabei*
Gealöffö (der)	Zunge ... *dua dein Gealöffö aua* ... tu deine Zunge heraus
Geamäul (das)	Primitive Leute taten in früheren Zeiten manchmal einen Mitmenschen schweren Schimpf da-

durch an, daß sie ihre Mundwinkel mit beiden Daumen erweiterten und zugleich mit den zwei Mittelfingern ihre unteren Augenlider herabzogen; das nannte man jemandem das Geamäul (vom Gähnen) zeigen. Es gab aber auch ein künstlich hergestelltes Fratzengesicht, das man ebenfalls *Geamäul* nannte und das zur Hauseinrichtung gehörte. Als es nämlich noch die großen Kachelöfen und Holzspäne zur Beleuchtung gab, stand auf dem breiten Ofensims eine rohe Kopffigur aus Lehm mit offenem Maul; sie diente als Träger für den brennenden Holzspan. Diese Figur wurde dann je nach Lichtbedarf auf dem Ofengesims herumgeschoben. Auf Mauerwänden und auch auf Möbeln erinnern uns derartige Fratzengesichter noch an das *Geanmäul*. (Joh. Sigl, Beiträge zur Landes- und Volkskunde des Mühlviertels) (Siehe Band I, S.129)

gebanglö	beängstigend, häßlich OM
Gebid (das)	Bitte ... *i häd a Gebid!* ... (Vergib uns unsere Schulden, auch wir vergeben unseren Gläubigern!)
ge(b)m	geben, Spruch: ... *wer gern gibt, gibt doppelt ... gebm is bessa wia nehma*
gedong	geschweige OM
Gedenkmåna (die, Mzl.)	Männer, die wichtige Satzungen im Kopf behielten und mündlich weitergaben ... aus einer privaten Schrift aus dem Jahre 1872, Guschlbauer, Zimmermann von Gollnerschlag
ge(gn)	gegen (Nasalierung) ... *ge(gn) Åid(e)nfäln zua* ... in Richtung Altenfelden

Gegntäu (das)	Gegenteil, der Ehegatte ... *wånns Gegntäu nöt mitduat, nutzt dös går nix* ... OM
gehma	gehen wir
Gei (der)	Hühnerhabicht, fälschlicherweise als *Geier* bezeichnet; *Heanagei*
geina	loben ... *den låß i ma nöt geina* ... den laß ich mir nicht loben
Geista	Geister, sie sind die märchenhaften Ureinwohner, die im Volke noch lebendig sind: *das Heinzelmännchen*, es ist ein Helfer. Das *Schrattel* ist ein Hauskobold. Wenn am Morgen die Pferde im Stalle schwitzen, so habe sie der *Schrattel* in der vergangenen Nacht geritten. Die *Alraundln*, Kinder des Teufels und der Zauberin. Alraune sind gut oder böse. Wenn man etwas nicht findet, sagt man, das Alraundel sitzt drauf. Als böses Wesen quält es auch das Vieh, wogegen Weihwasser hilft. *Agerl* wird auch das *Alraundl* genannt. Wenn *Alraundln* gut sind, nennt man sie auch *Tragerln*, weil sie tragen oder bringen, was man wünscht. Wer ein Tragerl hat, darf das nicht sagen, sonst wird es zu Wasser. Der Eigentümer erfährt von seinem Tragerl die geheimsten Sachen und kann das Geheimste sehen. Vorsicht! Die Seele des Tragerlbesitzers gehört dem Teufel, sofern er nicht zu Lebzeiten das Tragerl verschenkt oder verkauft. Das *Wassermandl* haust in jedem Fluß und Teich in einem mit Fischtang gepflasterten Palast. *Nixen* sind menschenähnliche Wesen, doch statt der Füße haben sie einen Fischleib. (Etwa gibt es ein menschliches Wesen mit Fischleib aus Stein gemeißelt an der südwestlichen Dach-

kante der Kirche in St. Peter b. Freistadt. Über dieses Fischmandl gibt es eine Legende. Eine Gräfin soll ein Kind mit Fischleib geboren haben. Sie habe daraufhin ein Gelübde abgelegt und versprochen, eine Kirche zu bauen, wenn das Kind gesund werden sollte.)

Kobolde sind Hausgeister, die sich in Küche, Keller und in Ställen aufhalten, Poltergeister, die mit Holz, Steinen und mit Hausgeräten Schabernack treiben und Licht auslöschen.

Märzenkalbl – wird man von ihm geschlagen oder gestoßen, so wird man krank (Atmungsorgane). Im März schon barfuß gehen war mit der Gefahr verbunden, mit dem Märzenkalbl zusammenzustoßen. Der *Ganggerl* – aus Scheu davor den Namen des Teufels auszusprechen gibt man ihm die Namen *Ganggerl, Teuxel, Böser Geist, Herndlberger, Gottseibeiuns,* er hat eine *Schal,* das ist ein Überbein, daher hinkt er, auch einen Geißfuß oder Pferdefuß hat der Böse.

Wedahex ... Hexen erzeugen Schauergewitter, Hexenhagel. An den Haaren, die man in den Hagelschlossen findet, erkennt man die Hexen.

Kinahexen (Kinderhexen), sie vertauschen die kleinen Kinder mit Wechselbälgen, die der Teufel aus Holz schnitzt und die rundherum behaart sind, sie *verschauen* auch die Kinder durch den bösen Blick.

Irrwische sind *Fuchtelmänner,* herumirrende Geister, nach anderen sind es arme Seelen. Sie werden auch Irrlichter genannt und nach anderen werden sie den Sumpfgasen zugeschrieben, die fluoreszieren und ohne Flamme aufleuchten.

Waldmandl, Waldweibl sind Wesen, die im Walde leben wie Zwerge. Sie wohnen zumeist auf Bäumen, sind klein und rauh. Die Beschädigung eines Baumes verletzt auch sie. Es gäbe noch eine große Palette von Wesenheiten, wie Feen, Gnome, Nixen, und andere Naturgeistern. Treffend schreibt Herr Karl Spießberger in seinem Buch: *Naturgeister wie Seher sie schauen – wie Magier sie rufen.* Copyright 1978 Verlag Richard Schikowski, Berlin, Druck Dieter Dressler, Berlin, folgendes: *Wie arm wären Märchen und Sagen, hätten Seheraugen nicht in das Reich der Feen geschaut.* (Siehe Band 1, S. 130)

geistli Herr	geistlicher Herr, Kooperator ... *da geistli Herr is kema* ... der geistliche Herr ist gekommen GM
gen	gegen (Nasalierung)...*gen Ald(e)nfäln zua*, in Richtung Altenfelden
gen håbm	gern haben ... *i måg die* oder *i haun dö gen* ... ich liebe dich (Betonung auf dem „e") ... *i hån di gen und du kå(n)st mi a gen håm!*
Geråfen (die)	der Sparren an der Dachdecke OM
Gerschtl (das)	der letzte Rest der Barschaft
gewad	geben würde ... *wås's oils dad und wås's oils gewad, waun ihr guada Må(n) nu lewad* (Betonung auf dem „e")... was sie alles tät und was sie alles gäbe, wenn ihr guter Mann noch lebte
gfachtö	vielfältig, schwer zu bewältigen OM veraltet G'fäda (ein) ...Schwächlicher, Gefährdeter, aber auch der Unrechte ... *då bini af an G'fädn aufkema* ... da bin ich auf einen Unrechten gestoßen OM
G'fåda, Gfåderin	Patenleute OM

G'fah (das)	Märchen, Sage, etwas Unwahrscheinliches, eine alte Überlieferung (Siehe Band 1, S.130)
g'fähri	geschickt, gut brauchbar, OM veraltet
gfala	gefährlich ... dös i s a weng gfala OM
g'fäut is's	gefehlt ... schlimm ist es ... es ist etwas passiert
G'fö(l) (das)	Gefälle, es war wichtig für den Antrieb eines Wasserrades, daß der Bach genug Gefälle hatte
G'foah (die)	Gefahr
G'frågad	dauerndes Gefrage (Betonung auf dem „å")
G'fraßt (das)	schlimmes Kind ... hiatzt håd dös G'fraßt scho wieda a Häferl zamghaut
g'fread	gefroren ... hei is's ånascht wia ferd, hei håds in Mühviadl d' Hoabeer nöt g'fread ... heuer ist es anders als voriges Jahr, heuer hat es im Mühlviertel die Heidelbeeren nicht gefroren
G'friesa (die, Mzl.)	Kinder ... Kinder die etwas angestellt haben
G'friesa schnei(dn)	Gesichter schneiden, das Gesicht zu einer Fratze verziehen
g'froad	gefragt OM
g'håd	gehabt ... iatzt håni scho(n) an Hunga g'håd ... jetzt habe ich schon einen Hunger gehabt.
G'hådarad (das)	Haderwerk (Baumgarten, Das Jahr)

g'hoaßn	versprochen ... *da Vådda håd mas g'hoaßn...*
G'häfbeten (das)	um Hilfe beten während eines Gewitters. In Obermühl wurden während eines heftigen Gewitters die Hausleute aufgeweckt zum *G'häfbeten* (von Georg Puchberger, Gallneukirchen)
g'hecke	kräftig OM
g'hupft	gehüpft ... *g'hupft wia gsprunga* ... gehüpft wie gesprungen, es bleibt sich gleich
gib eams	gib es ihm ... *gib eas* ... gib es ihnen ... *gib ihrs* ... gib es ihr, *gib eams* (dem Kind)
Gichthaxn (die)	kranker Fuß eines meist mit Rheuma behafteten Menschen; Schmerzen *in der Gichthaxn* bedeuten schlechtes Wetter
Giegerling (der)	etwas Aufgetürmtes, *Gigerlhuat*, *Gupfhuat*, im Spätmittelalter mußten die Juden solche Hüte tragen OM
Gigl und Gågl	*oamål da Gigl und oamål da Gågl* ... einmal der und einmal der, jeder kommt einmal dran
Gift und Gåll	*nehma*, Gift und Galle nehmen heißt, voller Gewißheit sein ... *då kånst Gift und Gåll nehma, daß a wiedakimmt*
Gisel (der)	ein herumstürmender Mensch OM, abgekommen
Gitza (der)	Spritzer, plötzlicher, feiner Wasserguß
Gizi (der)	Zorn ... *då kimd ma da Gizi*

glirad	glühend ... *a glirads Eisen*
Glådera (der)	Ploderer, Plauderer
glådern	verächtlich für bangloses Sprechen OM
Gläderwer (das)	schadhafter Gegenstand OM
Gläserkastl (das)	Aufsatzkasten mit Glastüren für die Schaugläser
Glåtzn (die)	Glatze ... den Friseur nennt man auch den *Glatzentischler*
Glaubauf (der)	schemenhafte Gestalt in den Winterrauhnächten
Gle (der)	Klee
Glederling (der)	schleimige Masse
glegnsåm	gut gelegen, praktisch, handlich ... *waun ma ön Grund rund ums Haus håd, dös is recht glegnsam*
Glehnda (der)	Gelernter ... *då wa jå a Glehnda a Depp, wauns mia a kinadn* ... da wäre ja ein Gelernter ein Depp, wenn wir es auch könnten
gleia Dinga	gleiche oder ähnliche Dinge OM
gleima	kränkeln OM, abgekommen
Gleimer (der)	oder Gleiming, Kränkling, OM, abgekommen
Gleiwöwer (das)	kleine Dinge am Bauernhof, mit denen man ständig hantiert

Gleom (das)	Klieben, Spalten OM
gliarod	oder *blüahrod* gespr., tiefrot, glutrot
glimpfli	*es is glimpfli å(b)gånga* ... gerade noch gut abgegangen
gloa(n)d	gelehnt ... *ön Tragatsch hå(n)i zan Gachtlzau(n) zuwigloa(n)d* ... den Schubkarren habe ich zum Gartenzaun hingelehnt
gload	gelegt ... *då han is dånigload* ... da hab ich es hingelegt OM
Gloada (das)	unreines Wasser oder Getränk OM, abgekommen
Gloaßn (die)	Geleise, Ein- oder Mzl. ... die Fahrspuren der Wagen GM
globt	gelobt ... *g(e)lobt und gebendeit, å(b)prügöd und auikeit* ... gelobt und gebenedeit, verprügelt und hinausgeworfen
Glocknklachö (der)	Glockenschwengel
glöcköhört	steinhart ... so hart, daß es klingt, wenn man daranschlägt GM
Glödeis (das)	Glatteis, als *Glöd* wird eine Glasur verstanden. Glatteis als glasartiger Überzug wird daher als *Glöd* bezeichnet GM
glosn	glimmen ... die Scheiter *glosn* noch
glungizn	Lockruf der Bruthenne OM
Gmegetza (der)	stöhnender Laut

gmiadli	gemütlich
Gmias (das)	Gemüse
gmoa(n)d	gemeint ... *i hån gråd gmoa(n)d...*
Gmoasakara (der)	Gemeindesekretär
Gmoastia	Gemeindestier mit *Auksch, Auksch* wird der Stier zum Sprung gereizt
G'nack (das)	Genick ... *s G'nack umdrahn*
gnädi	1. gnädig 2. eilig ... *ban Heign is ba dö Baun a weng gnädi* ... zur Heuernte ist es bei den Bauern ein wenig eilig
g'neißi	schön, gut erhalten OM
gneißn	vorausahnen ... *i hån dös scho lång gneißt, bevor's so weit gwen is* ... ich habe es schon vorausgeahnt, bevor es soweit war
gnilln	klopfen, plagen OM
gnuagazn	raunzen, auch geizig sein OM
Goam (der)	Gaumen GM
Goaß (die)	Geiß, Ziege ... *a Goaß ånhänga* heißt, jemanden bei der Arbeit so weit voraus sein, daß der andere nicht nachfolgen kann
Goaßheu (das)	Geißenheu ... die sogenannten *Häuslleit,* das waren die Besitzer von kleinen Häuseln mit nur ein paar Ziegen, durften gegen Arbeitsleistung

	von den Grundbesitzern die *Gstötten* (das waren die Straßenböschungen) heuen, diese Fechsung wurde *Goaßheu* genannt
G'schau kriagn	das Geschau kriegen ... *s' Gschau kriagn*, Aufsehen erregen
Goaßlschmier (die)	Lederfett für die Peitsche der Fuhrleute, sie wurde von den Wanderhändlern mit allerhand Sprüchen angeboten ... *heint håni åls ba mir, Stüföwix und Goaßlschmier* ...
Goaßlstecka (der)	Peitschenstock
göb	gelb
Goißvogl (der)	Specht, Grünspecht als Wetterverkünder
gomoagn!	guten Morgen!
goschad	ein loses Mundwerk haben
Gössn (die, Mzl.))	Gelsen
gottigst alloa	mutterseelenalleine, mit Gott alleine
Gouvernal (das)	Lenkstange des Fahrrades. Es war mit Einführung des Fahrrades üblich, sich der vornehmen Ausdrucksweise zu bedienen
grabön	faul riechen, auch Morgengrauen, *es graböd scho(n) a weng* GM
Gråbvers	Grabvers vor dem Kircheneingang in St. Nikola (Sitte und Brauch von Depiny, S. 101): ALL DI IR VORVBER GEHT DENKT WIE DIES, ACH MIT UNS IETZT:

> WIE IR JETZT SEITT,
> WAREN WIR AUF ERDEN,
> WIE WIR IETZT SEIN
> WERD IR WERDEN

gråd	1. gerade, schnurgerade, geradeaus 2. gerade, soeben
gråd oder ungråd	auf gerade und ungerade, ich riskiere es eben
gradi	trocken, locker (vom Ackerboden) OM
grådn kina	nicht beherrschen können ... *i hå(n)s nöt grådn kina und bi einigånga* ... ich habe mich nicht beherrschen können und bin hineingegangen
grådn	1. geraten, gut gelungen ... *dös håt ma wieder grådn!* 2. *grådn miaßen* ... verzichten müssen (siehe Band 1, S 144)
Gradn (die, Mzl)	Gräten des Fisches oder der Kornähren
Gragitzer (der)	heiserer Laut, bei Entzündung der oberen Atemwege
Grammäul (das)	Grammaul, gähnender Mund OM
Gramön (die, Mzl)	Grammeln, Krümmel von ausgebratenem Schweinefett GM
Grampas (der)	Krampus ... *Gramperl, Gramperl Besenstü, beten kånn i eh nöt vü, und wås i beten kån, geht ön Gramperl går nix ån.* Auch der hl. Nikolaus kommt bei den Kindersprüchen nicht besser weg: *Niglå, stich d' Kåtz å(b), hängs auf und beiß å(b)* GM

Grandlbeer (die)	Preiselbeer OM, im UM auch *Kranköbeer* genannt
Grasl (der)	alter Mann OM; der berüchtigte Räuberhauptmann Grasl soll auch im UM sein Unwesen getrieben haben
Gratz	Ortsname, Gem. Engerwitzdorf, *altslawisch Grade*, kleine Burg
Gråtzn (das)	Kartenspiel, auch *Mauschln* genannt (Trumpf, As und Weli)
Grätzl (das)	Teil eines Wohnbereiches, abfällige Bezeichnung
Greafuada (das)	Grünfutter ... *gehma Greafuada mah(n)!* ... gehen wir Grünfutter mähen!
Grealing (der)	Grünling
greas Fleisch	Fleisch, ungebeizt gekocht
grebsau	grebsauer, rebensauer? ... alter Most ist oft so *grebsau*, daß es einem den *Pfoadstutzn hintn einiziagt*
Grechtweg (der)	Gerechtweg, öffentlicher Weg UM
Greßt (die)	Größenwahn ... *a Greßt håm* ... über sich hinauswachsen, eingebildet, eitel sein, Größe haben
Gretl in da Staudn (die)	Schwarzkümmel, auch *Braut in Haaren* oder *Jungfer in Grün* genannt
griagad	bekommen würde ... *wån i a Gäd griagad* ... wenn ich ein Geld bekommen würde

Griaß (der)	Gries ... sandiges Grundstück in Ortschaften, meist an Flußmündungen. Ortschaftsnamen wie Griesbach, Grieskirchen dürften auf diesen Ursprung zurückgehen
Griaß Eng!	Grüße euch! ... landesüblicher Gruß an eine Gruppe von Menschen
Griffö (der)	Griffel, Schreibgerät bis in die 30er Jahre, da die Schulanfänger noch auf der Schiefertafel schrieben, sie wurden als Taferlklassler bezeichnet. Schreibpapier war für die Anfänger noch zu teuer
Grindl (der)	Holzwelle des Mühlenrades
gringgfiadat	sich alles leisten können (abgekommen) OM
gripsn	stehlen
Griß (das)	Gedränge ... man reißt sich um etwas
Grispindel (das)	Mensch mit kümmerlichem Wachstum
grobmaßi	grobmäßig, derb, OM
Gröb	die Gedärme ... *s' Gröb is eam aussag'henkt*
Groikaf (der)	Reukauf, wenn jemand eine Anzahlung leistet für eine Sache, Haus, Grund etc., so kann er, wenn ihn der Kauf gereut hat, die Anzahlung zurücknehmen und der Vertrag ist außer Kraft gesetzt; dasselbe gilt für den Verkäufer. Dieser Reukauf wird im UM auch *Groikaf* genannt. (Frühwirt, St. Leonhard b. Fr).
Groing (der)	Kruste bei den Augen OM

groppad	plump, veraltet OM
groß und kloa schaun	groß und klein schauen – ein geflügelter Ausdruck für besondere Erlebnisse
Gruag (der)	Krug
grump gehn	krumm gehen, hinken
Grüppö (der)	Krüppel, auch Schimpfwort
G'sågad (das)	Gesage ... *af dös G'sågad derf ma koan Wert nöt legn*
G'satz	Satzung, Gesetz OM
g'schami	schüchtern ... *a g'schamigs Dirnei* ... ein schüchternes Mädchen
g'scheggad	scheckig ... *a g'scheggada Hund*
g'schegn	geschehen ... *aus und g'schegn is*
G'scher (das)	Scherereien, Schwierigkeit, Unannehmlichkeit ... bei einem Autounfall hat man *a mords G'scher*
G'scher håm	Schwierigkeiten haben
g'schlacht	schlank, *u(n)gschlacht* bed. ungehobelt
G'schlåder (das)	miserables Getränk GM
g'schlingi	sehr wendig ... *die is g'schlingi wira a Wiesl* ... die ist wendig wie ein Wiesel, auch schlank
g'schniegld	geschniegelt aufgeputzt, schön angezogen ... *g'schniegld und g'striegIt*

G'schloß (das)	Schloß
g'schmoäng	sich klein machend OM
G'schnådarad (das)	Geschnatter
g'schnappi	bissig ... *a g'schnappigs Weiberleut*
g'schnäh	schnell
g'schniebm håts	*oder gschneibt håts,* geschneit hat es
G'schoatat (das)	Holzabfälle, Späne, *Howöschoaten* – Hobelspäne, UM
g'schpari	sperrig, halb gefroren ... *gsparige* Finger haben
G'spitål (das)	Bürgerspital, Versorgungshaus, das früher in jeder größeren Ortschaft vorhanden war. Hier wurden nur alte, gebrechliche Leute aufgenommen. Es gab auch Aussätzigenhäuser, sogenannte Siechenhäuser, sie wurden im MA. häufig nach dem hl. Geist und Heiligen benannt, so nach Johannes, Katharina, Rochus, Nikolaus u. a. (Josef Blau, *Der Heimatforscher*)
G'spoaß (der)	Spaß
g'schracki	schrecklich ... *dös is nöt so g'schracki* OM
g'schriföd	oder *g'schreföd,* geschrefelt, eingekerbt ... *dö Brotrindn schriföhn,* damit man sie leichter beißen kann
g'schrackö	gefährlich, schrecklich OM

G'schråp (der)	Kind von ledigen Müttern ... *dö Miatzl håt an Gschråpm!*
G'schroa (das)	Geschrei
G'schroamäul (das)	Schreimaul ... *dös Kind is a G'schroamäu(l)*
g'stöcklte Mü (ch)	geronnene Milch
g'stockts Bluat	geronnenes Blut
G'schusl (der)	eiliger Mensch GM
Gschwand(t)	Mhd. Geswant, Rodung durch schwinden machen, durch Abschälen der Rinde, was die Bäume zum Absterben bringt. Nach anderem durch Feuer gerodet
Gschwendenwein	Flurname im UM, auch Familienname, verschwende den Wein
gschwind	schnell
G'siedl (das)	(i und e gedehnt gespr.) Sitz, OM, abgekommen (Hanrieder)
g'soad und g'froad	gesagt und gefragt OM
g'sög(n)a	wundern, staunen ... *mei Åldi håd sö gsegnd, weil i so båld hoamkema bi(n)* ... meine Frau war ganz erstaunt, weil ich so bald nach Hause gekommen bin
g'sölö	gesellig ... *a gsöliga Mensch* ... ein geselliger Mensch GM
G'spanin (die)	und der *G'span* ... Ehefrau und Ehemann

g'speatzt	empfindlich ... *der is a weng g'speatzt.* UM
g'speidlde Eadöpfö	gespaltene Kartoffeln mit etwas Rahm gab ein Abendmahl
g'spiatzt	gespuckt
g'spoaßi	spassig ... *dös kimmt ma a weng g'spoaßi vür* ... das kommt mir ein bißchen spassig vor UM
G'spü (das)	Spiel, im OM *G'spui*
g'spuna (Vergh.)	gesponnen, auch für das Durchdrehen angewendet
G'spusi (die)	geheimes Liebesverhältnis
G'ståpfad (das)	Fußstapfenpfad im Schnee
g'statzt	gespreizt, besonders vornehm und arrogant auftreten
G'staudarat (das)	Gestrüpp ... *ö dås G'staudarat kraü i nöt eini* ... in das Gestrüpp krieche ich nicht hinein
G'stocket (das)	Rodung, auf der die Baumstöcke nicht beseitigt wurden
g'stroamat	gestreift ... *mei Hosn is g'stroamat* OM, *g'streamt* UM
G'studierta	Studierter, ein Akademiker ... *dö G'studierten hand a nöt vü dumma wia mia*
G'sturi (die)	Ärger
g'suffa	gesoffen OM ... *had an Junga da Schlåg troffn, hoaßts glei, er håd z'vü g'soffen. Triaft da Schlåg*

	an Åltn, hoaßts, da Wein hådn erhåltn ... hat einen Jungen der Schlag getroffen, heißt es gleich, der hat zuviel gesoffen. Trifft der Schlag einen Alten, so heißt es, der Wein hat ihn erhalten
G'sundbrunn (der)	Gesundbrunnen. Bäder und Gesundbrunnen in O.Ö. nach Pillwein: Seite 31, Geschichte der Stadt Linz: St. Oswald nahe am Bache Feistritz an der böhmischen Grenze. Das kalte Mineralbad in St. Thomas, Landgericht Ried, / Pfeffer, Linz, Seite 32. Das Herzogtum Österreich ob der Enns, Wien 1796. Siehe auch *Verehrung von Quelle und Baum im Mühlviertel*, Verlag Denkmayr, Gallneukirchen 1990 von Otto Milfait. (Ergänzung dazu)
g'sundstessn (sich)	sich schadlos halten, zum eigenen Vorteil arbeiten
Guan (die)	1. pflaumenähnliches Obst (Pühringer Johann, Sumerau 62) 2. Stute UM
guadn Heint!	Guten Tag! ... *an guadn Heint wünsch i* UM, abgekommen
guatn Muats	guten Mutes, Wohlbefinden
Güaß	Wasserluft, Abschwemmung, OM (Hanrieder)
Gugl (der)	Kegelhügel, auch *Muggel* gespr. OM
gugnschiaßn	kopfüber stürzen OM
Guga (das)	1. Kuckuck 2. Ortschaft Gugu in der Gemeinde Liebenau

Gü(ll)n (das)	Immunisieren, Schutzimpfung gegen Schweinerotlauf, mit der *Gü(ll)wurzn* (Helleborus viridis, grüne Nieswurz). Die Ohrmuschel des Schweines wird durchstochen und ein Stück der grünen Nieswurz durchgesteckt
Guraschiwåssa (das)	Branntwein UM
Gurgl (die)	Speiseröhre, Halsgegend ... *ba da Gurgl påcka ... der håd sei(n) Haus dur(ch) dö Gurgel rinna låssen*
Gusta (der)	Appetit, Verlangen haben, einen *Gusta holn* GM
gustiern	gustieren, auskundschaften, überprüfen GM
gustiös	appetitlich
G'wandt (das)	Bekleidung ... *i vakaf mei G'wåndt und fåhr ön Hümmel*
G'wåndläus (die Mzl.)	oder *Håderläus* nennt man die Samen des kletternden Labkrautes (Galium aparine), welches in Wäldern und auf Kahlschlägen wuchert. Seine Samen bleiben überall an den Kleidern hängen und haben ihm den bezeichnenden Namen gegeben
G'wåndtn (das)	Flurbezeichnung von *Gewann*, eine Ackerlänge bis zum Wenden des Pfluges
g'wandtn	bekleiden ... *i muaß meini Kina gwandten* ... ich muß meine Kinder bekleiden
g'wassert håmds mi	gewassert haben sie mich ... verhauen haben sie mich

g'wean	knarren, *dås Stådelteo g'wea(n)t* ... das Stadeltor knarrt
g'wen	gewesen ... *heint bini z' Gålli gwen* ... heute bin ich in Gallneukirchen gewesen
G'wenad (die)	Gewohnheit ... *der håd a bledi G'wenad* ... der hat eine blöde Gewohnheit
Gwera (der)	ein Mann, der ständig raunzt, kommt verm. von *Querulant* OM
G'wern (die)	Frau, die ständig raunzt OM
Gwichtl (das)	Gehörn des Rehbockes (siehe Krickerl)
g'wixt	1. schlau ... *a g'wixta (gewichster) Kunt* ... ein schlauer Mann 2. glänzend ... *er glänzt wira g'wixta Hundsbeutl* – derber Spruch! GM
g'woakt	geweicht ... *g'woakt håts mi* ... ich bin in ein Gewitter geraten
G'wurlad (das)	Gewimmel ... *dös is a G'wurlad hin und her*

H

Haarn (das)	Haarausfall ... *der Hund haart* UM
Håarwuschl (der)	dichtes Haar
Håberleitn (die)	schräger Hang, auf dem Hafer angebaut ist
håd	hat ... *Da Hiaslhansl håd heint hintan Holz, hinten hoatan Himmö hundert håri Håsen huasten hörn* (Dr. Eduard Stepan, Das Mühlviertel, 2. Band, Volkskunde)
hads	seid ihr ... *wo hads denn gwen?* ... wo seid ihr denn gewesen? UM
hå(n)	*i hå(n)* ... ich habe ... *i hån mei lebta fleißi g'årbat* ... ich habe mein Lebtag fleißig gearbeitet
hå(n)i	habe ich ... *gestern hå(n)i Kråpfm båcha* ... gestern habe ich Krapfen gebacken
hab doa	beleidigen ... *derf da nöt hab doa, åber du bist a rechti Blunzen*
håbm	halten ... *håb a weng*
håb stad	halt aus ... *håb stad, låß mi mitgehn!*
Håbada (ein)	Most ... Most, der die Mundschleimhaut zusammenzieht
håbaus	fort, aus dem Weg, der Platzmacher auf dem Tanzboden ruft stets *håbaus* OM

Håbnfest (der)	ein sehr sparsamer Mensch, er hält alles fest OM
Hachtl, Hartl (der)	Kurzname von Meinhart
Hacklbrunn	Ortsname bei Sandl, ehemaliges Heilbad, vornehmlich gegen die *Franzosenkrankheit;* von PN Hack
Håckstock (der)	Hackklotz, als Unterlage zum Scheiterklieben
häffadn	helfen würden ... *wauns ma häffadn, gangs vü leichta* ... wenn sie mir helfen würden, ginge es viel leichter
hafti	heftig ... *Dös Krångsein wa ma bål a weng z'hafti wordn* ... das Kranksein wäre mir bald ein wenig zu heftig geworden
Haftl (das)	1. Häkchen, welche früher eine Damenbluse zusammenhielten 2. Geschlechtsakt ... *gestan håma a Haftl gmåcht!*
häfts ma	helft mir ... Wenn die Dampflokomotive der Mühlkreisbahn über den Saurüssel schnauft, dann sagt sie jedesmal: *Häfts ma, häfts ma, häfts ma,* – und wenn die Reisenden anschieben, dann meint sie erleichtert: *geht scho bessa, geht scho bessa, geht scho bessa* (aus dem Zeitalter der Dampflokomotive)
Hagerl (das)	Häkchen, Hindernis ... *då håts a weng a Hagerl* GM
hagön	hakeln, Fingerhakeln, aber auch einen Wortwechsel haben, – *åhagln* = abhakeln

håi	hoch ... *d' håi Düln* ... die hohe Diele, das obere Stockwerk OM
håi, håi, håi,	ruft man (z. B. in St. Oswald b. Fr.) den Rindern zu, wenn man sie von der Weide hereinholt
hå(n)i	habe ich ... *gestern håni mei Maderl g'segn mit an ånan Buam geh'n*
Håib (der)	Stiel, Griff OM
Haiden (der)	Getreideart, ihr eigentlicher Name ist Haidenkorn. Diese Getreideart wurde von den Kreuzfahrern aus heidnischen Ländern mitgebracht. Der *Haiden* trägt auch den Namen Buchweizen, weil er große Ähnlichkeit mit den Früchten der Rotbuche, den sogenannten Bucheckern hat. Im Gebirge wird er als *Plenten* bezeichnet. (Joh. Sig., 6. Bdch. S.42)
hai(n)d	heute
Haisl (das)	Häuschen, WC, Abort ... *afs Haisl geh'n*
Håizad (die)	Hochzeit im UM, *Heozad* im OM
hålådarå!	Ausruf der Fröhlichkeit
halas	bald OM
Halawachl (der)	Schimpfwort für einen nutzlosen Herumsteher
Hålbadn	die Hälfte ... *dö Hålbadn hand nöt kema za da Vasammlung* ... die Hälfte (der Bevölkerung) sind nicht zur Versammlung gekommen (Harrachstal)

hålb hinum, hålb herum	sagt man, wenn es sehr schlecht um die Gesundheit eines Angehörigen steht
hålbhåbers Brot	halbhafernes Brot, das zur Hälfte aus Hafermehl gebacken wurde. Die Nahrung des Mühlviertlers bestand 1786 aus Flachs, Kraut, Rüben, und neuerdings bereits aus Erdäpfel; ... *und werden zur Hausnotdurft erzeugt*, heißt es dazu im Josefinischen Lagebuch der Gemeinde Rechberg
Hålbhütschua	Halbholzschuhe, Holzpantoffeln OM, im UM *Hütschuah*
Håld (die)	Weideplatz
Hålder (der)	Viehhüter
Hallodri (der)	übermütiger Mensch
hålsn	liebkosen, umarmen ... *mit an Kropfadn kau ma zwoamål hålsen* ... einen Kropfigen kann man zweimal liebkosen
hålt	*hålt dein Brodlådn!* ... halt deinen Mund!
Ham-Ham (der)	die Kost ... *heint gibts an guadn Ham-Ham*
håma	haben wir ... *håma a Oawad, åft håma a Gäd* ... haben wir Arbeit, dann haben wir Geld
häma	lärmen (Weitersfelden)
hamddi	1. bitter, *da Kaffee is hamddi* 2. reizbar ... *dös is a hamddiga Nåchbar*
håmds	haben sie ... *håmds scho g'herd?* ... haben Sie schon gehört?

Hammerlbuam (die) — Hammerlbuben. In der Pfarre Gallneukirchen gibt es den Brauch des Hammerlns. In der Karwoche, in der die Glocken schweigen, da sind sie nach Rom geflogen, haben die Ministranten die Aufgabe, den Leuten die Uhrzeit anzukündigen. Sie benützen statt der üblichen *Karfreidaratschn* (Karfreitagratsche) ein kleines Handgerät mit einem schwenkbaren Hammer, der bald hinten und bald vorne aufschlägt, um bei den Häusern Gaben einzusammeln. Früher mußten sich die Ministranten schon um fünf Uhr früh vor den Haustüren aufstellen. Sie hatten mit folgendem Spruch die Leute geweckt:

> *Hansl steh auf, es is schon Zeit,*
> *Die Vöglein singen in der Weit,*
> *Der Fuhrmann fahrt schon auf der Straßen*
> *Gott wird uns nicht verlassen*
> *Hat fünfe gschlagn!*

Um sechs Uhr früh mußten die Ministranten beim Pfarrhof versammelt sein. Heute geht es in die umliegenden Ortschaften.
Bald am Vormittag kommen die Hammerlbuben nach Tumbach, sie hammerln und sagen gemeinsam den Spruch:

> *„Wir ratschen, wir ratschen den englischen Gruaß,*
> *Den jeder katholische Christ beten muaß.*
> *Glück hinein, Unglück hinaus.*
> *Ministranten stehen vor dem Haus*
> *Tatn bittn um a Oar,*
> *Für an jedn oans oder zwoa,*
> *Und a weng a Gäd a dazua,*
> *Dann hätt ma gnua und gebm a Ruah.*

Nachdem sie reichlich beschenkt wurden zogen

sie weiter zum nächsten Haus, Der Brauch des Hammerins hat sich in abgewandelter Form bis in unsere Tage erhalten

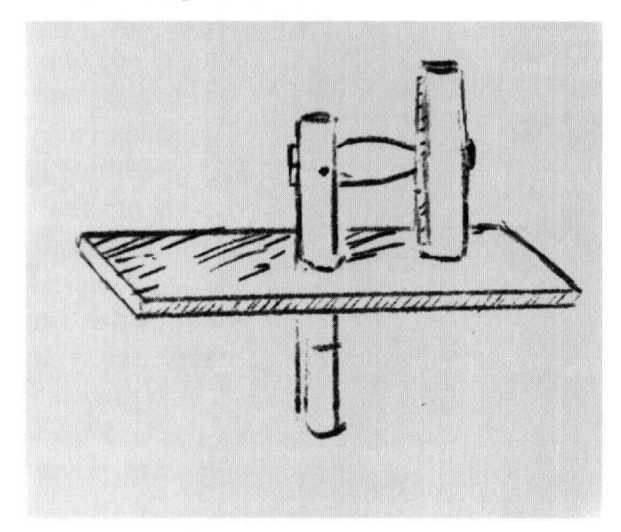

Die Hammerlratschen

Handderl (das)	Påsch d'Handderl zåm, påsch d' Handderl zåm, wås wird da Vådda bringa? ... a Peitscherl und a Quasterl drån, då wird mei Büawal springa. Es war nie so bös gemeint wie es gesagt wurde! (Anm. des Verfassers)
Handhådern (der)	das Handtuch OM
Håndiger (der)	Pferd, das auf der linken Seite des Wagens lief. ... handig kommt von händig, zur Hand haben
Handl (die, Mzl.)	Streit, Handelsuachada = Streitsuchender
hands	sind sie ... nåchgrennt hands ma
hands	sind sie ... hands nu z'recht kema?... sind sie noch zurechtgekommen?

håni	habe ich ... *Hiatzt håni hoit g'heirat, wås håni davo(n), a Stu(b)m voller Kina und an rotzinga Må(n)* ... jetzt habe ich halt geheiratet, was habe ich davon, eine Stube voller Kinder und einen rotzigen Mann
hanichln	peinigen, schlagen mit einem Fichtenstämmchen, *Hanichl* genannt. OM
Hånif (der)	Hanf, auch *Håår* oder *Werch* genannt. Der Hanfanbau war im Mühlviertel einst sehr verbreitet und damit auch die Verarbeitung des Produktes bis zum Gespinst auf Grobleinen. Es erforderte viel Mühe und Arbeit, bis die *Rupferne Lei(n)wad* (grobes ungebleichtes Leinen) in der Truhe lag und als *Aussteuer* für die Haustochter wieder herausgeholt wurde. Ging die Produktion über das erforderliche Maß hinaus, so wurde diese dem *Leiwadmå(n)* verkauft, der in den Bauernhäusern kein Unbekannter war. (Siehe Weberstråß)
hanu?	wieso denn?
Hansei	Johann GM
Hansl und Gretl (das)	Lungenkraut (Pulmonaria officinalis)
Hånsörgl	Johann Georg, Hansjörg, GM
hanz?	was meint ihr? ... *hanz, wånn ma hoid ös Wirtshaus gangadn?* ... Was meint ihr, wenn wir halt in das Gasthaus gingen?
hapn	haupten ... *Ruabn åhapm* ... die Rüben von den Blättern trennen, abhaupten GM

håps	bedeutet auch das Schwangersein eines Mädchens ... *d' Schneida Frieda is håps, van an Stådara*
håps nehma	verhaften ... *d'Stånddan håmd oan håps gnuma* ... die Gendarmen haben einen verhaftet
Hapstecka (der)	Hap- und Wachtstecken, *Gmoastecka*, schön geschnitzter Stecken des Gemeindeoberhauptes (Pfarrer Johann Siegl, Beiträge zur Landes- und Volkskunde im Mühlviertel, 1926)
Håruck (der)	1. Aus Steinen geschlichtete Grenzmauern auf Höhenrücken (... im Mühlviertel sehr häufig vorkommende Erscheinung auf den Bergeshöhen) (Aus: Ger-

Steinreihe Altenberg

mania von Eugen Fehrle, J.F. Lehmanns Verlag München, Berlin, S. 882)
2. Rücken von Schwein und Rind, gilt als die beste Fleischsorte. Das Auslösen des Harucks wird heute nicht mehr praktiziert, die Tiere werden nunmehr in zwei gleiche Teile zerlegt
3. Sodbrennen ... Manche essen am Neujahrstage nüchternen Magens in Branntwein getauchten und angezündeten Lebkuchen, was gegen den *Hoaruck*, das Sodbrennen, helfen soll

Hascherl (das)	armes Geschöpf ... *a årms Hascherl*
Håselstaudn (die)	Haselstrauch (Corylus). Haslach soll davon den Namen tragen (Hanns Commenda O.Ö: Hbl. Jg. 9, Heft 1, S. 54)
Håsen	Hasen ... *vü Hund hand des Håsen Tod*
Häsl (der)	Matthäus, veraltet
hatscherter Gång	eine hinkende Gangart, *hatschen* hinken UM
haugs schmaugs	ruck zuck ... *haugs schmaugs håd as åwigwiagt* ... hat er es hinuntergewürgt
hau(n)	haben ... *i håu(n) koan Våddan mehr und a koa Mudda nöt, koa Schwester, Bruada und koan Freind*
Haus (das)	Vorhaus ... *ön Haus draust steht d' Mostpreß* ... im Vorhaus steht die Mostpresse
Haut aufhänga	beim Kammerfenster der Angebeteten kein Gehör bekommen

Haut und Boa	*håt a nur mehr ...* Er ist so abgemagert, daß man nur mehr die Knochen sieht
hauts ön Ofen zåm	*då miaß ma ön Ofen zåmhau(n),* sagt man, wenn ein seltener Gast kommt UM
håwada Most	haltender Most; Most, der am Gaumen ein trokkenes Gefühl erzeugt
Håwanbau(n) (das)	Haferbauen. In der ersten Rauhnacht (Internacht) wurden zwölf Nußschalen entsprechend der zwölf Monate mit Salz gefüllt, numeriert und nebeneinander aufgestellt. Wo das Salz am feuchtesten war, in diesem Monat war der meiste Regen zu erwarten. Dem Hafer machte es nichts aus, wen er in die nasse Erde gebaut wurde. Ein Leitspruch lautete: *Baust mi ins Lackerl, füll i dir 's Sackerl*
Håwansackl (das)	Hafersäckchen ... Hafer, heiß gemacht und in ein Säckchen gefüllt, wurde bei Schmerzen aller Art aufgelegt
Håwanspreidan (die)	Haferspreu
Håwanstroh (das)	Haferstroh ... *mein Vådan sei Häuserl is mit Håwanstroh deckt ...*
hawers Garn	Garn aus Flachs
Haxengaudi (die)	Spaß mit den Füßen, umschreibender Ausdruck für einen Geschlechtsakt, wo die Beine durcheinanderkommen
hazadö?	was willst du denn? OM

he – a	höher ... *hea gehts nimmer sågt da Meßner, wira übern Kirchaturm bieselt håd* (Betonung auf dem „e")
Hea Everl (das)	Hühner-Everl, sagenhafte Figur aus der Gegend von Oberkappel (Nasalierung auf dem „ e" bei Hea)
heachön	heucheln, schmeicheln OM
Heåcht (die)	Wertschätzung, Freude, OM (Siehe Band 1, *Heacht* für Herbst)
Headarm (die)	Hühnerdärme, gemeint ist das Gartenunkraut
Heanhkowö	Hühnerkobel ... in St. Leonhard und in anderen alten Pfarrkirchen sind an der Rückseite des

Der „Heakowö"

Altars heute noch die sogenannten *Heahkowön* zu sehen. Hier deponierten (opferten) die Pilger ihre mitgebrachten schwarzen Hühner. Sie wurden auch von anderen bußwilligen Kirchenbesuchern gegen Erlag einer Münze entliehen. Die Hühner wurden um den Altar getragen, während man sie zwickte, um sie zum Schreien zu bringen. Durch das Geschrei der Henne sollte der liebe Gott auf das dargebrachte Opfer aufmerksam gemacht werden (siehe Band 1, S. 355)

Heahpredi

Hühnerpredigt. Der Pfarrer Mitterschiffthaler von St. Leonhard hielt am Leonhardifest 1876 eine seiner berühmt gewordenen *Hühnerpredigten*. Es war nämlich seit jeher üblich, daß man junge, mitunter auch alte Hühner opferte. Über letztere äußerte er wiederholt seinen Unmut. Der reiche Gutsbesitzer in Oberhammer bei Weitersfelden, Greisenegger, machte sich in seinem Übermut ein Vergnügen daraus, den Leonharder Pfarrer zu ärgern. Er kaufte alljährlich einige alte Hühner und Hähne, ließ sie recht schlecht füttern und dann schickte er diese abgemagerten Tiere als Opfer nach St. Leonhard. Dies wiederum mag den St. Leonharder Pfarrer Mitterschiffthaler zu der nächsten geharnischten Hühnerpredigt veranlaßt haben, wo er sich sehr aufgeregt über die Opfergaben beschwerte. Er sei nicht dazu angestellt, um die ungenießbaren Hühner aus drei Bezirkshauptmannschaften zu verzehren. Die geopferten Tiere seien oft so miserabel, daß sie trotz Essigbeize selbst ein Hund nicht verzehren kann u.s.w. *(Pfarrer Franz Frühwirth in Welt und Heimat, 1932, Weitersfelden in Geschichte und Sage, S. 354)* (Nasalierung bei „e", Hea...)

healn	pflegen, auch schöntun OM
hean	hören ... Ausspruch eines alten Mühlviertlers: *... schlecht hörn dad i eh nu guad, aber guat segn duri scho schlecht ...* schlecht hören tät ich ohnehin noch gut, aber gut sehen tu ich schon schlecht
Heansitz (der)	Herrensitz, natürlicher Aussichtsfelsen im Ahornwald, Gemeinde St. Leonhard
Heaoa (das)	Hühnerei, *a Heaoa und a Antenoa* ... ein Hühnerei und ein Entenei ... *gib ea a Oa, i hå(n) ea eh a a Oa gebn* ... gib ihnen ein Ei, ich habe ihnen auch ein Ei gegeben (... sagte der Bauer zu der Bäuerin, als die Sternsinger das Haus betraten)
Heastauba (der)	Hühnerstauber, Hühnerschreck – Moped
Heazbinkal (das)	Herzbündel, Liebling ... *du bist mein Heazbinkal*
hechtn	in großer Eile ... *dö gånze Wocha muaß ma hechtn wia nöt gscheit* ... *a Hechterei*, eine Hetzerei UM
Heferlgugga (der)	Häferlgucker, ein neugieriger Hausgenosse, der ständig in alle Töpfe guckt, um zu erfahren, was es zu essen gibt
Hegal (der)	*Hegalstessen*, Schluckauf, auch *Schnaggerl* genannt
Hegga (das)	Stechen der Biene, auch ein Stromschlag kann *hegga*
Heh (die)	Höhe, für großen Spaß ... *a morz Heh håma g'håd* UM

Hehla (der)	(der) Hehler. *Da Hehla is schlechta ois da Stehla*
Heidenångst (die)	Heidenangst, große Angst, Heidenarbeit
Heigeign (die)	Heugeige, dürres Gestell, Schimpfwort
hei(n)ln	1. den Garten mit der Haue auflockern 2. die Kinder wiegen in der Wiege
Heiliger Stoa	Heiliger Stein oberhalb der Furtmühle bei Haslach in der Pfarre St. Oswald. Er liegt am Ufer der Großen Mühl, wo die hl. Maria das Jesukind gebadet haben soll. Es ist ein vom Wasser ausgehöhlter Stein, in dem sich ständig Wasser befindet, das nie verdunstet. Dieses Wasser soll gegen Augenkrankheiten wirksam sein
heiliger Stolperian	Es ist zweifelhaft, ob es einen solchen Namen jemals gegeben hat. Im Namenstagskalender von J. Torsy ist kein derartiger Name verzeichnet. Der bedeutende Heimatforscher J. Blau dagegen spricht von einem *hl. Stolperianus.* Der Name wird für einen ständig stolpernden Menschen verächtlich angewendet
Heilingstriezl (der)	*Bitt går schen um an Heilingstriezl, bitt går schen um an weißen, koan schwarzen måg i nöt dabeißen.* (Siehe Band 1)
heilizn	Wege und Straßen sind mit eisiger Glätte überzogen ... *es duat heilizn*
Heilkräutln (die, Mzl.)	Heilkräuter wie *Kranawittwipfeln,* das sind junge Triebe des Wacholderstrauches gegen Wassersucht, *Gänskreß* hilft gegen Blutspucken, *Gnadenkraut* gegen hitziges Fieber, *Birkensaft* gegen kranke Brust, *Rosemarin* in Essig ange-

setzt gegen die Auszehrung, *Todnkräutl* gegen Lungensucht, Krebs und ungesunde Ausdünstung ... Jedoch *fürn Tåd hand koani Kräutln g'wåchsen* ... gegen den Tod sind keine Kräuter gewachsen

Heller (der) — Zahlungsmittel um die Jahrhundertwende ... *koan luckadn Hella wert. Luckada Hella* war eine gelochte Münze

heng — hör auf ... *Tonei heng*, Toni hör auf ... (Lamprechtswiesen, – Kollerschlag) früher auch in Königswiesen üblich (HG. 3. Jhg. 1922, S. 30), allgemein im OM

Heni (das) — der Honig ... *hei kriagn ma fest an Heni* ... heuer kriegen wir viel Honig GM. Es gibt auch Flurnamen wie *Henileitn* in St. Leonhard und die *Honigmauer* in Waldhausen, ein Felsüberhang mit eingemeißeltem Muster eines Pechölsteines. Die Bedeutung der Flurnamen ist ungeklärt.

Henn — Henne, Mehrzahl *Hea* ... *der geht umanånd wira legadi Henn* ... der geht herum wie eine legende Henne – sehr depressiv

heo — hoch OM

Herdzän (der) — Herdzelten ... es gab sie oft 2 bis 3mal in der Woche als Mittagessen bei den Bauern um Königswiesen. Es waren auf der Herdplatte gebackene Brotfladen, die ähnlich einem Omelett zusammengerollt und manchmal mit Mohn gefüllt waren. (Johann Lindner, Gallneukirchen)

herent — herüben ... *herent kå(n) ma bessa geh(n) wia*

	drent ... herüben kann man besser gehen als drüben
herentabei	herüberhalb und *drentabei* = drüberhalb
herentgögn	hingegen OM
herg'hern	hierher gehören ... bodenständig sein ... Der Herr im Hause kann auch die Frau sein. Ein verzweifelter Hausherr ruft beim Fenster hinein: ... *i bi da Herr ön Haus und hiatzt gebts ma ön Huad aussa, weil eini derf i nimmer* ... Ich bin der Herr in Haus und jetzt gebt mir den Hut heraus, weil hinein darf ich nicht mehr
Herkema (das)	Herkommen ... *a åds Herkema* ... eine alte Überlieferung
Herzerlstock	tränendes Herz, Gartenblume
Hetschafux (der)	Fabelwesen, Fuchs, der sich von den Früchten der Wildrose ernährt (*Hetschepetsche* = Hagebutte)
Heuåm (das)	Heublumen, Heusamen, Rest vom Heustock
Heuraffa (der)	Spieß mit Widerhaken zum Herausziehen des Heues aus dem Heustock
Hexenaufspießn (das)	In Losnächten lehnt man die Eggen verkehrt an die Türen. An den Zähnen spießen sich die Hexen auf. (Naarn, in Baumgarten, Das Jahr)
Hexenprozeß	im Unteren Mühlviertel: Die fürchterliche Geißel der Menschheit aus der Zeit der Inquisition hat auch das Mühlviertel nicht verschont. Der Irrglaube wurde noch verstärkt durch die am 5.

Dezember 1484 abgefaßte Hexenbulle (Dominikanermönche veröffentlichen den Hexenhammer von Papst Innozenz), deren Verhängung katastrophale Folgen für ganz Europa hatte. Eine bis in unsere Zeit noch in der Bevölkerung bekannte Hinrichtung der Magdalena Grillenberger im sogenannten Wagenlehner Hexenprozeß sei hier in Erinnerung gebracht: Die Bäuerin Magdalena Grillenberger am Wagenlehnergut in Zellhof führte eine gute Milchwirtschaft, sodaß sie trotz eines kleinen Viehbestandes ziemlich häufig Butter verkaufen konnte. Das weckte allmählich den Neid der anderen Bäuerinnen aus der Umgebung und den Verdacht, es gehe bei ihr nicht mit rechten Dingen zu, als dann bei einigen Bauernhöfen Vieh erkrankte und die Kühe wegen Euterentzündung fast keine Milch gaben. Obwohl man diese mehrmals mit heiligen Dreikönigwasser besprengt hatte, die Kühe dennoch nicht gesund wurden, war man überzeugt, daß Hexerei im Spiele war. Der Verdacht fiel auf die Wagenlehnerin, und manche Leute gaben an, daß es dort geistere, und sie schon mehrmals in der Nacht vom Wagenlehnergute her unheimliches Gepolter gehört hätten. Als dann im Juni 1729 das Kreuzbergergut in der Pfarre Schönau abbrannte, auf dem Regina (eine Tochter der Wagenlehnerin) Bäuerin war, wurde als Brandstifterin Sybille Wenigwieser verdächtigt. Sie war eine Enkelin der Wagenlehnerin und ein Kind ihrer zweiten Tochter. Ihr Mann war der abgehauste Schreiner vom Schreinergut in Hofing (Pfarre Schönau). Sie lebte als Inwohnerin beim Köperl in der Herrschaft Ruttenstein, wegen ihrer Notlage gab sie ihre Tochter Sybille zu ihrer Schwester Regina am Kreuzbergergut. Sybilla wurde wegen des Verdachtes der Brandstiftung vom Landgerichtsdiener verhaftet, sie war noch ein junges Mädchen und leicht beschränkt. Bei den Verhören durch den Ruttensteiner Pfleger, Hager, wurden ihr auch verschiedene Angaben über die Hexerei ihrer Großmutter herausgelockt. Durch fortgesetzte Suggestivfragen eingeschüchtert und verängstigt, sagt Sybille die unsinnigsten Dinge aus. Darunter, daß ihre Großmutter mit dem Teufel im Bunde stehe, dieser habe der Wagenlehnerin auch das Ausmelken fremder Kühe gelernt. Dazu mußte sie einen Spruch sagen und dabei am Zipfel eines Tuches melken. Auch konnte sie Mäuse machen, und wenn die Wagenlehnerin zum erstenmal im neuen Jahr Butter rühre, hatte sie vorher das Butterfaß mit Hundeschmalz ausgeschmiert. Schließlich schüttete sie neunmal Milch in das Butterfaß hinein und wieder heraus, wobei sie von neun bis eins rückwärts zählen mußte. Erst dann rührte die Grillenbergerin die Butter, diese erste wurde das ganze Jahr aufgehoben und jedesmal wenn sie eine neue Butter rühre, schmiere sie das Butterfaß mit der ersten ein. Auf diese Weise konnte sie von einer Milch dreimal Butter rühren und daher auch soviel verkaufen. Am schlimmsten aber war die Aussage, daß die Wagenlehnerin ihren Kindern eine heilige Hostie eingeheilt (unter die Haut verpflanzt) hätte und danach wären sie mit einer Salbe eingeschmiert worden. Daraufhin seien alle auf Besen und Gabeln durch den Rauchfang der Küche zum Ofnerkreuz (an der Straße Bad Zell – Allerheiligen) geflogen, nach dem Hexentanz wurden sie vom Teufel umgetauft, diese Namen wurden mit Blut in ein Buch eingeschrieben. Sie mußten dann den Teufel anbeten und ihm geheiligte Hostien vorwerfen, die er zertrampelte. Diese Hostien hatten sie nach der heiligen Kommunion in verschiedenen Kirchen nach dem Empfang heimlich aus dem Mund genommen und heimgetragen. Sybille belastete noch 33 andere Personen, es ist aber nicht mehr bekannt, ob gegen diese Personen ein Verfahren eingeleitet wurde. Die Wagenlehnerin wurde mit ihren Kindern Mathias, Simandl und Maria in der Nacht auf den 11. Juni 1729 verhaftet und in Zellhof eingekerkert. Bald darauf wurde ihr Sohn Jakob, Bauer am Lindnergut beim Ellerberg (Herrschaft Prandegg) gefangengesetzt. Vom Langericht Ruttenstein wurden Magdalena Wenigwieser (ehemalige Bäuerin am Schreinergut) und Regina Körner, Bäuerin am Kreuzbergergut, in der Pfarre Schönau verhaftet. Als letzter wurde im September 1730 Johann Grillenberger festgenommen, er war Knecht beim Lenzen am Dirnberg in Lugendorf, Pfarre Tragwein. Einige Zeit konnte er sich verstecken, bis er vom Landgerichtsdiener der Herrschaft Riedegg (Gallneukirchen) dingfest gemacht wurde. Gegen diese neun Personen wurde in den jeweiligen Landgerichten ein Prozeß wegen Hexerei und Zauberei eingeleitet.

Der Mann der Wagenlehnerin, Thomas Grillenberger, hauste weiterhin auf dem Gut, was aus ihm geworden ist, verschweigen die Urkunden. Die Hauptangeklagte Maria Grillenberger war damals 62 Jahre alt und und war über 40 Jahre mit ihren Mann Thomas verheiratet. Sie hatte 9 Kinder geboren, von denen noch sieben am Leben waren. In den Akten heißt es, die Wagenlehnerin habe, wie ihre Tochter Maria, einen trutzigen Gesichtsausdruck und einen großen wilden Kopf sowie ein sehr männliches Auftreten. Das alles seien deutliche äußere Zeichen von Hexen, heißt es in den Aufzeichnungen.

Bei den ersten Verhören wies die Angeklagte die Anschuldigungen gegen sich zurück, daß sie eine Hexe sei und mit dem Teufel einen Pakt geschlossen hätte. Die Sachen, die man bei ihr gefunden habe, seien ganz natürliche Salben und Öle (Pechöl) sowie Unschlitt zum Schuheschmieren. Auch eine *Barthlmaibutter*, das war Butter, die am Batholomäustag gerührt wurde, diese sei ein gutes Heilmittel bei Schnittwunden. Außerdem wurden noch verschiedene Pulver, geweihter Weihrauch, ein Colomanisegen (den es damals in jedem Haushalt gab) und auch Wolfsknochen gefunden.

Beim Verhör wurden diese verdächtigen Sachen ständig von einem Geistlichen beräuchert, damit der Böse nicht wirksam werden konnte. Erst als die Wagenlehnerin ohnmächtig wurde, brachte man sie in die Gefängniszelle zurück. Weitere Verhöre folgten, doch alle Unschuldsbeteuerungen, Bitten und Um-Gnade-Flehen halfen nicht, man war wie besessen von der Idee, eine Hexe gefangen zu haben.

Es folgte eine Gegenüberstellung mit Sybille, ihrer Enkelin, wobei diese die Anschuldigungen gegen ihre Großmutter wiederholte. Da sie aber kein Geständnis ablegte, wurde der Daumenstock angewendet, schließlich gab sie zu, daß sie einmal eine heilige Hostie aus Rechberg mit nach Hause genommen hatte. Da sie in der Kirche zum Speisgitter gedrängt wurde und daher die heilige Kommunion empfangen habe, obwohl sie nicht gebeichtet habe. Bei den nachfolgenden Verhören erpreßte man mit Hilfe der

Folter verschiedene Geständnisse, wie Hostienschändung, Mäusemachen, das Ausmelken fremder Kühe, die Hexentänze beim Ofnerkreuz sowie die Anbetung des Teufels. Auch nannte die Grillenbergerin noch andere Frauen aus der Gegend, die bei den Hexentänzen dabei waren. Darunter die Dorfnerin, die Maierin bei Aich, die Großbauerndorferin und noch 14 andere Frauen aus der Umgebung. Als sie gefragt wurde, von wem sie das Hexen gelernt habe, nannte sie die alte Körnerin. (Was aus diesen Frauen geworden ist, ist nicht mehr bekannt.)

Die Wagenlehnerin und ihre Kinder wurden solange gefoltert, bis alle das gleiche zugaben, was ihnen laut Aussage der Sybille vorgeworfen wurde. Am 7. November 1730 wurde die Wagenlehnerin mit ihren Kindern Maria und Simon durch das Landgericht Zellhof zum Tode verurteilt. Noch am gleichen Tag ist vom Landgericht Ruttenstein das Todesurteil über Sybille Wenigwieser und ihre Mutter Magdalena Wenigwieser verkündet worden. Die alte Wagenlehnerin wurde am 12. November 1730 auf dem Weg zur Richtstätte zweimal mit glühenden Zangen in die Brust gzwickt und an der Hinrichtungsstätte wurde ihr vom Freimann noch die rechte Hand abgehauen. Anschließend band man die Unglückliche an einen Pfahl, an dem sie erdrosselt wurde. Der Leichnam wurde auf einem Scheiterhaufen verbrannt, die übriggebliebene Asche wurde in den Wind gestreut. Ihre Kinder wurden enthauptet, ebenfalls verbrannt und auch deren Asche in den Wind gestreut. Einige Zeit später sind auch noch Jakob Grillenberger vom Lindnergut und Regina, die mit Mathias Körner am Kreuzbergergut verehelicht war, hingerichtet worden. Mathias Grillenberger starb am 6. Juli 1731 im Gefängnis zu Zellhof. Die Akten berichten: Am 6. Juli abends habe Mathias G. zu schreien begonnen und zwar mit veränderter Stimme wie ein Hirsch. Als man nachschaute, fand man ihn tot in seiner Zelle, der Kopf hing herab und konnte herumgedreht werden. Der Bader Thobias Huber aus Zell wurde geholt, er stellte fest, daß dem Unglücklichen vom Teufel das Genick abgedreht worden war.

Es war nicht selten, daß ein Gefolterter während der Tortur den Geist aufgab. In diesem Fall fand man gewöhnlich den Hals des Deliquenten herumgedreht, was dann ein Beweis dafür war, daß der Teufel selbst ihrer Not ein Ende gemacht hatte, um sie am Geständnis der Wahrheit zu hindern (von Kons. Leo Maiböck). Von diesem Prozeß berichtet ausführlich Julius Strnadt in Materialien zur Geschichte der Entwicklung der Gerichtsverfassung und des Verfahrens in den alten Vierteln des Landes Ob der Enns bis zum Untergange der Patrimonialgerichtsbarkeit.

Drei Kreuze im Stock als Hexenabwehr

Herdfei (das)	auch *Headfei*, Herdfeuer ... nicht nach Häusern, sondern nach Herdfeuern wurde vor 300 Jahren eine Ortschaft bemessen (Harrachstal)
hiabö	manchmal ... *hiabögsmål* OM
Hiasei	Mathias, Hiasl... *Hiasl ho, ho, låß ön Fenstastock då, du kå(n)stn nöt braucha und mir geht a å(b)*
Hiast (der)	Herbst OM
hiat	1. hart ... *a hiata Kunt* ... ein harter Mann, (Steigerungsstufe von *hiat, klåihiat, stoahiat*) 2. *hiat* bedeutet auch: jetzt (Kollerschlag) ... *hiat is da Moment, wo da Frosch ös Wåssa springt* (siehe Band 1, S. 187)

Die Standfestigkeit der Mühlviertler Bauern wird in nachstehenden Gedicht sehr deutlich vor Augen geführt.

Da hiate Kunt
Wås mia am Lånd heraust
Für hiati Kunten håm, då schaust.
Da Åltbau z' Weg, da Herrgott trestn,
Der is scho gstorbn, woa oana va dö größtn
Baun in unsra Geg'nd
Und reich mit Gäd und Güada gseg'nt.
Nur wår der Kampö nöt nur rei(ch),
Er wår a ziemli kluag dabei,
Und weil eam d' Leit scho zweng vadean,
So kaft er a Maschin in Wean
Daß d' Oawad a weng bessa schlaunt,
An Fuadaschneida va da Hånd.
Und wia d' Maschin amål wår då,
Probierts da Bau åft glei danåh,

Kam das dös Werkl säwa geht,
Fåhrt scho da Kunt a weng, da bled,
Mit da Pråtschn in d' Maschin,
An Råspla und sie liegt scho drinn.
Da Knecht håd glei d' Maschin å(b)gstöllt,
Und wia da Bau åft d' Finga zählt
Hiatz gengan richti fünfi å(b),
Höll Teufö, hiatzt wås doan ma då?
Dö Maschin, moant åft da Knecht,
Dös siag i schö(n), dö schneidt nöt schlecht,
hiatzt schaust, daßt ma dö Gschicht vabindst
Und daßt danå(h) an Dokta findst.
Glei nåh da Jausen gehst ma drum
Åft påckt a d' Hånd und trågts ön d' Stubn
Und geht nåcha ganz getrost,
Ön Källa um an Kruag voll Most,
Daß eam die Zeit dawei vageht,
Åls wånn sö går nix zuatrågn hät.
Dös kennt a nöt, a Raunzerei,
Wås oamål g'schegn is, is vorbei
I moa sogår er raunzad kam,
Wånns eam amål ön Schädl nahm.
Mir Kampön bei der Bäuerei,
Sand nöt g'speatzt, uns stürtzts nöt glei.
Seine Nervm sand hübsch dick,
Dö dünnern wira Kalblstrick,
Wia etla Stund dånn umi woan,
Då kimd a scho da Dokta gfåhrn.
Nå, sågta, Bau, wo fählts den dir?
Nå sågt da oa, es is nöt schier.
Sitz dö eini dawei in d'Stubn
Und bringt eam glei a G'selchts a Trum,
A jahrigs af an hüzan Tälla
Und an Loab Bråd und geht ön Källa
Und stöllt eam an Kruag voll Most nu für.
So, sågt a, sowås brauchan mia,
Und wånnst danåh aft g'jausend håst

Åft schaun ma wås si måcha låßt.
Da Dokta, der nöt woas wås fäult,
Håd sö dö G'schicht nöt übereilt
Er siacht wohl, daß da Bau für d'Not
Sein Hånd hübsch dick vabunden håd
Jå mei, a weng wås håts jå bål,
Wird nöt so tragisch sein da Fåll.
Do wira gråd an Brocka schlickt,
war a drauf scho bål dastickt.
Betrüagnt'n d' Augen hiatzt oder nöt,
Då siagt er aufm Fensterbrett
A Hånd dort liegn, jå kruzifix,
Sågt er zan Baun, wås sågst denn nix,
Dös is jå do koa Kloanigkeit,
Wånn sö da Mensch a Hånd å(b)schneit.
Dös is wås mit eng Bauernkuntn,
Hiatzt zoagst ma åber glei dein Wunden!
Oje, oje, nå då schauts aus,
Dös is jå do a wåhre Graus,
O jessas na, dö G'schicht is dumm,
Då muaß jå nu a håndbroads Trum
Weggakema, du vaflixt ,
Daßt deat koa gscheide Post nöt
schickst?
Hiatzt håni d' Boasåg nöt ba mir,
Nå – moant da Bau, dös is nöt schier,
Za so an Boal wiri moa,
Då wurds jå a mein Spånnsåg doa.
Da Dokta åber, går nöt fäul,
Is aus scho ba da Tür daweil.
Er kånn vor Gåll drauf går nix sågn
Und rumpelt aussi za sein Wågn,
Fåhrt in oan Teufö hoam um d' Såg,
Mit so an Bauernlackl is's a Plåg
Und wira mit da Såg åft kimd
Und Anstålt åft zan Ao(b)schnein nimmt,
Då wü a hoid den Baun betäubn,

Na, sågt der, dös låßt fein bleibm,
Dös war ma hiatzt a neuchi G'wenad,
Schneid na zua, i wia da scho nöt flenat.
Fång ån amål und dua nöt so fad,
Und recht schen hålt er eam nu stad.
Na, moant da Dokta untern Schnei'n
Wånn d' Schmerzen kemand, soll er schrei'n,
Is bessa ois wånn er's vabeißt
Und danå(c)h in d' Hosen sch …
Geh, Dokta sågt da Bau danå(c)h,
Schnei amål den Stutzen å(b)
I wia då a leicht nu plärrn,
schau liaba, daß ma ferti werdn.
Und wia danå(c)h da Oarm wår gflickt
Und min Pflåster guad vabickt,
Då sågt da Dokta åft danå(c)h,
A so a Hånd dö geht oan å(b),
Is nöt nur weng an Schmerz alloa,
Ma kånn jå häufti nimma doa.
Jå, sågt da Bau, hiatzt is's vorbei,
Wås zåhlt ma hiatz dö Jammerei,
Und wås i ma hån säwa tån,
Dös geht dö überhaupt nix ån.
Då trink! Und deut am Mostkruag hin,
Und såg ma, wås i schuidi bin.
(Verfasser unbekannt – mündliche Überlieferung)

Hiatabuabmgsangl (das)	Hüterbubengesang. Die Schulbuben wurden allerorts als Hüterbuben verwendet. Sie hatten nach der Schule das Vieh zu hüten. Sie spielten gerne mit dem Feuer und sangen auch boshafte Weisen hinüber zur anderen Weide. Der andere aber gab ein treffendes *G'sangl* zurück:

Dort höri oan singa,
Der kån nimma schaun

	Und der muaß an Kopf hå(b)m wira Kronawittstaudn. *Dort höri oan singa,* *Singt oiweil das Aolt* (das Gleiche), *Der soll sö auf d' Plåtten legn* *Aoft wird eam nöt kålt* (gemeint ist die Ofenplatte)
hiatzad	jetzt, soeben OM
hiatzt und åft	jetzt und dann ... *hiatzt und åft håni gmoant, i mua(ß) ster(b)m* ... jetzt und dann habe ich gemeint, ich muß sterben GM
Hiddn	Hütte
Hieb (der)	geistige Beschränkung ... *der håd an Hieb*
hi(n) und då	hin und wieder ... *hi(n) und då suacht a mi hoam* ... hin und wieder sucht er mich heim
hi(n)fålladi Krångad	hinfallende Krankheit, Epilepsie
Hilling (die)	Jauche, abgekommen OM
Hiltl	Kurzname von Hildebrand, *Kanidl* von Konrad, *Lauß* von Ladislaus, *Lampl* von Lambert, *Liendl* oder *Leal* von Leonhard
himaroana	mancheiner ... *himaroani* – mancheine ... *himaroas* – mancheines (er, sie, es)
himma	manchmal ... *himma amål vadriast oan dö gaunze Oawad* ... manchmal verdrießt einen die ganze Arbeit
Himmibrånd	Königskerze

Himmischlüssal (das)	Himmelschlüssel, Schlüsselblume, Primel
Himmö	Himmel, Sprichwort: *Es gibt ållweil wieder wås, wås ön Himmö hålt, das er nöt åwafållt* ... es gibt immer wieder etwas, was den Himmel hält, daß er nicht herunterfällt. 2. freies offenes Land, Ortsname in der Gemeinde St. Oswald b.Fr.
himmöblau	himmelblau, azurblau
Himmödati (der)	Himmelvater in der Kindersprache ... *Liaba Himmödati, schick ma d' Nåchbankathi*
himmöschreiad	himmelschreiend, entsetzlich, es schreit zum Himmel
Himmözåhna (der)	Schimpfwort für sehr bigotte Menschen und Geizhälse
himpfan	halblaut weinen OM
himpfatzn	schlucken OM
hi(n)begga	jemanden herausfordern
hi(n) und hi(n)	*hin und hin håts g'happert* ... auf der ganzen Linie liegt alles falsch
hi(n)gwön	1. nicht mehr zu finden gewesen 2. tot gewesen
Hinaus (der)	Frühjahr OM
hi(n)für	nach vorne weg ... *geh' hinfür!* ... *hinfür denga* ... in die Zukunft denken

Hintagschni(d)na (der)	Hintergeschnittener (Zusammenhang ungeklärt!), Hinterlistiger, Falscher
Hintauswixen (das)	1. Durchfall ... *die Fani håds Hintauswixen,* auch *dös g'schafti Kaderl* genannt ... das geschäftige Katharinchen 2. *wixen* ist auch für körperliche Züchtigung gebräuchlich 3. onanieren
Hintahuat (die)	geheimer Vorrat OM ... *a weng a Hintahuat muaß ma scho(n) hå(b)m*
Hintan (der)	Ausdruck für Gesäß ... *ön Hintan herzoagn*
hintnåh	hintennach ... *hintnåh kå(n) ma leicht redn*
hinumöda	älter werden, dem Jenseits zuneigend OM
Hirn (das)	Stirn ... *waun dö Herrn a weng a Hirn hä(d)n* (geflügelter Ausspruch des Mühlviertlers)
Hirnkastl (das)	Stirn ... *s' Hirnkastl ångrennt*
Hirnpatzl (das)	mit Daumen und Zeigefinger einen Klaps auf die Stirn geben nennt man ein *Hirnpatzl*
hirnvabrennt	blöd; Ausdruck für einen, der blödsinnige Taten begeht, (siehe *hirnrissi* in Bd.I)
hirndamisch	im Kopf nicht mehr richtig sein
Hirschbrein (der)	Hirsebrein (geschrotete Hirse), Hirsebrei
Hirschenlegga (die)	sumpfige Stelle im Wald bei Schlag, die ganzjährig für das Wild eine Tränke bildet. Der Ausdruck stammt aus der Zeit, als es in dieser Gegend noch Hirsche gab

Hitzkopf	jähzorniger Mensch, der sehr schnell *in d' Hitz geht*, d.h. er bekommt schnell einen roten Kopf
Hitzschlåg	Herzschlag infolge Hitzeeinwirkung bei der Feldarbeit ... *da Hitzschlåg hådn troffm*
hl. Bürokratius	ein solcher Heiliger soll in Nöten am Finanzamt schön öfter angerufen worden sein
hl. Trågsnåchi	ein erfundener Heiliger, den es gar nicht gibt, er wird nur spaßhalber angerufen ... *du heiliger Trågsnåchi,* wenn jemand etwas vergessen hat
Hö(ll)bei(n) (die)	Dasselfliege, die den Tieren das Leben zur Hölle macht OM
ho-a	heuer, gespr. in Kollerschlag
Hoabeer	Heidelbeere
Hoad (die)	Heide, ebener, wenig fruchtbarer Boden
Hoadara (der)	Erika, Heideblume
hoafånga	Flachs ausreißen, der Flachsanbau ist nun längst abgekommen, daher ist dieser Begriff auch schon veraltet
hoagli	heikel
Hoagl (der)	Heikel ... *dös håd a sein Hoagl* ... das muß ganz genau gemacht werden
hoamdra(h)n	heimdrehen, bedeutet heimtückisch umbringen ... *den håmts hoamdra(h)t*
hoamli	heimelig, zahm ... *a hoamligs Reh*

hoamrinnads Wåssa	ohne Pumpensystem in den Hof geleitetes Wasser, plätscherte Tag und Nacht in einen großen Steingrander, und das quellfrische Wasser wurde für Mensch und Tier zum lebensspendenden Element. Es gab nächst kleinen Weilern sogenannte Wasserverteiler in der Form von aufgestellten Steinsäulen, an deren Oberfläche kleine Rillen eingemeißelt wurden. Diese Rillen führten zu je einem senkrechten Bohrloch, das in der Fortsetzung Wasser durch eine Leitung zu den Bauerhöfen führte. Ein bedeutend größeres Loch sorgte für den ausreichenden Zulauf. Das Quellwasser verteilte sich so gleichmäßig auf die einzelnen Höfe. Sehr bedeutungsvolle Brunnen waren die sogenannten *Köhbrunnen*, sie waren auch die ältesten Quellbrunnen im MV (siehe *Wasserstoa* in Band 2 und in Band 1, S. 224). Die *Gred* war der aus groben Steinplatten gelegte Gang, von der Haustür zu Stalltür, hier befand sich auch meist der Wassergrander, in den Tag und Nacht das Wasser plätscherte. Von hier aus wurde in hölzernen Schaffeln der *Trång* für die Schweine und Kühe in den Stall geschleppt, und das dreimal am Tage
hoamleuchten	heimleuchten ... nach Hause leuchten, heißt aber auch, jemanden nach Hause jagen ... *Schwiegermuadda, leucht amål, mia håm koa Liacht ön Ståll* ... Schwiegermutter, leuchte einmal, wir haben kein Licht im Stall
hoanlois	schwierig OM
höanßn̆	belästigen, heimlich dahinweinen OM

hoatzn	heizen
Hobbern (die Mzl.)	Unebenheiten auf dem Weg erzeugen im Wagen die *Hobbern* OM
Hobö (der)	fette Körperbeschaffenheit bei Menschen und Tieren OM
Höcka (der)	Höcker, Buckel, Gebrechen GM
Hoderwies	schwingende, sumpfige Wiese OM
Hof	Innenfläche der Hofstatt. Im Hof nahm der Misthaufen den überwiegenden Teil ein. Eine alte Regel besagte: *Je größer der Misthaufen, desto größer der Wohlstand des Bauern.* Der Hahn mit seinem Harem hatte alle *Hände* voll zu tun, die Würmer auf dem Misthaufen in wertvolle Nahrung umzuwandeln (Hof – siehe Band 1, S. 195)
Höfång (die)	Hebamme. Wenn ein Hundertjähriger stirbt, sagt man boshafterweise ... *ba den håt a dö Höfång koa Schuid nimma g'håd* ... Bei dem hat auch die Hebamme keine Schuld mehr gehabt. Die Hebamme wurde auch das *wüde Weib* genannt, weil sie am Geschlechtsteil der Frauen hantierte. Derartige Zusammenhänge wurden als sündhaft, *wüd* hingestellt
hoffad	hoffen würde
hoffantli	hoffentlich, auch für vermuten angewendet ... *hoffantli stirbt a uns nöt* GM
Högalstessn (das)	Schluckauf ... auch *Schnackerl* genannt OM

Hohln (die)	Aushöhlung, Ausrundung, die Aushöhlung an der Fußsohle ist eine *Hohln*
Hohlkråhn (der)	Hohlkrähe, Schwarzspecht, weil er in einer Höhle lebt und schwarz ist wie eine Krähe (St. Leonhard)
Höhlweinzn (die)	unterirdisches Labyrinth nächst der Weihrunsen in Steyregg. Diese Höhle wird auch *Fuchsloch* genannt und erstreckt sich über ein Areal von 2 Hektar Grundfläche; darin befinden sich noch Steinmetzzeichen aus 1620 – 1660. (Aus Sitte und Brauch von A. Depiny)
Hohlwurz (der)	Lerchensporn, Herzwurz, knollige Erdraute, *Osterluzei oder Hühner und Hahnen* wird der Lerchensporn auch genannt (Corydalis bulbosa)
Hoiastaudn (die)	Holunderstrauch (Sambucus nigra) Kinderreim: *Ringa ringa reia,* *Sama insa dreia,* *Setz ma ins af d' Hoiastaudn,* *D' Hoiastaudn bricht å* *Und olli fålln ön Bå(ch).*

Der Holunderstrauch ist schon seit Menschengedenken ein besonders verehrungswürdiger Strauch. Alles, was an der Hollerstaude dran ist, ist gut für den Menschen. Es wurde ihm so hohe Ehre zuteil, daß man empfahl, vor der Hollerstaude den Hut abzunehmen.
Ganz besonders standen Blüten und Beeren in hohem Ansehen. Die Beeren sind heute noch eine beliebte Abwechslung am Küchenzettel der Hausfrau, während man aus den Blüten einen sehr schmackhaften Tee zubereiten kann.

Hollerblüten wurden als Schweiß und Gift austreibendes Mittel als Aufguß getrunken. In Schmalz und Teig gebackene Hollerblüten sind heute noch allerorts beliebt. Wassertriebe eines Hollerstrauches, die unter einem alten Weidenbaum wuchsen, lieferten ein Amulett gegen die *hinfallende Krankheit*. Neun daraus geschnittene Scheibchen wurden in ein Leinensäckchen getan und so um den Hals gehängt, daß das Säcklein die Magengegend des Kranken berührte. Es mußte so lange getragen werden, bis das Säcklein von alleine abfiel, dann war der Kranke geheilt. So lange der Kranke aber das Säcklein trug, mußte er seinen Trunk durch ein Hollerröhrl zu sich nehmen. Auch die jungen Hollersproßen wurden verwendet, sie dienten als Abführmittel. Der grüne Hollerbast wurde in Öl und Milch gekocht, gegen den *kalten Brand* eingenommen. Abwärts geschabt soll er abführend wirken, aufwärts geschabt soll er zum Erbrechen führen, u.s.w. (Siehe Band 1, S.198)

Hoiastraubm (die)	Holunderblüten in Teig getunkt und gebacken
Holla (der)	Flieder, mundartliche Namensgleichheit mit dem Hollunder
Holzåpfö	Holzapfel (Prumus domestica) vom wilden, unveredelten Apfelbaum. Er diente in Notzeiten, in saure Suppe eingekocht, als Nahrungsmittel. Der Apfelbaumname Apfoltern dürfte darin seinen Ursprung haben. Das keltische Abilunon steht für Abelanon, Apfelbaumstadt, sie wird im Bereich der Aist vermutet. Apfoltern in der Gemeinde Rainbach wäre eine Möglichkeit. Ablunon = Apfelstadt (Leonhard Franz, Eine keltische Niederlage in Südböhmen, 2. Bd. 1942)

Holzknecht	Forstarbeiter, bereits abgekommene Berufsbezeichnung
Holzzeit	eine Zeit, die es leider offiziell nie gegeben hat. Von der Steinzeit bis in das 19. Jh. hat sich unser Bauernvolk mit Holzwerkzeugen abhelfen müssen. Eisen mußte sehr sparsam eingesetzt werden, weil es zu teuer war. Trotz der umfangreichen Verwendung des Materials Holz hat die Kulturgeschichte diesem Werkstoff nur geringe Bedeutung beigemessen. Sie spricht von keiner *Holzzeit,* aber sie kennt eine Steinzeit, Bronze- und Eisenzeit. So viel auch unsere Vorfahren den hölzernen Gebrauchsgegenständen eine künstlerische Form gegeben und darüberhinaus hervorragende Kunstwerke aus Holz geschaffen haben, ist von dem Werkstoff Holz in der Geschichtsschreibung keine Rede.

Der ländliche Handwerker und der Mühlviertler Bauer kennen die erstaunliche Zahl von mindestens 35 Holzarten, die sich wieder in Weich- und Harthölzer, in Laub- und Nadelhölzer unterscheiden lassen.

Baumsorten: Akazie, Apfelbaum, Berberitze, Birke, Birnbaum, Eibe, Eiche, Erle, Esche, Espe, Fichte, Föhre, Haselnuß, Holunder, Hundsrose, (Wilde Rose), Kirschbaum, Lärche, Linde, Mispel, Pappel, Rotbuche, Salweide, Schlehdorn, Spitzahorn, Tanne, Traubenahorn, Traubenkirsche, Ulme, Eberesche, Wacholderstrauch, Walnußbaum, Weichsel, Weide, Weißdorn, Zwetschkenbaum.

Das Mühlviertel war ein ausgesprochenes Waldland, weshalb sich der Mensch erst verhältnismäßig spät in größerer Zahl niedergelassen hat. Die Befreiung der gerodeten Flächen von Steinen erschwerte die Bewirtschaftung noch zusätzlich. Die erste dauernde Besiedelung erfolgte im 6. Jh. durch die Bajuwaren und ihre Niederlassung erfolgte nach Sippen. Die Moldau soll einst ein Mühlviertler Fluß gewesen sein. Sie floß über Oberhaid, durch das Jaunitz- und Feldaisttal nach Süden. Beim Bahnbau in Summerau wurde ein Baumstamm gefunden, sein Alter wurde auf eine Million Jahre geschätzt. Im Rosenhofer Forst stand einst eine Tanne, die 333 Jahresringe aufwies. Sie wurde vom Sturm entwurzelt, eine Scheibe davon wurde im Jahre 1954 in Freistadt ausgestellt. Der Baum stand also schon seit dem Jahre 1597 und erreichte eine Höhe von 46,5 Metern.

Hörrstraßn	Milchstraße OM
Hosnkraxn (die)	Hosenträger
Howan (der)	Hafer
Höwer(i) (die)	Herberge, in der Untermiete sein, – veraltet
Howöschoatn (die, Mzl.)	Hobelspäne
Huaschtn (die)	der Husten … *an Huaschta håt a nu tån, aft is a umigstånden.* Einmal hat er noch gehustet, dann war er tot
Hüfö (die)	das Aufhängen des Klees zum Trocknen auf die *Kleehüfö.* Pflöcke mit Querstöcken GM
hui nåcha!	Aufforderung zum Raufen – veraltet
Hümmifåhrt	*A dreckige Hümmifåhrt håbm,* wenn jemand eine große Schuld mit ins Grab nimmt

Hümmizähna (der)	ein bigottischer, scheinheiliger Mensch (*Hümmi* = Himmel, *zähna* = grinsen)
humpfn	schwerfällig gehen und sprechen
humsn	summen ... *dö Bei(n) herd ma humsn* ... die Bienen hört man summen
Hund vaboada	abgeschwächter Fluch, *vaboada* soll verfluchter bedeuten. OM. *Hund* war im Mittelalter kein Schimpfwort, sondern Ausdruck für einen besonders tapferen und schneidigen Kerl. Die Kuenringer nannten sich selber die *Hunde*.
hundi	schlecht
Hundsbeer (die)	Hundsbeere, wilde Holunderart
Hundsdorf	Ortsname, abgeleitet vieleicht vom Hund. Hundertschaft kommt nach Meinung v. Strnadt als Ursprung nicht in Betracht. In Hundsdorf, Gemeinde Gutau, befindet sich der schönste Pechölstein in weitem Umkreis
hundselendi	hundeelend, miserabel ... *hundselendi schlecht is ma*
Hundspracka	Züchtigungsmittel des Lehrers in Hackstock, Gemeinde Unterweißenbach, in alten Zeiten
Hunga	Hunger hat man als Dienstbote nicht haben dürfen. Was einer vorgesetzt bekam, mußte reichen ... *Hunger ist der beste Koch!*
hupfen	hüpfen
huschi	schnell ... *a weng huschi* ... ein wenig schnell UM

huschaln	frösteln, mit ungenügender Kleidung herumgehen und frieren GM
hutschn	schaukeln
Hüwö (der)	Hügel, kleiner Berg ... *Durih's Tål bin ih glaffm, af'm Hüwö bini g'legn und dei(n) Sunn håd mi trickad, waun mi g'netzt håd dein Regn* ... zweite Strophe der O.Ö. Landeshymne, aus Franz Stelzhamers Hoamatgsång
hüza	hölzern ... *a hüzas Schaffö*
Hüzschuah (die)	Holzschuhe. Schuheausziehen vor der Stubentür gab es nicht. Lediglich die *Hüzschua(ch)* = Holzpantoffel, wurden vor der Stubentür ausgezogen. Manchmal stand eine so große Menge von *Hüzschua(ch)* vor der Stubentür, daß man oft lange suchen mußte, um die eigenen herauszufinden
Hydri (der)	Arsenik ... starkes Gift, es wurde früher von den *Roßtäuschern* an die Pferde verfüttert, damit diese Fleisch ansetzten und ein gesundes Aussehen bekamen. Auch die Glasbläser in den *Pum – Hütten* bei Liebenau aßen *Hydri* in kleinen Mengen um eine kräftige Lunge zu bekommen. Die Entzugserscheinungen waren jedoch katastrophal, Tiere und auch die süchtigen Menschen verfielen schlagartig

J

i	ich ... *i moa scho a* ... kräftige Zustimmung
iabö	manchmal ... *iabö håni ma scho denkt* ...
iatzad	jetzt GM
iawind	auch *iawönd,* manchmal ... *iawind håni ma scho denkt* ... OM
Iawurzn	Irrwurzeln ... *Iawurzn* sind sagenhafte Wurzeln auf Waldwegen, über die der Wanderer stolpert und die ihn zu Fall bringen. Man sollte nicht unbekümmert weitergehen, sondern den Rock ausziehen, ihn verkehrt über die Wurzel legen und ein Vaterunser beten. Den Rock wieder anziehen und unbekümmert weitergehen. Tut man das nicht, so wird man sich verirren und ständig im Kreise gehen. Solche Wurzeln nennt man *Irrwurzen*. In Zeiten, wo man oft stundenlang bei Tag und Nacht durch die Wälder gehen mußte, kann man sich die katastrophalen Folgen des Verirrens vorstellen. Mystik und Aberglaube taten das ihre
I bi nix mehr wert	meinen die alten Leute, wenn sie keine Körperkraft mehr haben
i bis	ich bin es ... *wer is den draußt?* ... *i bis*
ihö	hinein OM
ihrizn	den anderen mit *Sie* ansprechen, früher sagte man *Ös* anstatt *Sie.* Mit *Ös* wurden auch die

	Eltern und alle älteren Leute angesprochen, was soviel heißt wie *Ihr* OM
IHS	Christusmonogramm. In Unterweißenbach war und ist es teilweise noch der Brauch, am Zipfel eines Ackers mit einem Stock das *IHS* einzukratzen und darin Samenkörner vom Getreide anzubauen. Es soll gute Ernte bringen und vor Hagel schützen. *IHS* wurde nachträglich in manche vorchristliche Opfersteine (Schalensteine) eingemeißelt, um ihnen einen christlichen Charakter zu verleihen. (Bärnstein im Waldviertel und am Wasserstein in Johannisdorf bei Zettwing, Tschechien) Drei Kreuze mit gezielten 12 Beilhieben in Baumstümpfe eingehackt verbietet den Hexen, sich daraufzusetzen und Unglück über den Wald zu bringen. Dieser Brauch wird zum Teil heute noch ausgeübt. (Waldhausen)
i kim	ich komme
i kim kam	ich komme kaum ... *i kim kam, weil i kam kema kån*
i måg nima	nicht mehr mögen, wollen, können; sinngemäß soll es bedeuten:... *ich k a n n nicht mehr.* Verzweifelter Ausruf eines alten Mannes: *Herr! Du hast mir das Können genommen, nimm mir auch das Wollen*
i moa scho a	1. ich meine schon auch 2. *i moa hoid a* ... ich mein halt auch. Anekdote: „Der Bauer fährt mit dem Traktor auf der Wiese, die Bäuerin sitzt rechts daneben. Ein Gewitter zieht auf, der Blitz schlägt links ein, der Bauer meint, *nå, nå.* Der nächste Blitz schlägt am rechten Kotflügel ein, die Bäuerin stürzt tödlich ge-

	troffen hinunter, der Bauer ruft aus, *Nå, i moa hoit a!"*
i mua	ich muß
inawärts	niederwärts, herunter
in da Reißn håm	jemanden ständig verfolgen ... *den håmd d' Schånddam ö da Reißn* ... den verfolgen die Gendarmen
Influenza (die)	Grippe, häufig mit Katarrh verwechselt UM
in G'spe	in Erwartung OM
Intastandling (der)	Unterstandling, Baum, der unter der Krone eines anderen wächst
in oan Teufö	sehr schnell, *in oan Teufö gehts dahin,* in einem Teufelstempo
in oana Dur	in einer Tour, fortwährend
inta	unter ... *intan Leitn duats recht siaß* ... in der Öffentlichkeit trägt sie eine freundliche Miene
Intakidl (der)	Unterkittel ... Unterrock der Frauen
int umi	unten herum ... *geh int umi!* ... geh unten herum! ... *ent umi* ... drüben herum
in währastn	währenddem, unterdessen ... *ön währastn is's wieder ånascht wordn* ... währenddessen ist es wieder anders geworden
Intum (der)	Endbesatz des Frauenrockes – veraltet

irrn	jemandem im Wege stehen, auch irren GM
irwigsmål	manchmal OM
is	sie, nämlich die Ehegattin ... in Lamprechtswiesen gespr. OM
i såg das!	Ich sage dir's ... leichte Drohung, Mahnung
is eh leicht	selbstverständlich, ganz klar ... *bisd guat hoamkema?*... bist du gut heimgekommen? Antwort: ... *is eh leicht*
is's	ist sie ... auch für – ist es
I -Tipfler	sehr kleinliche Leute, man nannte sie auch *Schoaßz'åmklauber* (Leibwindesammler)
iwaecks	übers Eck, quer
Iwa und Iwa	Tausendsassa
iwazwerkst	quer, gleich quer über Wiesen und Felder

J

Jåga (der)	einer, der bei der Arbeit immer antreibt, auch *Sklaventreiber* genannt
jagln	lärmen und schreien GM
Janka (der)	Janker, wollene Trachtenjacke
Jecham, Jechamei	Ausdruck der Verwunderung OM
jedn	jäten, grasauszupfen ... *i muaß wieda jedn, weil s'Gras scho(n) so lång is ön Gachtl*
jegasna(n)	*jessas na(n)* ... Jesus nein, Ausruf des Erstaunens (Nasalierung beim zweiten „a")
Jerin	Germ, Hefe, nicht mehr gebräuchlich OM
jetzunter	jetzt, veralteter Ausdruck OM
Jigad	Jugend ... *ö da Jigad håd mas nöt a so gspürt* GM
jo	ja
Jo(h)a	Jahr
Joppm (die)	Damenjacke aus Stoff geschneidert GM
Juiwa	Julbach ... *Roast av Juiwa wer in d' Wäd, hoaßts voll Vadruß, hads va Juiwa – Keminus"*
Juli	Juliana, Kurzname

Jungfraunhåår (das)   Zittergras, auch frei schwebende Spinnenfäden werden als *Jungfraunhåår* oder *Marienhåår* bezeichnet

Steintreppe, Lorenzmühle

K

K-a -a-t -z!	Kaatz ... Ausruf der Bäuerin, wenn sie die Katze am Fleischteller ertappt
Kadda (der)	Katarrh (Betonung auf dem zweiten *a*)
Kåder und die Käderin	Kater und Katze GM
Käferschmålz (das)	Teil einer Zaubersalbe für das Heilen von Hühneraugen. Aus einem handgeschriebenen Zauberbuch mit dem Titel: *Das große Eygiptische, Geheimnisvolle Buch von Albertus Magnus* (im Besitze des Verfassers, leider ohne Datum)
Kaffee	*Kathreiner Malzkaffee, Titze, Frankkaffee und der Oberlindober* waren die landesüblichen Kaffeesorten
kafm	kaufen, auch *kaffa* gespr. ... *i vakaf mei G'wand und fåhr ön Hümmö* ... ich verkaufe mein Gewand und fahre in den Himmel
Kaleschn (die)	gefederte Kutsche mit Pferdegespann, auch *Steyrerwagl* genannt
Kållan (das)	Bellen des Hundes OM
kaltmåcha	totmachen, umbringen ... *i måch die kålt* ... ich bring dich um UM (Königswiesen)
kålt wira Froschhaxn	kalt wie ein Froschbein
Kampöstock (der)	Futterschneidestock, abgekommen OM

kamst	kämest ... wånnst in Hümö kamst ...
Kandiset (der)	künstlicher Süßstoff
Kanonenbummerl (das)	kleiner, runder Gußeisenofen, auf drei Beinen stehend UM Das Kanonenbummerl war der meistbenützte Zusatzofen in den Bauernstuben und war bis in die kleinsten Ausnehmerstübchen des Mühlviertels zu finden
Kapän (die)	Kapelle ... eine Fuhre Heu umwerfen heißt man auch eine *Kapän* bauen... Eine Braut läßt die bevorstehende Heirat mit einem reichen Bauern mit folgender Begründung platzen: *Dö Kapän war eh recht, åber da Heilige g'fållt ma nöt*
Kåpfer (der)	Vorsprung, Gewölbeerhebung, Dåchkåpfer, vorspringendes Dachfenster OM (nicht mehr gebräuchlich)
kapriziert	eigensinnig, auf etwas bestehen, launenhaft (franz. Kaprize)
Kaprizenschädl (der)	launenhafter, eigensinniger Mensch
Kåstn (der)	Kasten, oberes Stockwerk ... der obere Stock im Wohnhaus wurde im UM der *Kasten* und im OM *die Ho(ch)dün* oder *die guadi Stubm,* gute Stube genannt, die nur bei Verwandtenbesuch benutzt wurde. Sie war der ganze Stolz der Hausfrau und wurde nur in Ausnahmefällen hergezeigt. In einem zweiten Raum war der Schüttboden oder *Troadkåsten.* Hier wurde das Getreide aufgeschüttet und hin und wieder umgeschaufelt, damit es nicht *grawalad* (muf-

	fig) wurde. Er war vielfach auch die Schlafkammer der Knechte. (Siehe Band 1, S. 214)
kasweiß	weiß wie Käse ... *wånn kasweis koa Fårb nöt wa, hät a går koani* ... wenn käseweiß keine Farbe wär, dann hätte er gar keine
Kathrei(n)	Kathrein ... *Kathrein stellt ön Tånz und d' Pfliag ein* (Pfliag = Mzl. von Pflug)
Kati oder Kaderl	Katharina (25. November)
Kåtzndreck	Katzendreck ... *der g'hört mit Kåtzndreck daschossn, daß er an stinkadn Tod nimmt* ... verächtlich für einen Querulanten
Kåtznschwoaf (der)	Katzenschwanz, Hirtentäschchen (Capsela bursa pastoris)
Kåtznsprung (der)	nur eine kurze Entfernung ... *va Linz af Gålli is's netta a Kåtznsprung*
Katzlstaudn (die)	Salweide. Das Wort Staude hat in der Landbevölkerung nicht die gleiche Bedeutung wie der botanische Fachausdruck *Staude*
kauwatzn	Flackern des Lichtes (aus Dr. Hanns Commenda, Meister der Mundart, S. 26)
Keagoschn	Kienspanhalter aus Ton
Keaschn (die)	Kirsche
Keaschnlinda (das)	Kirschenkompott mit Gewürznelken
Keckheit (die)	Frechheit

„Keagoschn"

kema ma	kommen wir
kei(n)	werfen ... *keis doi* ... wirf es weg GM (Nasalierung auf dem „o")
Keichn (die)	Gefängnis – abgekommen OM
keizn	(e und i getrennt sprechen), stark husten auch *bellen* OM
kema	kommen ... *kimd* bedeutet kommt ... *heint kimd da Kaiser va China*
kemand	kommen ... *då kemand a Haufen Leut* ... da kommen eine Menge Leute

kena	kennen ... *du wirst mi nimma kena*
Kerbholz (das)	Holz, in das eine Kerbe als Merkmal eingeschnitten war. *Der håt wås am Kerbholz* ... der Mann hat etwas auf dem Gewissen. Im Mittelalter, als das Raubrittertum immer mehr um sich griff, sahen die anständigen Leute keine andere Möglichkeit, sich gegen die Rechtsunsicherheit in ihrem Lande zu wehren, als daß sie geheime Femegerichte schufen. Die Ladung vor ein solches Femegericht erfolgte, indem man dem Geladenen einen gekerbten Stab zustellte. Wehe demjenigen, der die Ladung mißachtete. Er wurde in Abwesenheit gerichtet und das Urteil, das auf den Tod lautete, wurde erbarmungslos vollstreckt. (Entnommen aus der Waldviertler Wochenschau)
kerfangl	ein alter schwerkranker Mensch ist schon *kerfangl,* d. h. er wird nicht mehr lange leben OM
Kernståll (das)	Kerngehäuse im Apfel
Kerznschneiza	Kerzenschneuzer. Schere mit Becher, in dem der abgeschnittene Docht aufgefangen wurde
Kerznstoa (der)	phallusähnlicher Felsen bei Mühllacken
Keuda treibn (das)	Possenspiel, Unfug OM
keusch	dünn, schmal ... *si håd a recht a keusch's Kiderl an* ... sie hat ein sehr dünnes Kittelchen an
kewön	keppeln, fortwährend schimpfen ... *mei Ålde käwöd in oana Dur* ... meine Frau schimpft in einem fort

Der Kerzenstein

khema	kommen
Kheod (das)	Kot, Ackererde, mit dem *Kheodwagl* fuhr man die abgeschwemmte Ackererde wieder den Hang hinauf OM, im UM *Kåd*
Kheon	Korn, unter *Korn* wird im MV nur der Roggen verstanden
Kheonmandl (das)	Kornmandl, zehn Korngarben pyramidenförmig zusammengestellt, geben ein Mandl
Khön(die)	Kälte
Khipfö (das)	Kipfel
Khira	Kirche
khischen	leicht angefroren ... die Kartoffeln im Freien wurden bei Nacht *khischt* UM
Khüb (das)	Gewölk OM
Kiahlegga (die)	Kuhlecke, Haarwirbel am Kopf
Kiawåmpm (die)	Kuhbauch, auch eine sumpfige Stelle auf der Wiese wird *Kiawåmpm* genannt ... südlich des Lichtenberges, auf dem Kühberg gibt es eine Stelle, die sogenannte *Kiawåmpm*. An dieser Stelle befindet sich ein Stein mit einem hufeisenförmigen Eindruck, der Stein wird *Teufelstein* genannt
Kick	Sauerteig OM
Kidl	Kittel, Damenrock ...Eine ältere Frau geht in ein Kleidergeschäft und sagt: *Bittschön i möchad*

	an Kidl, der ma zan G'sicht paßt. Die Verkäuferin sieht sie an und sagt dann: *Bitte gehn Sie in den ersten Stock, da gibt es Faltenröcke*
kickn	sich wieder erheben, wieder gesunden OM abgekommen
Kidlfåldn (die)	Kittelfalte ... *da Bua hängt oiweil nu ba da Kidlfåldn vo da Muada* ... der Bub hängt immer noch an der Kittelfalte der Mutter, d.h. er läßt sich noch immer von ihr aushalten
Kidlsåg (der)	Kittelsack, große Tasche im Frauenrock innen eingenäht ... *A Weiberleut kån ön Kidlsåg mehr vartrågn oils da Bau mit Roß und Wågn*
Kidlbram (der)	Rocksaum, am Frauenrock
Kih (das)	Kind OM
Kimmwåssa	Kümmelwasser ... mancherorts hatte man den *Zutzl* oder *Fopper,* hochspr. Sauger, für Kleinkinder aus einem Leinenlappen zusammengedreht und mit Kümmelwasser getränkt, damit die Kleinen besser einschlafen. (Josef Krempl, *Ausn Lebn griffen,* Seite 40, Verlag R. Pirngruber, Linz 1913)
kimt	kommt ... *Es is net wias kimt,* *Es is wia mas nimmt,* *Drum is's netta oading,* *Nimmst as schwa oda gring*
Kina	Kinder ... *Kina doats betn, da Våda geht stehln.* (scherzhafter Spruch!)
kina	können, *häfm kina* ... helfen können

kinastma	könntest du mir ... *kinastma nöt an G'fålln doa*
kind	können ... *i hå(n) ma nöt häfm kind* ... ich habe mir nicht helfen können
Kinareim (der)	Kinderreim ... *Heidl popeidl, heidl popo, wånnst ma nöt schlåffad wirst, kriagst oani afs Loh* ... wenn du nicht einschläfst, bekommst du eine auf das Hinterteil
Kinamensch (das)	Kindermädchen, ledige Kindesmutter ... *da Sepp håd a Kinamensch*
kinatn	könnten ... *wånn ma nur kinadn, a so wia ma möchtatn*
Kindlmål (das)	Taufmahl
Kipfla (die, Mzl.)	Kipfler ... *Eröpfö* ... eine Kartoffelart, die einem Kipferl ähnlich ist. Kartoffel gibt es in Österreich erst seit dem Ende des 17. Jhdts. Die Kipfler haben mehrere Namen wie Parnassia, Centifolia, Fürstenkrone, Riesenniere und eine Sorte hieß Hindenburg (siehe Band 1, S. 220)
Kirasitz (der)	Kirchensitz; früher gab es eine Kirchensitzordnung, wonach jedes Haus in der Pfarre einen oder mehrere, mit einem Namensschild versehene Kirchensitze hatte
Kirda (der)	Kirchtag, ursprünglich nur für den Verkauf von Devotionalien. Der Kirchtag wurde später mit dem allgemeinen *Markt* vermengt, wozu ein kaiserliches Privileg (vorerst von den Herzögen, später von Kaiser Maximilian II.) und die Marktfreiheit erforderlich war

kirnö	kernig GM ... *a kirnigs Buawal* ... ein gesundes Bübchen
Kita (die)	Gitarre (Betonung auf dem *a*)
Kitzln oder Hidei	Geißkitze
Klacherlsuppm (die)	Klacherlsuppe, Einmachsuppe mit Schweinefüßchen; Mehlsuppe eingerührt mit Rahm und einen Schuß Essig, gibt eine vorzügliche Mahlzeit
Klachö (der)	Schimpfwort für einen Mann ... *Glockenklachö* = Glockenschwengel
klaftertiaf	bei einem Meter tief
Klampfn (die)	Eisenklammer, der Ausdruck ist auch für die Gitarre gebräuchlich GM
Klarl	Klara OM
klärözn	Wasser trinken OM
Kleim (die)	Kleie ... *woazani Kleim* (Weizenkleie) *hand dös Beste für d' Vadauung*
Klementn (die)	eine immer klagende Person OM
klempan	klempern, stets an einen Metallgegenstand schlagen, sodaß ein unerträgliches Geräusch entsteht GM (Klempner = Spengler)
klen	schmieren GM (Nasalierung auf dem „e")
Klener (der)	Baumläufer, weil der Vogel in hohlen Bäumen sein Nest *verklent* – verschmiert, verklebt

Klenkas (der)	Streichkäse ... *gsottner Kas* GM
Kleschen (die)	Frauensperson mit *trampelhaftem* Benehmen
kleschn	einen dumpfen Schlag verursachen GM
Klester (das)	Holzteil des Kummets OM
Kletznbirn (die)	*Fraunbirn* (Rote-Bühli-Birne), *die Siaßbirn* (Süßbirne) und die *Lederbirn* (Lederbirne) sind Mostbirnen
Klewan (die, Mzl.)	1. Klette, 2. Kotreste an den Haustieren GM
kliabn	Holz spalten UM
Klingal (das)	Wollknäuel UM
klingdürr	so dürr, daß es klingt, wenn man daraufschlägt, sehr trocken, auch *krachdürr* gesprochen, GM
klirrkålt	sehr kalt, so kalt, daß alles klirrt
kloa	klein UM
kloaweis	kleinweise
kloawinzi	kleinwinzig; *kurzwinzi, engwinzi, schmålwinzi, gringwinzi, dünnwinzi*
Kloi (die)	Klaue der Rinder
kloiböckön	mit den Fußknöcheln aneinanderschlagen beim Gehen, sich daran verletzen
kloihiat	hart wie Klauen

Klufan, Klufana (Mzl.)	Sicherheitsnadel OM
kluag	sparsam ... *die Håslbäurin is schia kluag* ... die Haselbäuerin ist sehr sparsam (schon an Geiz grenzend)
klui	klein OM
knausan	neidig sein
knean	knien, auch *inaknean* gesprochen, niederknien
Knecht	Mitarbeiter des Bauern. Durch die Technisierung in der Landwirtschaft heute ein beinahe ausgestorbener Beruf. Es gab noch vor 70 Jahren in großen Bauernhäusern bis zu 10 Dienstboten, sie wurden *Knechte* und *Dirnen* genannt. Schon im Kindesalter mußte man sich bei den Bauern als Hüterbub und die Mädchen als *Heamensch* (Hühnermädchen), *Kuchlmensch* (Küchenhilfe) oder als *Saudirn* das Brot bitter verdienen. Je nach Körperkraft und Tüchtigkeit konnte es der männliche Bedienstete vom kleinen zum *Großknecht* und die weiblichen von der *Kleinen Dirn* bis zur *Großdirn* schaffen. Ein eigenes Familienleben zu gründen war einem Dienstboten selten beschieden. Zum Leben auf dem Hofe muß gesagt werden, daß selbst die Hausleute nach heutiger Sicht bei schwerster Arbeit bittere Not zu leiden hatten
knern	sich balgen, auch schwer arbeiten OM
Kniabieg (die)	Kniebeuge ... *ö da Kniabieg tuats ma weh*
kniaschiawad geh'n	bei jedem Schritt die Knie vorschieben

Kniaschlodan (die)	Knieschlottern ... bei der ersten intimen Begegnung mit einer schönen Frau, auch bei großer Gefahr
kniaweid	o-beinig
kniawoa	knieweich ... *kniawoa dahergeh'n* ... mit durchgedrückten Knien einhergehen, auch *kniahängad* gesprochen
Kniggaboggahosn (die)	Hosenmode aus den 40er Jahren. Besonders weite Hosen, die sackähnlich bis zum halben Unterschenkel reichten und unter dem Knie befestigt waren. Mann nannte sie scherzhaft auch *Öpfödiabhosen*, weil sie geeignet gewesen wären, gestohlene Äpfel hineinzugeben
Knittl (der)	Schlagstock, dicker Stock
Knofö (der)	Knoblauch
knoarn	knarren OM
Knon (der)	Knödel OM
Knöpföna(hn) (das)	Knopfnähen, Nähen von Wäscheknöpfen als Heimarbeit, die noch bis nach dem Kriege ausgeführt wurde. Über einen Horn- oder Metallring mußte kreuzweise ein Zwirn oder Baumwollfaden genäht werden. Das fertige Produkt mußte zu 48 Stück auf einen Pappkarton befestigt und in Paketen zu 20 Karton verpackt werden. Die Entlohnung betrug 2 Groschen per Stück
knotzn	hocken, *inaknotzen* GM

koa Gäd koa Musi	kein Geld – keine Musik, landesüblicher Spruch
koa guat nöt doa	nicht friedlich miteinander auskommen
köan	kauen OM
koan	keinen
Köan (die)	angebrannte Kohle ... *van Bögleisn is ma a Köan aussagfålln* ... vom Bügeleisen ist mir eine Kohle herausgefallen
Koar (das)	Wasserbehälter, Wasserkar, Marktbrunnen GM
Ko(ch)löfföweiwö (das)	Kochlöffelweibchen, Kaulquappe UM
Kobö (der)	Hundehütte
Köbern (das)	Kälbern, Gebären eines Kalbes
Köbersǻg (der)	Kälbersack, Fruchtblase, im Volksmund das *Schengmåchad* UM
köbi	frisch, stark, rüstig OM
Koggl (der)	Steinhügel am Feld oder Wiesengrund, Bergkuppe OM
Koh (das)	Koch, Brei, Erdäpfelkoch, Grießkoch
Kohbirn	Kohbirne, rasch weich werdende Birnenart
köherlschwarz	schwarz wie Kohle ... *schen schwårz is a schen*
Kohlhaufm	kegelförmiger Turm, in dem das *Kohlholz* aufgetürmt wurde. Der *Kohlhaufen* wurde mit Rasen und Erde abgedeckt und von unten ent-

	zündet. Er mußte Tag und Nacht vom Köhler beaufsichtigt werden
Kohlhäusl	dachförmige Hütte für den Kohlenbrenner (Köhler)
kohlschwarz	schwarz wie Kohle
köhtreibm	jemanden sekkieren, anstacheln, in der Reißen haben, z. B. im Wirtshaus (Helfenberg)
Koi	Kinnlade ... *S' Schmålz rinnt eam åwa üwa d' Koi* ... das Schmalz rinnt ihm herunter über das Kinn
Königstei	Königssteuer, weil sie am Dreikönigstag bezahlt werden mußte, ansonsten dem säumigen Zahler drei Schindeln auf dem Hausdache und drei Rasenstücke auf der Wiese umgelegt wurden, zum Zeichen, daß der Grund und Boden dem Gutsherrn verfallen ist
Königswiesnn	der Ort im MV befand sich auf fiskalem Boden (Königsland gehörte gemäß der Rechtsauffassung dem König)
Königweg	das war die Straße (Säumerweg) von Ottensheim über Neufelden nach Böhmen. Aus einer Kirchenschrift mit dem Titel *Das Jahr 1926 nach Chr. Geburt,* 180 Seiten, kirchliche Mitteilungen ohne Angabe zum Druck)
kois – kois	Lockruf der Hirten bei Eintreiben der Rinder von der Weide (Raum Gallneukirchen)UM
Köo (die)	das Kinn im OM, im UM *Koi* gsprochen

Kopfriedel (der)	runder flacher Polster, den die Frauen auf dem Kopf als Unterlage trugen, wenn sie Lasten wie Wäsche, Wasser u. a. auf dem Kopf transportieren mußten. Der *Kopfriedl* war meist sehr kunstvoll angefertigt und war vor 50 Jahren im ländlichen Bereich noch üblich
Kopfwehstoa (der)	Kopfwehstein. Bei der Wolfgangkapelle in der Geng (Staubgasse) befindet sich ein zu ebener Erde liegender Stein mit einer runden Aushöhlung, ihm wird Heilwirkung bei Kopfschmerzen zugesagt
Koppal (das)	Rülpser des Säuglings
Korrespondenzkårtn (die)	Korrespondenzkarte, Postkarte, sie wurde vor 60 Jahren noch offiziell als solche bezeichnet
Kornbirn (die)	auch Groamatbirn gen., weil sie in der Zeit des Kornschnittes und des Grumetheuens heranreift, sehr mehlig
Kornvåda (der)	Mutterkorn OM ... sehr giftig!
Kostplåtz	Privatverköstigung ohne Übernachtungsmöglichkeit
kotzengrob	Kotzen war ein besonders grobes Stoffmaterial für die Überröcke der Männer, und grob ist auch der Ausdruck für rauh. Menschen mit besonders rülpelhaftem Benehmen wurden als *kotzengrob* bezeichnet. Kotzengrob – grob wie ein Kotzen
Kowei (das)	Hausgeist
Kowei (das)	Faschingsmann (in Haslach), ist ausschließlich eine Haslacher Erscheinung. Burschen zogen

ganz zerlumpte Frauenkleider an, rührten sich in einem Häfen aus Straßenschmutz, Lehm und Ofenruß ein sonderbares *Koch* ab und suchten dann diese schauerliche Mischung den Leuten und besonders den daherkommenden Mädchen ins Gesicht zu schmieren, man nannte sie *Kohweiber*. Das Wort *Kowei* soll davon seinen Ursprung haben. Dieser Faschingsscherz artete zur Unsitte aus und führte zur gänzlichen Abschaffung vor zirka 100 Jahren

kråchdürr	spindeldürr, sehr abgemagert
Kråcher (der)	Knall ... *an Kråcher hån i ghört!*
kragitzn	hüsteln, heiser sein
Krågn (der)	Hals ... *den Krågn umdrahn*
Kråh(n) (der)	Krähe ... *wo da Kråh(n) sitzt, då schreit a* ... wo der Übeltäter sitzt, da meldet er sich (Nasalierung auf dem „å")
krailt	*dös krailt mas* ... das wurmt, ärgert mich GM
Krallerl (das)	Koralle vom Rosenkranz ... *låß für mi a a Krallerl fålln*, heißt, bete für mich auch ein *Gsetzl* vom Rosenkranz
Kråmastand (der)	Krämerstand, Chaos, alles liegt durcheinander
Kråmasuri (die)	heilloses Durcheinander, wie *Kråmerstand*, auch *Kramuri* gesprochen
Krampfön (das)	Stehlen
Kråmpm (der)	Kreuzhacke

Kraner (der)	Hausierer mit Bauchladen
Krångadn (die)	Krankheiten ... *s Krångsein is nöt gsund, sågt der Naz*
krangön	kränkeln ... *da Vådda krangöd scho sechs Wochn umanand und es wird nöt ånascht* ... der Vater kränkelt schon sechs Wochen herum und es wird nicht anders
Krånigl (der)	mürrischer Mensch
Kranköbeer (die)	Preiselbeere, auch *Krantlbeer* gespr. UM
Kranzl (das)	Kränzchen .... 1. Beim Kegelspiel, wenn alle Kegel bis auf den mittleren umfallen 2. Ein *Kranzl* mit Blumen geschmückt tragen die kleinen Mädchen am Fronleichnamstag und aus geweihten Birkenreisig angefertigte Kränzchen werden von den Hausfrauen nach Hause getragen und im Hergottswinkel oder auch am Fensterkreuz aufgehängt 3. In der Schiffmannssprache wird der Vorderteil des Schiffes als Kranzl bezeichnet 4. Ein *Kranzl* aus Stroh dient als äußeres Zeichen der Schankgerechtigkeit bei Heurigengaststätten. 5. Im Gasthaus Luckawirt bei Sandl gibt es alljährlich vom 26. 12. bis 6. 1. das Kranzlsstechen. Ein Gesellschaftsspiel, bei dem es darum geht, ringförmige Gebäcke durch Stechen zu erwerben.
Kranzljungfer	Begleiterin der Braut auf dem Hochzeitszug, sie trägt einen Blumenkranz im Haar
Kranzltåg	Fronleichnamstag ... die Prozession entlang der

	aufgestellten Birken wird boshafterweise auch Birkenslalom genannt
kratschn	kraxeln ... *am Maibam aufikratschn* ... auf dem Maibaum hinaufklettern. Mit harzbestrichenen Händen versuchten die Buben, den Maibaum zu erklimmen, um die *Knackwurst* herunterzuholen. Der *Zechankråmpf* zwang sie aber meistens zur Umkehr
Kräua (der)	Kratzer
Kräugådan (der)	Zither, scherzhafte Bezeichnung
krauka	kriechen OM
Kraukerl (das)	kränklicher, schwächlicher Mensch ... *a gånz's Kraukerl is a scho wordn* ... ein schwächlicher Mensch ist er schon geworden
Kräul (die)	Finger (verächtlich)
Kräulerei (die)	mühsames Gehen
kräun	kraulen
Kräuschpm (die)	abgebrannter Docht der Kerze
kräuspern	räuspern
Kraut (das)	*dös Kraut ausschütten* ... es sich verscherzt haben ... *s' Kraut ausschütten* ... die Sympathie verderben ... *hiatzt håst mas Kraut ausg'schütt*
Krautboding (die)	aus Granit gemeißelter Krautbehälter, Krautbottich. Für deren Herstellung bekam der Steinmetz jene Menge an Brotgetreide, welche im Behälter, spr. *Krautboding,* Platz fand

krautln	nach Kraut riechen
Krautnebö (der)	Krautnebel, Herbstnebel, der den Krauthäupteln die nötige Feuchtigkeit zur Reife gibt
Krawadl (der)	Gurgel, Halsgegend
Kråwådndörfl (das)	oder *Goaßufer* wurde die linke Seite des Bachufers in Reichenau genannt (Max Hilpert, Mühlviertel, hügelig Land und herzhafte Leut (S. 29))
Kräwö (die)	Krallen ... *dö Kräwö vabrenna* ... gemeint sind die Finger
Kraxn (die)	Gestell mit Laden aus Holz zum Umhängen, mit denen die Maurer und Zimmerleute früher ihr Werkzeug zum und vom Arbeitsplatz trugen
Krepierhålftern (die)	Krepierhalfter ... ein Halfter, mit dem man gezwungen wird, zu krepieren (sterben). Es dürfte ein Hinrichtungsmittel in grauer Vorzeit gewesen sein und der Ausdruck wird nur scherzhaft angewendet, wenn sich jemand selbst in eine Falle verstrickt ... z. B. mit einem Autogurt, der sich nicht öffnen läßt
Kre(n)	Meerrettich
Kreamö (der)	Krampf OM
kreamön	krachen, Geräusch z.B. beim Essen von Grammeln oder Brechen von Knochen OM
Krede(n)l (das)	Kretin, mißgebildeter Mensch
kreißen	Stöhnen in der Endphase vor dem Sterben, auch Frauen kreißen bei der Geburt eines Kindes

Kreiz (das)	Kreuz ... in Waldhausen ist es heute noch üblich, bei der Durchforstung des Waldes an manchen Baumstümpfen mit zwölf gezielten Beilhieben drei Kreuze einzuhacken, damit sich die Hexen nicht darauf setzen und dem Wald schaden zufügen können (siehe Foto Seite 156)
kreizfetzen	arger Fluch
Krempn (der)	dürrer Baumstrunk OM
Krenbeidl (der)	Krenbeutel, größenwahnsinniger Mensch, Angeber
Krenplätscha (die)	Krenblätter ... die großen *Krenplätscha* hatte man oft dazu hergenommen, im Sommer die Butter darin einzuwickeln und zu kühlen
krepaunzln	sterben OM
Kressling (der)	junger Fichtenbaum
kreuzbrav	sehr brav ... *a kreuzbraver Månn*
kreuzdiwidomini	Fluch ohne jede Aussage
Kreuzstöckl (das)	Bildstock

S' Kreuzstöckl am Roavorån
A Kreuzstöckl steht gånz alloa
Zweidigst draußn af an Roa
A Hetschastaudn steht a dabei
Ön an Haferl, a Bleamö, a zwoa, a drei
Dö håmd dö Kina dåni trågn
Sö wölln ön Herrgott dånkschen sågn
Weil da Kåder wieda kema is
Wos g'moad håmd, daß er hinwordn is

Kreuzstöckl in Gugu bei Sandl

Dös Marterl steht scho a paar hundert Jåhr
Wo nu koa Traktor nöt am Fädan wår
Wo nu koa Flieger nöt am Himmel gflogn
Nur a paar Ochsen håmd den Pfluag nu zog'n
S' Korn håd ma nu mit da Sichl g'mahd
Und mit an Recha s' Heu umdraht
Ban Marterl is ma umagsessen
Und håd g'miatli dort sein Jausen gessen
A kloani Åndåcht af da Bånk
Åft gehts weida in Gottsnåm
A etla Kriag hand scho vorüberzogn
Dö Leut håmd oft dö Hånd erhobn
Daß da Våder wieda kimd
Und da Kriag sein Gåraus nimmt
A Bedlweibö gånz alloa
Sitzt sö a då hin am Roa
Sie dånkt ön Hergott für das kårge Lebn
Und bitt, daß ihr d' Leut recht vü zan Essen gebnd
Dö Fani van Huaba håt sö zuwikniat
Daß ihr da Bua nöt untreu wird
D' Schuikina gengan a vorbei
Dö håmd då gråd a Rafferei
Åber ban Marterl muaß ma wissen
Håmd's dö Haubn schnä åwagrissen
G'schwind wird a Kreuz g'måcht üwas Hirn
Åft wird weidagraft, daß d' Fetzen fliagn
Da Reiternmåcher und da Pfånnaflicker
Und da Viahåndler, recht a dicker
Recht schen stad in oana Reih
Ållsånd gengans då vorbei
Da Einleger der geht a nu vür
Der suacht sö gråd a Nåchtquartier
Und bitt ön Himmelvådan
Daß er nu wo einiderf ban Gådern
Da Schuasta und da Schneider kemand a daher

Dö gengan mitanånd af d' Ster
Ob Dirndl oder Bua
Olles kehrt den Marterl zua
Dö Sunn scheint hin in voller Pråcht
Und da Regn der håd eam a nix g'måcht
Es sitzt da Grül vor seiner Lucka
Und duad sö gråd a jedsmål ducka
Wån wer zuwa kimd zan Roa
– Jessas weand ma do nix doa?
Da Sturm håd dös Kreuz a weng vabogn
– Gråd is a Vogerl aufigflogn
Håt seine Weisen tirriliert
Weils då gråd so gmiadli wird
A so is's gwen, ba dö åltn Leit
Heint håt neamd mehr für a Åndåcht Zeit
Mit hundert Såchan und nu mehr
Fåhrns heint ban Marterl hin und her
Sogår da Pfårrer liabö Leut
Fåhrt min Auto wia nöt gscheit
Und koa Mensch denkt då mehr drån
Afs Marterl dort am Roa vorån
Wås dort g'schegn is frågn dö Leit?
Neamd woaß mehr dö Begebnheit
Is Oamål wer åwig'fålln van Loatawågn?
Oder håd då wen da Blitz daschlågn?
Håmd dö Räuber då wen ums Lebn bråcht?
Oder håmd dö Franzosen går wen nieder-
gmåcht?
Amend håd wen da Hitzschlåg troffen
Weil er a kålts Wåsser gsoffen
Ban Kornschnei'n, wånns recht hoaß is gwen
Oder håd sö går a Meuchelmord begebn?
Dö Pest håd a vü Leut umbråcht
Oft glei a zehn in oana Nåcht
Vieleicht hand oa då drinn begråbn
Koa Mensch kån uns dös heint mehr sågn
S' Lebn håd ja nöt vü bedeut

B'sunders ba dö kloana Leut
Sö håmd g'rackert va da Fruah bis spåt
Und håmd zan Essen kam wås g'håd
Nå Feiråbmd hands zan Kreuz nu zuwikniat
Håmd ön Herrgott bitt, daß besser wird
Und waun oft oana gånz vazweifeln möcht
Da Herrgott måcht eams wieder recht
Das Kreuzstöckl håd scho vü erlebt
Ös woaß wås ön Leutn drinat steckt
Und håt oft oan dös Gwissen druckt
Åft is a hoamli zuwigruckt
Er bitt um Gnåd, wånns mögli wa
Åft wa sein Gwissen nöt so schwa
Dås Bittn und dås Dånkschensågn
Håt dös Marterl oils vatrågn
Es gibt die Not der årmen Häuter
Recht schen brav ön Herrgott weiter
Gånz anders aber sand dö Leut
In unserer modernen Zeit
Dås Kreuzstöckl håt sein Wert valorn
Ös irrt oiweil scho(n) hint und vorn
Den beim Weg und a ban Roa
Då wird dö Wäd oiweil scho z' kloa
Går månches Marterl wår scho hintan Fiaßn
Und håd den Traktor weichen miaßen
Verkauft håd mas um a lumpigs Gäd
Weils neamd mehr braucht af dera Wäd
Gånz trauri stehts heint in an Gårten drin
Ohne Zweck und ohne Sinn
D' Hauptsåch is hoid daß mas håd
E w i s c h å d

Kriag (die, Mzl.)   Krüge ... *Kriag solls wieder gebn, so groß, daß 5 Liter Bier einigengan* ... Krüge soll es wieder geben, so groß, daß 5 Liter Bier hineingehen ... *d' Bierkriag hand ma liawa wia d' Wädkriag* ... die Bierkrüge sind mir lieber als die Weltkriege

kriagnma

Kriagsschauplåtz

bekommen wir ...

Wohl der schaurigste aller Schauplätze in der Geschichte der Menschheit, wo es sicher wenig Sehenswertes zu schauen gab. Wer mag wohl diese unzutreffende Bezeichnung je geprägt haben? Als *Gefallene* bezeichnete man jene bedauernswerten Opfer, die, zum blinden Gehorsam gezwungen, ihr Leben auf den Schlachtfeldern lassen mußten. *Gefallen*, hört sich an wie hingefallen, und doch war es ein erbarmungsloses Geschlachtetwerden, mit meist unsäglichen Qualen, zerfetzten Leibern und Schmerzensschreien, bis endlich früher oder später die erlösende Stunde kam. Nur wenige hatten das Glück, in ein Lazarett eingeliefert zu werden. Der Großteil der Schwerstverwundeten mußte im Kugelhagel und Kanonendonner im Morast und in eisiger Kälte sein junges Leben für den sogenannten *Fahneneid* hingeben. Tausende waren erfroren, verschüttet, vermißt oder ertrunken. Ein letzter Aufschrei nach der Mutter hallte durch die Nacht. Unsägliche Tränen der Angehörigen waren die Folge. Ganze Familien wurden in den Ruin gebracht. Wenn auch die Geschichte in unserer Zeit in völliger Unkenntnis der Tatsachen ein falsches Bild vermittelt, so sei grundsätzlich eines gesagt. *Noch niemals hat der Soldat einen Krieg begonnen*, und von wenigen Ausnahmen abgesehen mußte er stets gegen seinen Willen die Waffe ergreifen. Im Zweiten Weltkrieg, dem grauenhaftesten Krieg aller Kriege, kämpften 110 Millionen Soldaten. Am Ende des Krieges befanden sich 60 Staaten mit Deutschland im Kriegszustand oder hatten die diplomatischen Beziehungen zum damaligen *Reich* abgebrochen. Verschwindend klein blieb demgegenüber die Zahl der neutralen Nationen. Es war Irland, Liechtenstein, Portugal, Schweden, die Schweiz und Spanien. Von den 110 Millionen Soldaten waren zu Lande, zu Wasser und in der Luft 27 Millionen Tote und 35 Millionen Verwundete zu beklagen. Demgegenüber gab es im 1. Weltkrieg 9,2 Millionen Tote und 21 Millionen Verwundete bei insgesamt 60 Millionen kämpfenden Soldaten. Von den 27 Millionen *gefallenen* Soldaten des 2. Weltkrieges entfielen auf Deutschland 3,250.000, auf Österreich 355.000, auf Italien 222.000, auf die Westalliierten (ohne USA) 610.000, auf die USA 229.000, auf Ost- und Südosteuropa 1,000.000, auf die Sowjetunion 13,000.000, auf Ostasien 7,000.000. Hinzu kommen die Todesopfer durch Kriegseinwirkung unter den Zivilisten von 25 Millionen, die sich auf die einzelnen Länder wie folgt verteilten: Deutschland 2,050.000, Volksdeutsche 1,000.000, Österreich 25.000, Italien 500.000, Westalliierte ohne USA 690.000, Ost- und Südosteuropa 8,010.000, Sowjetunion 6,700.000, Ostasien 6,000.000. Die Zahl der Soldaten, die unmittelbar nach dem Kriegsende in Gefangenschaft kamen, wird auf über 6 Millionen geschätzt. Diese grauenhafte Bilanz war das Resultat von insgesamt 2077 Kriegstagen. Im Durchschnitt starben jeden Tag 2552 Deutsche durch unmittelbare Kriegseinwirkung. Am härtesten betroffen wurde der Jahrgang 1924. Er stellte im Jahre 1942 die Mannschaft der 18jährigen. 23% dieser jungen Burschen waren gefallen, 33% schwer verwundet und arbeitsunfähig. (Aus: „*Der Soldat*" Nr. 17, 7. 9. 1969) Diese Darstellung hat sehr wohl auch mit unserer Mühlviertler Heimat zu tun und sollte keinesfalls unter den Tisch gekehrt werden. Es soll den nachfolgenden Generationen Lehre und Mahnung sein, die Kriegsfurie rechtzeitig zu erkennen und bereits im Keim zu ersticken. Diese Darstellung soll auch dazu dienen, angesichts eines Kriegerdenkmales dem jungen Menschen von heute ein Bild der Realität zu vermitteln. Das Mühlviertel hat einen hohen Anteil an Gefallenen und Vermißten zu verzeichnen. Die Gemeinde Liebenau als höchstgelegene Gemeinde hatte anteilsmäßig die meisten Gefallenen im Mühlviertel.

Kriah (die)	auch *Kriacherl* genannt, Kriechenpflaume
kriegeln	sehr laut und schwer atmen OM
Krimpling	krummer Gegenstand OM
Kristierpistoln	Klistierpistole ... *ön da Freistådt håmds an Kindswågn gstohln,* *da Hebam d' Kristierpistoln,* *mir håmd sös Mensch davon,* *hiatz gehts s' Stehln ån* (Vierzeiler)
Krod (die)	Kröte, auch als Schimpfkanonade verwendet ... *so a Krod a vadåmti,* OM. Die Kröte war in vergangenen Jahrhunderten auch zum Votivtier geworden OM. Nach Darstellung Höfers sagt ein geistlicher Bericht über den Opferbrauch folgendes: Es ist sonderbar, daß man ein ganz harmloses Tier wie eine Kröte für geeignet hielt, Schmerzen zu bereiten und sie als Symbol dafür zu opfern. (Die Kröte galt auch als Vergleich mit den ähnlich aussehenden Eierstöcken der Frau) Heimatgaue 1933, 2. Heft, S. 83. (siehe Band 1, S. 226)

Krodnpulva (das)	Krötenpulver … es bestand aus getrockneten und pulverisierten Kröten, das von den Badern an die magenkranken Patienten ausgegeben wurde
Kropfada	Mensch mit einer Struma (Siehe *hålsen)*
kröpfön	rülpsen
Kröpföweber	Der *Kröpflweber*, er war eine legendäre Figur aus der Gegend um Weitersfelden. Ein Weber, der, wie schon der Name sagt, mehrere Kröpfe hatte, die so dick waren wie sein Kopf. Der Kröpflweber hatte mehrere Vergehen begangen, die ausreichten, um ihn an den Galgen zu bringen. In der Ortschaft Harrachstal war das

Pfleggericht und im sogenannten Galgenbühel bei Weitersfelden die Richtstätte. Hier stehen heute noch die ominösen, über vier Meter hohen Galgenmauern. Sie wurden von Ritter Haim in Reichenstein im 16. Jhdt widerrechtlich errichtet, wo unter anderem der arme Weber sein dürftiges Leben beenden sollte. Doch seine Kröpfe waren stets seine Lebensrettung, die ihn immer wieder durch den Strang schlüpfen ließen. Ein zweiter Vollstreckungsvorgang war gesetzmäßig verboten, und man konnte ihn erst wieder verurteilen, wenn er neuerdings eine *Malefiztat* (Diebstahl etc.) begangen hatte.

Eines Abends war es wieder soweit. Das *Kröpfelweber-Aufhängen* war angesagt. Zum Sonnenuntergang strömten die Leute herbei von nah und fern, um das Schauspiel mitzuerleben. Doch dem Kröpflweber war es auch diesmal wieder gelungen, dank seiner sieben Kröpfe durch den Strang zu schlüpfen. Er lief so schnell er konnte in Richtung Weitersfelden davon. Bei der Schimplkapelle begegnete ihm ein altes Weiberl, das ihn nicht kannte und ihn fragte: *Kim i nu z'recht zan Kröpföweberhänga?* Worauf der Weber meinte: *Oh mei Weibö, då kimmst scho z'spåt, åber i wa bål z'recht kema,* – sagte es und ward schon wieder verschwunden

krüazln	schmeicheln, OM ... im UM *griaseln* gesprochen ... s' *Griassackl schwinga*
Krummbirn (die)	Kartoffel UM, abgekommen
Krumphatschada (der)	ein krumm Gehender
Krumpi (die, Mzl.)	die krummen Federn des Spielhahnes oder Birkhahnes (Jägersprache)

krumpi Finger mächa	stehlen ... *der find(t) Såchan, die dö andern nu går nöt valorn håmd*
kruzinesa!	verärgerter Ausspruch, Fluch
Kuafm (die)	Schlittenkufe GM, gleiche Aussprache wie *Kuavm*, die Kurve
Kuah	Kuh ... *S' Jåhr amål måcht a åidö Kuah ar an Sprung* ... Im Jahr einmal macht eine alte Kuh auch einen Sprung oder ... *is d' Kuah hin, solls Kaüwö a hin sei(n)*
Kuahken (die)	Kuhkette (Betonumg auf dem „e")
Kuahschmied	Kurpfuscher, Vorgänger des Tierarztes, auch Kurschmied genannt, nicht konzessionierter Bader, welcher fachärztliche Kunst ausübte. Er wurde damals auch schon strafrechtlich verfolgt. Der letzte namentlich bekannte war der Keplinger, Schmied von Altenberg. Ursprung: Die stierische Kuh wurde vor dem Treiben zum Stier, zum Schmied getrieben, der der Kuh ein Band um den Hals schlang und ihr dadurch das Blut abschnürte. Sobald die Kuh an der Schlagader *zur Ader gelassen war,* wurde sie zum Stier getrieben. Es geschah um die Erfolgschancen zu erhöhen
Kuahstållfensta	Kuhstallfenster ... *heint håma s' Kuahstållfensta troffen, sagt der Frånz zan Michö, weils zan a Rafferei kema hand*
Kuahzän (der)	Kuhzelten. Der Zelten ist ein Gebäck aus Teig, mit Samen von Weizen, Korn, Gerste, Hafer u. Leinsamen. Er wurde in der Rauhnacht an das Vieh verfüttert zum Schutze gegen Krankheiten. (Stepan, „Das Mühlviertel")

kudan	rollendes Lachen, auch wenn sich einige Mädchen gemeinsam über etwas lustig machen
Kudei (das)	Schwachsinniger OM
Kudlfleck (die Mzl.)	Rindermagen, Kuttln, aus denen die gute *G'schnoatlsuppen oder Reamsuppen* (Riemensuppe) genannt, gemacht wurde
Kudlkraut (das)	Thymian
küfön	knabbern
kuniern	kunieren, sekkieren ... *kunier mi nöt a so!* OM
kunt	könnte ... *i kunt leicht a Pfarrer sein, wånn i mehr beten dadad* ... ich könnte leicht ein Pfarrer sein, wenn ich mehr beten würde
Kunterling (der)	verächtlich für einen unliebsamen Mann GM
Kupöpötz (der)	Kuppelpelz, Belohnung des Heiratsvermittlers GM
Kurzwildbrat (das)	Gschlechtsteil des Rehbockes in der Weidmannssprache

L

la	leer ... *Ke(ll)nerin, mei Glasl is la, fråg mi obs das ånfülln sollst!*
lädiert	körperlich gezeichnet
laffm	laufen ... *af Schwårznberi laffm* ... nach Schwarzenberg laufen
lagad	liegen würde ... ein Fauler sitzt im Bett und jammert, *jå, waun i na scho lagad...* ja, wenn ich nur schon liegen würde
Lågga (die)	Lacke, Hausteich
Lah(n) (die)	Delle, Vertiefung ... *der håd ståd an Bau(ch) a Lah(n)* ... der hat anstatt eines Bauches eine Delle GM
laißln	wenig arbeiten OM
Låli (der)	Schwachsinniger
Lalocha (das)	Leintuch OM
lamatiern	jammern ... *d' Ahnl, dö lamadiert den gånzen Tåg*
Lämmas (das)	Lammfleisch; die alten Tiere liefern das *Schäpserne*
lånkalad	länglich ... *lånkalade Eröpfö*

Lanna (der)	Nagel beim Wagenrad (St. Thomas a. Bl.)
Lan olan	Läden abladen, Bretter abladen
Lärbam (der)	Lärchenbaum, Lärche
låschat	erschöpft OM
Latschn (die)	Wasserlacke, *Drecklatschn* ... schmutziger Tümpel
Lauberherrn (die, Mzl.)	*Lauberherrn* waren die einstigen reichen Bürger von Freistadt, weil sie unter den vorspringenden Stockwerk des Hauses gebildeten Lauben ihre Ware feilboten. Freistadt (Zöhrer, O.Ö. Chronik 2, S. 110)
laug(n)a	1. leugnen ... *er kå(n)s går nöt laugna, daß er da Våda is* 2. ablegen ... *dånilaug(n)a* heißt, doppelte Spielkarten ablegen
lauda Schüwö	große Schar (Hanrieder)
launi	*a launigs Weda* ... föhniges Wetter
Läus (die, Mzl.)	Läuse ... Ungeziefer, das großteils durch das DDT vernichtet wurde. Dieses gefährliche Gift wurde in den Nachkriegsjahren tonnenweise versprüht. An der Zonengrenze zwischen dem russisch besetzten Mühlviertel und dem von den Amerikanern besetzten Teil südlich der Donau wurde es auf der Linzer Donaubrücke jedem Passanten in den Nacken und Hosenbund gesprüht. Der diensthabende amerikanische Besatzungssoldat forderte jeden Passanten auf mit den Worten: „*Entlausung!*" (Betonung auf dem zweiten „*u*")

Lausschmier (die)	Läuseschmiere, soll von der Herbstzeitlose gewonnen werden
låwalad	lauwarm ... *a låwalads Wåssa* ... ein lauwarmes Wasser UM
leafön	unklar sprechen OM
leafötzn	kleinweise trinken ... *netta a weng leafötzen möcht i*
Leal	Kurzname von Leonhard, wird auch als Spottname für einen langweiligen Menschen verwendet OM
Lebaståg	Freudentag
Leberklee (der)	Leberblümchen (Anemone hepatica), auch *Fastnbleamö* genannt, weil ihre Blütezeit in die Fastenzeit fällt
lebm	leben ... *lebm und lebm låssen ... zan Lebm zweng und zan Sterbm z'vü,* stellt man fest, wenn man sehr wenig verdient
Lebnsruatn (die)	Lebensrute, bestehend aus Birke, Hasel, Weide oder Eberesche. Mit dem Schlagen an eine Bretterwand sollen die Dämonen vertrieben werden
ledigs Kind	ein außereheliches Kind. Es galt noch bis in unser Jahrhundert als verabscheuenswürdig, ein lediges Kind zu haben. Solche Kindesmütter wurden vom Elternhaus und nicht selten aus der Ortschaft verwiesen. Im Mittelalter landeten sie sogar auf dem Scheiterhaufen. Die unehelich geborenen Kinder hatten es schwer im

Leben. Sie galten als Menschen zweiter Klasse. Der Makel, ein *lediges Kind* zu sein, verfolgte sie bis zur Großjährigkeit. Ein unehelich geborener Mensch durfte keine Lehre antreten und niemals in eine *angesehene* Familie einheiraten

ledln	trinken OM
leerumi is	es ist vorbei OM
legga	lecken, schlecken, *ön Löffö ålegga* ... den Löffel ablecken ... Ein gut gemeinter Rat: ... *då kånnst da oili zehni ålegga* ... da kanst du dir alle zehn (Finger) ablecken
lena	lernen ... *i kåns nöt dalena* ... ich kann es nicht erlernen
Leibhåftiger	Teufel ... um ihn nicht zu rufen, wurde sein Name unter verschiedensten Pseudonymen umschrieben, wie *Leibhaftiger, Gottseibeiuns, Herndlberger, Ganggerl, Luzifer, Höllenfürst u.s.w.*
Leibötaschl (das)	Tasche im Leibchen, *Leibö*, ärmellose Weste
Leibschådn (der)	Leistenbruch, es galt als Schande, einen *Leibschådn* zu haben, und es wurde peinlichst vermieden, sich dem Arzt anzuvertrauen
leichn	leihen ... Ein Freund zum andern: ... *håst du a Ångst vor Leichn?* ... Antwort: *na(n), überhaupt nöd,* – ... *na, dann kunst ma 100 Schilling leichn*
leidsäli	leutselig, ein Mensch, der sich gerne mit anderen unterhält

Leim (der)	*am Leim gånga*, auf einen Trick hereingefallen. Ursprünglich hatte man auf bestimmten Fangbäumen sogenannte Leimspindeln aufgestellt, an denen die anfliegenden Vögel kleben blieben. Diese Vogelfangplätze tragen heute noch vielfach den Flurnamen *Vogltenn* (Vogeltenne). Die so gefangenen Vögel mußte man der zuständigen Grundherrschaft anbieten, nur den Überschuß konnte man auf den Märkten verkaufen. Für das Fangen der Vögel war eine Lizenz erforderlich
Leinölståmpfm (die)	Leinöl war ein wichtiges Volksnahrungsmittel. Die meisten Bauern verfügten selbst über einen ausgehöhlten Stein, der *Leinölstampfm* genannt wurde. Er hatte eine kegelförmige Aushöhlung von etwa 40 bis 50 cm Tiefe. Mittels eines Stöpsels, *Steßl* genannt, wurde der Leinsamen zerstampft, die bröseligen Reste wurden herausgenommen und auf offenem Röstherde geröstet und später ausgepreßt. Das so gewonnene Öl wurde zum Kochen und Backen verwendet. Teilweise gab es auch öffentliche Mühlen, wo jedermann hingehen konnte, um sein *Linsad* mahlen oder *ausschlagen* zu lassen. Die Igelmühle war so eine *Linsadmühle*. Ein großes Rad hing an einer Schraubenspindel, die in einem starken, aus Hartholzbohlen und Granitquadern gefertigten Preßstocke lag. Der gemahlene Leinsamen kam in einen Trog, es kam heißes Wasser dazu und wurde geknetet. Nach mehrmaligen Prüfen fand man es für den Röstvorgang geeignet. Die Masse verwandelte sich durch das Rösten in lauter kleine Klümpchen, die sodann in die Presse kamen, welche an beiden Seiten mit Filzplatten ausgelegt war. Der Model wurde in einen Preßstock hineingelegt

und der Müllerbursche drehte langsam das Rad. Die Schraubenspindel fraß sich hinein und drückte den Model zusammen, bis das helle Leinöl durch die Rinne in dem untergestellten Krug aufgefangen wurde

Lemoni (die)	Zitrone
lempad	nicht ausgeschlafen, schlapp ... *i bi nu gånz lempad* OM
Lempm (der)	Lempen ... *an Lempm åwareißen* ... ein großes Stück Fleisch aus dem Körper reißen. (Wörtliche Übersetzung nicht möglich!) *Lempm* auch als Schimpfname gebräuchlich (Weitersfelden)
Lena (die	Magdalena (Nasalierung)
Le(n)o (der)	Lohn OM, im UM *Loi* gespr.
Leit	Leute ... *d' Leit hand vaschiedn, wånns a nu nöt g'storbn sand!* ... die Leute sind verschieden, – wenn sie auch noch nicht gestorben sind
Leitdokta (der)	Menschenarzt, zum Unterschied vom *Viechdokta*, dem Tierarzt
Leobisåck	einer der immer Unsinn redet OM
leois	pfiffig, listig OM
Lesch	ein roher, lästiger Mensch OM
lescher	locker, gemütlich, nach unserer Art (Betonung auf dem zweiten „e") – leger = (franz.) ungezwungen

Letschn (die)	unvorteilhaftes Gesicht ... *a schiachi Letschn* OM
Lettn	lehmiger, nasser Boden, auch der Name Lettner dürfte davon seinen Ursprung haben
leutsåm	wo viele Leute sind OM
lewad	leben würde ... *wås's ois dad und wås's ois gebad, wån ihr guada Mån nu lewad* ... was sie alles täte und was sie alles gäbe, wenn ihr guter Mann noch leben würde (späte Reue einer Witwe!)
Liacht aufge'hn	*s' Liacht aufge'hn*, hellhörig werden
Liachtgang (der)	Balkon (Gallneukirchen)
Liachtmeßn (die)	Maria Lichtmeß, 2. Februar. Spruch: *Wåns za Liachtmeßn stürmt und schneit, ist der Frialing nimma weit*
Liacht ausblåsn	*s' Liacht ausblåsen* ... jemanden töten
Liacht ei(n)håldn	*s' Liachte ei(n)håldn* ... einen Sterbenden die geweihte Kerze zum Mund halten, damit die austretende Seele ihren Weg findet
Liachtna (das)	Wetterleuchten
liadali	liederlich, leichtsinnig ... *a liadaligs Lebn bringt niamåls an Segn*
Liagal (das)	kleiner Lügner
Liebfrauenschuacherl (das)	oder *Jungfrauschuacherl*, so heißt im Volksmund der Schottenklee (Lotus corniculatus). Er wächst auf trockenen Wiesen

lindla	leicht OM
Lindn (die)	Linde (Tilia), Lindach? Lindner? etc.
Linhard (der)	für Leonhard (siehe Leal)
Linsatko(h)	Linsenkoch ... einst wichtiger Bestandteil im Nahrungsangebot des bäuerlichen Lebens
loa	lei ... *heint gibts dreialoa zan Essn* ... heute gibt es dreierlei zu essen
loabön	fad reden OM
Loada (das)	unreines Wasser OM
loahn	lehnen ... *loahn dö nöt ån!*
Loahrindn (die)	Lohe, Rinde
Loam (der)	Lehm, wichtiges Baumaterial für Backöfen und die sogenannten Fletzböden, wo der Lehm mit Haferspreu und Schweineborsten vermischt wurde. – Heute im biologischen Wohnungsbau wieder im Kommen. (Nasalierung)
Loassing (der)	Frühling GM (Nasalierung)
Loa(n)z (der)	langer Mensch OM (Nasalierung)
Loast (der)	Leisten ... Schuster, bleib bei deinem Leisten. GM
Loatan	Leiter
Loataschprißl (der)	die Leitersprosse

Loatawågn

Loatawågn (der)	Leiterwagen ... bereits abgekommen. Es war ein Wagen aus Holz mit Eisenbeschlägen, der eine Ladefäche mit seitlichen Holzleitern hatte
Loatsäul (das)	Leitseil ... Führungsleine beim Pferdefuhrwerk
Loawänd (die)	Stadelwand aus Lohrinde ... Die heutige Bretterwand wird im Voksmund noch immer als *Loawänd* bezeichnet
löcköln	anlocken OM
Lög	Lage GM ... *oa Lög auf dö åndere*
Loh (das)	Gesäß ... *i wia da Kopf und Lo(ch) zåmstecka* ... ich werde dir Kopf und Loch zusammenstekken, war die spaßhafte Androhung an die Halbwüchsigen, wenn sie frech wurden

Lohhenn (die)	Lochhenne, Schimpfwort für einen zauderhaften, ängstlichen Menschen
loign	lügen ... im OM *leogn* gespr.
losn	horchen, auch teilnahmslos sein ... *er lost a so dahin* ...
Loser (die, Mzl.)	Ohren ... *i wia da d' Losa scho(n) nu in d' Läng ziagn*
Loståg (der)	Lostag am 29. Septemper. Von diesem Tage an durfte man das Vieh auch auf fremden Weiden hüten
lötz	schlecht ... *a lötzer Kunt* ... ein schlechter Kerl
Luada (das)	Luder ... *Luadaviah* ... Ludervieh, in der Regel ein Schimpfwort, es kann auch eine Belobigung bedeuten. *Du bist a Luada*, sagt man, wenn jemand etwas Besonderes geleistet hat (siehe Bd. 1, S. 243)
Luadawies (die)	Wiese, die der Bauer dreimal jährlich mähen kann
Luegstetten	Ortsname, Gem. Alberndorf, vom PN Luof, später umgedeutet auf mhd. Höhle, Tierlager, Versteck
Lugnschüwö (der)	Lügenschüppel, Lügner (Schüppel = Büschel) ... Lügenmaul
Lulu (das)	Urinieren in der Kindersprache
Lungenfäu (die)	Lungenfäule ... einstmals eine Viehkrankheit in Stubenberg, Gem. Weitersfelden, die fast den

	ganzen Viehbestand hinwegraffte. Das Vieh mußte eingegraben werden. (Tier-Tuberkulose)
lupfm	lüften, den Hut *lupfm* OM
Lüßl (das)	kleiner Luß, Grundstück durch das Los erworben
Lustock (der)	eine Abart der Engelwurz OM

Der Rubener Teich in der Gemeinde Liebenau

M

ma

1. mir ... *dös g'hört ma schon* ... das gehört mir schon
2. wir ... *fåhrn ma hoam* ... fahren wir nach Hause

Måa, Moa

Grundgrenze ... *Måastoa* – Markstein, Grenzstein. Unter dem *Måastoa* wurden meist Glasscherben vergraben, sodaß man bei einem unerlaubten Versetzen des *Måastoans* im Zweifelsfalle die Probe machen konnte. In germanischer und keltischer Zeit wurden Grenzsteinverletzungen mit dem Tode bestraft. Als Ab-

Måastoa in Zinngießing

schreckungsmittel wurde die Meinung verbreitet, daß unter den Grenzsteinen die Seelen der ungeborenen Kinder wohnen. Wehe dem, der einen solchen Stein herausreißt, der tötet auch sie.

Måadogga (die)	der Löwenzahn, auch *Saubleamö* genannt OM
Måaschindda (der)	Grenzschinder ... Bauer der ganz knapp an die Grundgrenze heranackert
Måda (der)	1. Marder 2. Mäher, Mann, der mit der Sense mäht
Mågnsterz	Mohnsterz ... Mehlspeise mit Mohn beigemischt
Måcha (der)	einer, der das große Sagen hat, der Anschaffer
måchad	machen würde ... *Wå(n) i a Gäd häd, åft måchad i a Wädroas*
Machala (der)	geschickter Mensch, der alles machen kann
mächti	gewaltig; Ausdruck der Steigerung, z. B.: *groißmächti, långmächti, weitmächti, toifmächti, broatmächti, dickmächtio, schwamächti*
mägeriga	magerer ... *der Speckrenken is a weng mägeriger wia da ånani* ... dieser Speckrenken ist eine wenig magerer als der andere
mäha, mää	melken
Mä(h)ltoagö (das)	kleine Menge Mehlteig
Mähra (die)	Mähre ... alter, klappriger Gaul

Malärpappn (die)	unseliges, verunstaltetes Gesicht
Måmå (der)	Schemengestalt, als Abschreckungsmittel für kleine Kinder ... *wannst nöt brav bist, kimd da Måmå !*
ma(n)	1. man ... *ma måcht scho(n) wås mid, bis ma Großvåda is* 2. wir ... *wo ha(n) ma denn her?* ... wo sind wir denn her? Der Mühlviertler vermeidet die direkte Anrede mit Sie oder Du, und gebraucht daher stets das Wort *ma(n)*
Må(n) (der)	Mann ... *Må und Weib, oa Seel und oa Leib*
Måna (die Mzl.)	Männer ... *In unsan Dorf, då gädn d'Måna nix, und ön untan Dorf, d' Weiber oils* ... in unseren Dorf, da gelten die Männer nichts und im unteren Dorf die Weiber alles
månanarrisch	männernärrisch, Frauensperson, die in alle Männer vernarrt ist
Mandl	Kurzname von Simon
Mån(n)sbüd (das)	*und a Weibsbüd* ... Mann und Frau
Mäng (der)	Nachteil an etwas, Mangel OM
Manterlkraut	Liebfrauenmantel OM
Manzenreit	Ortsname vom PN Manzo
Marandjosef!	Ausruf des Entsetzens ... *Maria und Josef*
Mårgerå(n)	Majoran
Mariaschn (das)	Kartenspiel mit deutscher Spielkarte

Måristoa (der)	Grenzstein OM
Marl (das)	Märchen OM
Mårreith	Ortsname Marreith. Aus *Mad(er)* und *reut*, Wiesengrund auf Rodungsboden … PN von den in Freistadt bezeugten Mader
mas	*gib mas* … gib mirs
Maschinfuaß (der)	Beinprothese
Maschintånz	Tanz im Anschluß an das Maschinendreschen im Bauernhaus
Måsn (die)	Narbe … *der håd a Måsn ön Gsicht* OM, im UM *Måi* (Mal) gespr.
Masserei (die)	das abgenommene Maß … *d' Masserei nehma* … die Maßerei, das Maß nehmen, kann sein: *himmellång, klåfterlång, årmlång, fingerlang, damlång, spannlång, himmelweit, zeckadick, fingadick, faustgroß, kniadiaf, ellnlång, schriatweis, kopfgroß, schulterbroad* … beim Schneider, Schuster und beim Viehhändler wurde das Maß mit dem Maßband, dem *Faustmåß,* genommen, wo man die Größe eines Rindes nach *Faust* berechnet hatte. Eine mittlere Kuh hatte 13 bis 14 *Faust*
matsch	müde … *i bi gånz damatscht*
maunåcht	mauernacht … stockfinstere Nacht, man steht wie vor einer Mauer, auch *maufinster* gespr.
Mauähnl (der)	Mondähnl (wörtliche Übersetzung) … *da Mauähnl håd an Hof, då kriagn ma a schlechts Weda*

... der Mond hat einen Rand, da bekommen wir ein schlechtes Wetter. *Ähnl* ist der Großvater!

Mauanzl (das)	Katze OM
maukad	fleckig, besonders bei Obst, Kartoffeln und dergl.
Mäu(l)fäul (das)	Mundfäule, Mundkrankheit ... dazu ein Zauberspruch: *Mäulfäul, geh hin und wieder aus alle meine Glieder und kim nimma wieder.* Man soll sich während des Spruches zwischen zwei Eichen stellen, sich ein Zweiglein abreißen und damit dreimal über die geschlossenen Zähne auf- und abstreichen. (Entnommen aus einem handgeschriebenen Zauberbuch ohne Titel)
Mäu(l)fetzn (der)	Serviette (spaßhafte Bezeichnung aus Lamm Gem. Neumarkt)
Mäulgsperr (das)	Maulsperre, Kiefersperre – Verkrampfung des Unterkiefers bes. bei Tetanus
Mäultåschn (die)	sehr schmackhafte Mehlspeise aus Kartoffelteig, mit Äpfeln gefüllt
Maurerpemsl (der)	Maurerpinsel, meist Doppelpinsel mit Stiel zum Tünchen der Wände mit Kalk
Mauschln (das)	Kartenspiel
Mausbenl (das)	Mäusekot
Mausloatan (die)	Farnkraut GM
mäuslstad	mäuschenstill

Maut (die) — Die Müller waren berechtigt, anstelle einer Zahlung 10 % des Mahlgutes als *Maut* einzubehalten. Ferner waren 3-4% als Verstaubung abzurechnen. Aus Müllerrechnungen geht hervor, daß etwa 23 % erstklassiges, 18 % zweitklassiges und 31 % drittklassiges Mehl ausgemahlen wurde. Etwa 150 kg Brotgetreide (Korn = Roggen genannt) reichte für eine dreiköpfige Familie etwa 100 Tage. Es gab Maut-, Gemach- und Hausmühlen. Das Mahlgetreide hieß auch *Malter*. Maut wurde auch die Abgabe am Zollamt für eingeführte Waren genannt. Der mauteinhebende Beamte wurde Mautner genannt. Erst nach der Schaffung des Zollgesetzes wurde der Zollamtsleiter *Einnehmer*, *Afseher* und schließlich *Finanzer* und später erst Zollamtsleiter genannt

Grenzstein bei St. Oswald bei Haslach

Mauthausen	Ortsname ... die Häuser an der *Mauthstelle*, welche von den Babenbergern für die Stadt Enns errichtet wurde
mea	nunmehr, wieder ... *es is mea da Behmwind, der a so braust* UM
mauvoidreg	dreckig wie eine verschmutzte Mauer (geflügelter Ausdruck im UM)
Meachta (der)	Straßenkot OM (Betonung auf dem „e")
meamön	murmeln ... *der meamöd ö sein Bårt eini*
megli	möglich
meh	mehr ... *hiatzt steht nur meh oana då* ... jetzt steht nur mehr einer da, OM
mehra (das)	*dös mehra,* das mehrere, das meiste ... *dös mehra häd ma scho*
Mehra (die)	Möhre, Karotte ... *a Mehran ös Mäul*
Me(i)h(l)tau	(e und i getrennt sprechen) Mehltau – Fäulnis am Getreide) GM
mei(n)	mir, mein g'hörts ... mir gehört es ... *mein Vådan sei'n Häuserl is mit Håwanstroh deckt*
mentisch	arg OM
mentschangeh(n)	Liebschaften haben
Mentschara (der)	oder Schmierer, „*Don Juan*", er hat sehr häufig ein Kinamensch = Mädchen mit einem *ledigen* Kind

mesan	1. zerhacken 2. schimpfen ... *der håd recht g'mesad mit mir* OM
Mettn (die)	1. Mitternachtsmesse, Mette 2. großes Unglück ... *so – hiaz håma dö Metten!*
mi	mich ... *und i hån mi g'schåmd, weil mi d' Schof ångschaut håmd*
mia	1. wir ... *mia san mia und schreibm uns uns* 2. mir ... *'s Finanzåmt schreibt mia*
miad	müde ... *stroamiad, i und da Oix* ... strohmüde, ich und der Ochse
Miadal (das)	Mütterchen
miaßn	müssen ... *miasad* = müßte ... *miaßads* = müßte es oder sie ... *miaßadns* = müßten sie Mzl., *miaßada* = müßte er
Miazei (das)	auch *Maridl, Marei, Mitzi, Miatzei,* früher auch *Mirl* gespr. für Maria, *Ånamirl* ... Annemarie
Michälikirchan	Michaelskirche. Die ältesten Kirchen Süddeutschlands, Bayerns und auch Österreichs, sind Michaelskirchen. Als Seelenführer sind dem hl. Michael namentlich in der Schweiz viele Friedhofskirchen geweiht, wie auch die Karnerkirche in Gallneukirchen. Sehr bedeutungsvoll ist die „Michälikira" (Michaelskirche) in Oberrauhenöd mit gotischem Flügelaltar; den Forschungen des Herrn Dr. Benno Ulm zufolge sind diesem Bau schon mehrere Sakralbauten vorausgegangen. (Benno Ulm, Das Mühlviertel)

Papst Gregor I. hatte seine Sendboten ermahnt, (in Norddeutschland) die heidnischen Tempel und Opferstätten nicht zu zerstören, sondern diese durch Altäre, Reliquien und Weihwasser-Besprengung zu Kirchen umzuwandeln, auch darum, weil dann das heidnische Volk williger an die gewohnten Anbetungsstätten komme. In diesem Sinne handelte auch Winfried, als er unter den zahlreichen Kirchen, die er in der ersten Hälfte des 18. Jahrhunderts errichten ließ, viele dem Erzengel Michael weihte, mit Vorliebe solche auf Bergen, die bis dahin heidnische, meist Wodansheiligtümer waren. (Michaelsfeier

Karner in
Gallneukirchen

am 29. September, ehem. Gerichtstag, Abschluß des Wirtschaftsjahres, Lostag, Beginn des Weiderechtes über die ganze Allmende: *Michäli vorbei, sind Wiesen und Felder frei* (Josef Blau, Der Heimatforscher 3. Auflage, Prag, Wien, Leipzig 1922)

Sage von St. Michael in Oberrauhenöd. Im Inneren der Friedhofsmauer befinden sich drei Gräber, die ständig höher werden. Wenn sie einmal die Friedhofsmauer überragen, komme der Jüngste Tag. Der Friedhof befand sich einst rund um die Kirche, und kaum einen Schaufelstich unter der Erdoberfläche stößt man bereits auf Gebeine.

Michöllånd	Oberes Mühlviertel
migli	möglich ... *dös is jå nöt menschnmigli* ... das ist ja nicht menschenmöglich
Mihel (die)	Mühl, der Hauptfluß des OM, der letztlich dem ganzen Mühlviertel den Namen gab
milde Gåb	Kleine Spende ... *a Oa(r)ma dad bitten um a milde Gåb*, war der Leitspruch der Arbeitslosen in den 30er Jahren
Minasch (die)	Truppenverpflegung beim Militär im Ersten Weltkrieg (frz. menage)
minklad	nach Moder riechen ... *a minkladi Bude*
Mirakel (das)	Wunderspiel, etwas Unerklärliches, *dös is ma a Mirakl wia da Ochs afs Då(ch) aufikimd* ... das ist mir unerklärlich wie der Ochse auf das Dach hinaufkommt

Mischkalanz (die)	Durcheinander GM
Misteldrossel (die)	Wacholderdrossel, die auch *Misteldrossel oder Kråmetsvogel* genant wird
Mistkräu (der)	ein *Mistkräu* ist eine rechtwinkelig abgebogene Gabel mit drei Zinken für verschiedne Arbeiten auf dem Bauernhof. Aus der Pestzeit in Lichtenau ist uns folgendes überliefert: ... *Die Past Dorl, ein schwachsinniges Weib, schaufelte auf dem Pestacker Gruben, zog mit dem Mistkräu die Toten dorthin und verscharrte sie* (Ulrichsberger Heimatbuch)
Mistlågga (die)	Mistlacke, Jauchengrube ... *d' Sennerin af da Ålm is ön d' Mistlågga g'fålln, und wias aussa is g'stiegn, håt sö sö Braunmandl gschrie(b)m*
mistn	sich lösen bei den Tieren (Notdurft)
Mittarricht	Hauptspeise. Erster Gang, Sauerkraut mit Kartoffel. Zweiter Gang, Mitterrich. Dritter Gang, Milchsuppe mit *Schnidln* (Brotschnitten). *Eachta Midicha und Sunda* (Dienstag, Mittwoch und Sonntag) gab es meistens Selchfleisch. Es war sehr *foast* (fett) und meist mehrere Monate, wenn nicht gar ein Jahr alt. Das *Foaste* war oft schon ganz gelb und nicht selten schwammen auf der Fleischsuppe die Maden, welche durch das Kochen aus den Falten zu Tage befördert wurden. Man fand dies ganz und gar nicht ekelhaft, wenn nur das Fleisch nicht so *foast* und alt wäre. Die Mehlknödel, auch die *Staubadn* genannt, sind eine spezifische Kost im Mühlviertel und immer noch sehr beliebt. Bei anstrengender Arbeit wurde auch das *Foaste* wieder verarbeitet. Wenn man zur Jause auch noch

Fleisch essen wollte, mußte man sich vom Mittagessen etwas abzweigen, was dann kalt wieder auf den Teller kam.

Jeder Tischgenosse erkannte zur Jause genau das von ihm übriggelassene Stückchen Fleisch, das er sich unaufgefordert vom Teller nehmen durfte.

Die Speisen waren sehr wenig gesalzen, weil man sich auch das Salz nicht leisten konnte. An besonderen Feiertagen gab es zu Mittag zweierlei Fleisch. An den übrigen Tagen bestand der zweite Gang aus Mehlspeisen. Am Montag kamen immer die üblichen *Mo(n)da – Knödln.* Am *Mitticha* eine Mehlspeise in der *Rein,* meist aus Erdäpfelteig wie *Erdäpfelnudeln, Erdäpfel-Schedl, Wetzstoaschedl,* oder auch die *zweispitzigen Nudeln.* Am Freitag gab es Mehlspeise je nach Kochkunst der Bäuerin. Am Samstag *Mäultåschn,* aus Kartoffelteig, meist mit Äpfeln gefüllt, eine herrliche, schmackhafte Kost. Reis kam sehr selten auf den Tisch, weil er zu teuer war. Speisen von Grieß gab es schon häufiger. Eine Seltenheit war der *Strudel,* der nur einmal im Jahr aufgetischt wurde. *Krapfen* kamen zur Kornernte auf den Tisch, es waren die sogenannten *Schnidakråpfn* (Schnitterkrapfen) zum *Håårfånga* (Flachsernte) zu den drei heiligen Zeiten: Weihnachten, Ostern, Pfingsten und am *Suniwendtåg* (Tag der Sonnenwende). Am *Suniwendtåg* bekam jeder Hausbewohner eine Schüssel voll Krapfen und einen großen *Brådlaib.* Bei Tisch wurde aber nicht viel davon gegessen, weil sie als Leckerbissen galten. Es wäre auch jedem verargt worden, wenn er viel davon gegessen hätte. *Eier in Schmalz* war sehr beliebt; es wurde nur zubereitet, wenn man jemanden eine große Ehre bereiten wollte ... *Eier in Schmalz* bekam u.a. der Firmling, wenn er zu Besuch gekommen war. Zu Weihnachten und Ostern wurde ein zweites Fleisch (*grünes* d.h.frisches und Geselchtes oder Rindfleisch) aufgetragen, wenn man gerade solches zu Hause hatte. Beim Fleischhauer kaufte der Bauer niemals. Waren Handwerker oder Besuche im Haus, so gab es mitunter auch Rahmsuppe. Nach dem *Sau(r)n – Kraut* (Sauerkraut) kamen endlich dann die Krapfen mit gesottenen *Kletzen* (Dörrbirnen), *Schmalzkoch* und ein *kaltes Koch*. An solchen Tagen gab es nie Fleisch, auch wenn es ein *Fleischtag* war. Gerne wurde auch *Prei(n)* (Hirsebrei) gegessen. Aus Hirse konnte man allerlei Gerichte zubereiten und sie war auch bei den ärmeren Leuten öfter auf dem Tisch. Als letzte *Richt* wurde noch Milchsuppe gegessen. Um 9 Uhr und um 3 Uhr nachmittags wurde zur Jause gerufen. Es gab Topfenkäse oder auch den im MV berühmten *Ziegerlkas* (Magermilchkäse) in kleinen Kegelformen. Er wurde auf einem Brett am Kachelofen getrocknet und dann in einem irdenen Häfen verschlossen auf die Kellerstiege gestellt, bis er zu *rinnen* anfing. Vielfach war der Hafen nicht fliegendicht und in der Folge gab es oft *Kas mit Maden*, die aber niemanden störten, weil sie ja auf dem *Kas* gewachsen sind. Das Fleisch, das vom Mittagstisch übrigblieb, wurde dazu gegessen. Oft gab es nur trockenes Brot und den *krebsauren* Most, den alle gemeinsam aus einem irdenen Mostkrug tranken. War er einmal ganz und gar zu sauer, daß es einem schon den *Pfoadstutzen einizog,* dann wurde er mit Wasser gestreckt. Das Abendessen bestand meist nur aus einer Suppe. Es wurde auch *zu da Suppm* gerufen, mitunter gab es auch

	Sauerkraut mit Erdäpfel. Gesalzen wurde die Suppe von der Bäuerin, wenn sie schon auf dem Tisch stand. Sie rief *Brockan ausanåna* bevor sie das Salz hineingab, damit es in die Suppe und nicht auf die Brotstücke gelangte. Beim Suppenessen durfte man nur einen Brocken auf den Löffel nehmen. (Siehe Band 1, S. 255)
moa (n)	... *i moa scho a* ... ich meine schon auch ... *Moan muaßt as ehrli und gscheid dabei sein, åft is scho oils gwunga und d' Wäd dö g'herd dein.* Theodor Vogel
Moadogga (die)	Löwenzahn UM
moaln	fad reden OM
moast	beinahe ... *dös Sterbm häd mi moast umbråcht* ... das Sterben hätte mich beinahe umgebracht – Galgenhumor des Mühlviertlers
möchadn	möchten ... *wånns na möchadn, kina darns eh* ... wenn sie nur möchten, können täten sie ohnehin (Betonung auf dem „ö")
Moei	(e und i getrennt sprechen) – Fleck, Mal, Makel OM
Moidwurm (der)	Molch OM
Moldnstaudn (die)	Melden (Gartenunkraut). Alle Chenopodienarten (so die lat. Bezeichnung) tragen im Volksmund den Namen *Moldnstaudn*
Moln (die)	Humuserde UM
Moråst (der)	sumpfige schwarze Erde ... *Moråst måcht das*

	schönste Lånd vahåßt ... moråsti, dreckig, schlammig
Morgnred (die)	Morgenrot, *Schlechtwetterbot* – bedeutet schlechtes Wetter am Abend ... *Morgnred – Åbend bled*
Morgnstean (der)	Morgenstern und Abendstern, beides ist die Venus
Mösa (die, Mzl.)	Moore
moschi	schimmelig
Mostsuppm	Suppe aus gekochtem Süßmost
Moz	Kurzname für Matthäus (Rainbach)
muadaleibnåckad	nackt, so wie ihn die Mutter geboren hat
Müadan (Mzl.)	die Mütter ... Spruchweisheit: *Ön Müadan ea Herz is a ewiga Brun, und so wårm gehts davo(n) wia ön Moa vo da Sun* ... Das Herz der Mütter ist ein ewiger Brunnen, so warm geht es vondannen wie im Mai von der Sonne (Franz Stelzhamer)
Muatan (die)	kleiner Holztrog, *Multer*, auch *Moltan* gespr. OM
mühln	mahlen, mit Handbetrieb Körner zermahlen
Mühlmandl (das)	eine sagenhafte Figur aus dem OM
Mühna	Müller
Müh (die)	Mühle, es gab allein im OM 109 Mühlen mit folgenden Namen, von denen manche mehrmals

aufscheinen.: *Arafmüh, Atzmüh, Aumüh, Bairachmüh, Bachmüh, Baumgartenmüh, Berndlmüh, Blachamüh, Bockmüh, Bruckmüh, Bummermüh, Bursenmüh, Chagermüh, Dollhäublmühl, Dürrmüh, Duttenmüh, Ebenmüh, Egermüh, Ehrenmüh, Felbermüh, Froschmüh, Furtmüh, Ganglmüh, Haarmüh, Haindlmüh, Hammermüh, Helmreichmüh, Hintermüh, Hochedmüh, Hofmüh, Hohlmüh, Höllmüh, Hofleitenmüh, Holzmüh, Hammerlmüh, Iglmüh, Kåmpmüh, Klåppmüh, Kåstenmüh, Kirchbåchmüh, Kitzmüh, Kleemüh, Klingmüh, Knollmüh, Koblmüh, Kollerschlägermüh, Krennmüh, Krienmüh, Långmüh, Ledermühl, Leitenmüh, Liachtmüh, Lindenmüh, Loahmüh, Magerlmüh, Mahramüh, Mettmüh, Mittermüh, Nebelbergermüh, Neumüh, Neuwädmüh, Obere Holzmüh, Obermüh, Pangerlmüh, Pfeffermüh, Pfeilmüh, Polstermüh, Rannamüh, Raschmüh, Reifmüh, Reinmüh, Rinnmüh, Rodelmüh, Sågmüh, Salmesmüh, Schaffelmüh, Schiefermüh, Schindlauermüh, Schönbergmüh, Schwarzenbergmüh, Schwarzmüh, Schwendtmüh, Sixlmüh, Spitålmüh, Sprinzelmüh, Stahlmüh, Stampfmüh, Stegmüh, Steiblmüh, Stoamüh, Stöcklmüh, Stölzmüh, Stürmüh, Tånnzåpfmmüh, Tempömüh, Teufelsbruckmüh, Untermüh, Viertelmüh, Wahlhofmüh, Waldmüh, Zaglmüh, Zwettlmüh.* Anschließend Mühlennamen aus dem UM: *Ådammühl, Aichhornstoamüh, Altmüh, Amstlingermüh, Ångermüh, Åstlmüh, Apostlmüh,* (weil die Mühle 12 Besitzer hatte) *Bachzeltmüh, Bahnholzmüh, Bodenmüh, Brandmüh, Brunngråbenmüh, Biwasmüh, Bizlmüh, Bruckmüh, Buchmüh, Burmüh, Dannmüh, Davidmüh – Lorenzmüh, Diefmüh, Doblmüh, Dobermüh, Dorfmüh, Dornmüh, Edermüh, Entlasmüh,*

Ebrixmüh, Erlaumüh, Fachtlmüh, Felbermüh, Feiblmüh, Feslmüh, Fixzlmüh, Fischmüh, Frasmüh, Firnsingmüh, Fuchsmüh, Gråbenmüh, Gstöttenmüh, Göweilmüh, Graslmüh, Gråsmüh, Gruabnmüh, Hacklbrunnermüh, Hackermüh, Hågnmüh, Haidmüh, Hammermüh, Hartwagnermüh, Håruckmüh, Håruckstoanahausmüh, Haselmüh, Hausruckmüh, Hausmüh, Heisermüh, Herrnmüh, Höberstockmüh, Hofmüh, Holzmüh, Hintermüh, Iglmüh, Jordanmüh, Käfermühl, Kainmüh, Kampömüh, Klausmüh, Klammmüh, Klopfmüh, Kloibmüh, Knaussermüh, Knechtmüh, Kniermüh, Knollmüh, Koamüh, Kumpfmüh, Kramlmüh, Kriamüh, Kropfmüh, Krumpmüh, Lanzingermüh, Låttnermüh, Ledermüh, Leimerschmiedmüh, Lexmüh, Lindmüh,

Das ehemalige Mühlrad der Ledermühle in St. Oswald bei Freistadt

Lorenzmüh, Luagmüh, Maaschmüh, Magermüh, Manmüh, Märxmüh, Mirellenmüh, Mistlecknermüh, Mittermüh – Maltermüh, Neumüh, Notmüh, Nußmüh, Obertålmüh, Ortmüh, Penznmüh, Pernmüh, Pfennigmüh, Pramhöfmüh, Pregårtmüh, Pfahnlmüh, Pflanzmüh, Pölzmüh, Pibersmüh, Puhrmüh, Pührmüh, Raabmüh, Raijeckermüh, Raschmüh, Reisenmüh, Rieglmüh, Riedersdorfermüh, Rumpömüh, Salmesmüh, Såmstamüh, Schaffömüh, Schallmüh, Schartmüh – frühere *Zaglaumüh, Schartmüh, Schartlmüh, Schaumüh, Schedlbergmüh, Scheitzmüh, Schermüh, Schiffmüh, Schlamperlmüh, Schlöglmüh, Schreinermüh, Schwåbnmüh, Schwarzmüh, Senfmüh, Sonnmüh, Siaßmüh, Spitzmüh, Ståmpfmüh, Stiegersdorfermüh, Stingedermüh, Stoamüh, Stoabruckmüh, Stoareithmüh, Stögmüh, Strobömüh, Stüamüh, Teufelmüh, Tiefmüh, Umüh, Untermühl, Vogelsangmüh, Wålkmüh, Wållmüh, Wayermüh, Weiglmüh, Wiltschkomüh, Windgfömüh, Windhåågmüh, Winklmüh, Winterschlågermüh, Weidenaumüh, Weiglmüh, Wintamüh, Wiesmüh, Uimentålmüh, Zeitlhofermüh u.s.w.* Auch im UM gibt es mehrere gleichlautende Mühlennamen

Mühkreisbåhnliad	**Mühlkreisbahnlied** (Auszug, 8. Strophe) *A kloas Burscherl va Altenfäln* *Derf nur dö Hålbscheid zåhln,* *Wira gen Urfahr kummt,* *Håd da Konduktör scho brummt,* *Der sågt, wås is denn dås,* *Da Bursch is jå eh scho groß,* *denn währendem Fåhrn,* *Is da Bua nu gressa wordn.* Anm. 2. Zeile: *Hålbscheid* = die Hälfte, 7.-8. Zei-

	le: ... Der Zug ist so langsam gefahren, daß der Bub, so die köstliche Ausrede des Vaters, während der Fahrt gewachsen ist
Mühviadla Persa	*Mühlviertler Perserteppich*, Fleckerlteppich, gewebt aus Stoffresten, eine Mühlviertler Spezializät der Weber
Mühviadla Wewaståß	Mühlviertler Weberstraße. Eine Reihe von Orten, die an der *Weberstråß* liegen, pflegte das Handwerk der Weberzunft. Das Obere MV blickt auf eine lange Tradition der Leinenweber zurück. Es war die Lebensader der ganzen Region. Ihre Produkte hatten ein hohes Ansehen in ganz Europa und es steigerte sich bis zum Ende des 18. Jhts. Mit der Industriealisierung verloren viele Kleinweber ihre Existenz, lediglich große Lohn- und Fabrikswebereien konnten den Machtkampf überleben und stellen heute noch eine beachtliche Industrie im Hügelland dar. An der *Mühlviadla Wewaståß* liegen folgende Orte: Schwarzenberg, Klaffer am Hochficht, Ulrichsberg, Aigen–Schlägl, Öpping, Rohrbach, Haslach, St. Stefan, Schönegg, Guglwald, Afisl, Vorderweißenbach, Helfenberg, Ahorn, Traberg, Waxenberg, Oberneukirchen, Zwettl, Bad Leonfelden.

Das Untere MV dagegen genoß einen überaus guten Ruf mit der Erzeugung von Leinen und Zwirn. In fast allen Orten des UM wurde Hanf gebaut und verarbeitet. Es bedurfte vieler mühevoller Arbeitsgänge vom Anbau bis zum fertigen Produkt. Die Pflanze wurde auch *Flachs* oder *Håår* genannt, bereits Anfang Mai angebaut und 100 Tage nachher schon wieder ausgerissen. Die Leinsamen wurden entfernt und daraus wieder ein eigenes Produkt, das Leinöl, gewonnen, das im eigenen Haushalt als wichtiger Bestandteil der bäuerlichen Kost Verwendung fand. Die Stengel wurden meist in dem sogenannten *Rössenteich,* dem eigentlichen Feuerlöschteich, zum Abfaulen hineingelegt, nach Wochen wieder herausgenommen, getrocknet, geprechelt, d. h. die nun spröde gewordene Rinde von der Faser getrennt. Verschiedentlich auch auf den sogenannten *Hååbloachan* zu Abfaulen aufgebreitet. Nachdem der mühevolle Arbeitsgang der Reinigung abgeschlossen war, wurde der *Håår* gewebt oder auf dem Spinnrad zu Zwirn gesponnen. Aber auch diese Hausindustrie fiel dem Zeitgeist zum Opfer und heute kann man das Spinnrad gerade noch in modernen Bauernstuben zum Andenken bewundern. Eine umfangreiche Sammlung von Arbeitsgeräten befindet sich im Freilichtmuseum Pelmberg.

mumbsö	verdrossen, aufgebracht OM
mumfün	unverständliche Worte sagen OM
Mündl (die)	Griffe (Handhaben) der Sense GM
mungözn, munggön	vermuten, munkeln ... es geht der Verdacht um ... es wird *g'mungöd* ... OM ... *munggön* auch für abgestandene Luft im Zimmer gebräuchlich
muntawerdn	wachwerden ... *Morgnstund is åller Låster Ånfång*
murxen	schlechte Arbeit leisten, pfuschen ... *er murxt hoid wås zåm*

Mutzn (die)	Überfuhrplätte und Anhängeschlitten GM Sprüche: ... *Mit da Kira ums Kreuz geh'n* ... mit der Kirche ums Kreuz gehen
Muxa (der)	Laut geben ... *koan Muxa håd a mehr g'måcht* ... *der derf sö nimma muxn* ... der darf sich nicht mehr melden

„In da Ausnahm"

𝒩

nå?	na ... *nå wia gehts da denn?* ...na wie geht es dir
na	nur ... *geh na eina* ... geh nur herein
Nab (die)	Eisenhaken mit Loch, wo man eine Kette befestigen konnte
Nabbanschåft	die umliegenden Nachbarn
nåchad	nachher GM
nåchibleagatzn	nachblinzeln
nåchizahn	nachziehen ... *a Trum zan Umhänga und zan Nåchizahn*
Nå(ch)raum	das nachzuräumende Gut ... Auszugsgüter für die Altbauersleute, wenn sie in das Auszugshäusl, im OM *I-Häusl* genannt, übersiedelten
nåchn	nach dem ... *nachn Einsperrn kimts Auslåssn* ... nach dem Einsperren kommt das Auslassen – Trost für einen Inhaftierten. (Früher wurden auch Kleinigkeiten mit Arrest bestraft)
Nåchtgjoad (das)	wörtlich ... Nachtgejage, *die Wilde Jagd*

Das Nåchtgjoad
Das Abendglöckchen von Ödenkirchen läutete zum Abendgebet. Friedlich verklingt es über das Müheltal. Dann bricht schon die Dämmerung

herein. Aus den Rauchfängen der Häuser steigt der nach Reisig duftende Herdrauch. Der Duft von frischem Selchfleisch liegt, vermischt mit den Rauchschwaden, in der Luft, wenn die Renken gerade im *Raupfang* hängen.

Wer jetzt noch im Freien ist, tummelt sich nach Hause zu kommen, denn wenn es dunkel wird, – da kriechen die Unholde aus ihren unterirdischen Behausungen. Auf Feld und Flur wird es lebendig. Wichtel und Erdgeister tanzen im Mondenschein. Die Wassermandln tappen ans Land und steigen in die Erlenbüsche, und in den Auen irren Sumpfgeister und Moorlichter durch die Dämmerung.

In der Schintau bellen die Schinderhunde. Die Mutter schaut nach den Kindern, obwohl allesamt in der Stube sind.

Hansl kim eina! ruft sie, *sinst nimmt di 's Nåchtgjaid mit!*

Der Bauer schiebt den *Riedl* vor das Hoftor und versperrt das Gassentürl. Er geht noch einmal durch den Stall. Das Vieh liegt ruhig auf der Streu, nur der schwarze Hengst scharrt mit den Hufen und schüttelt die Mähne. Im Hofe lugt der Hund unruhig aus der Hütte. Der Bauer prüft die Kette. ... *nöd wieda ausreißen Moran,* sagte er. Der Hund winselt leise. Dann geht der Bauer in die Stube. Der Nachtwind kommt auf und ein Sausen und Brausen fährt durch die Kronen der Bäume, dazwischen erschallt ein Ruf, der einem Jagdhorn sehr ähnlich ist. Ein Hund heult auf. Ängstlich flüchten Erdwichtel und Holzweibel in die Büsche und Schlüpfe.

Das Nachtgjaid ist los! Stärker wird das Brausen, es erhebt sich über die Baumwipfel. Das Pferd des wilden Jägers wiehert und schnaubt. Hussa, huß! Hui, hui! stürmt das wilde Wesen über den Plöckenstein zum Hochficht und stürzt sich in das Müheltal herunter. Der Ulrichsberger Kirchturm mit seinem hohen, spitzen Helm und seinem blitzenden Kreuz steht im Wege. Mit wuh, hu! weicht der Jäger zur Seite. Aber der wütende Troß, der ihm folgt, rüttelt heulend am Turm und sprengt mit klappernden Hufen über das Kirchendach, daß die Schieferplatten klirren.

Auf dem *Stoariedl* zwischen Peilstein und Julbach tobt das Wilde Gjaid um das *Bethelhaus*. Wird das tobende Nachtgeschrei nicht die Kleinen aus dem Schlafe wecken? Neunmal wirbelt es um das zerschrundene Gefelse. Aber schon im nächsten Augenblick lärmt das wilde Heer mit Peitschenknallen und Hundegekläff bei Neufelden über den Galgenberg. Der Jäger winkt mit seinem spitzen Hut. Die dort im Feldrain verscharrt liegen, müssen alle mit. An ihren Stricken werden die Gehenkten mit fortgezerrt. Dort und da stürzt ein Rappe aus einem Gehöft. Jeder findet einen Reiter. Vieräugelhunde und Katzen schließen sich bellend und maunzend dem Zuge an.

Auch du gehörst zu uns, geizige Schloßfrau, ruft der tolle Jagdherr, als er mit einem Sprung die Höferleiten übersetzt und am *Schallenhaus* vorbeisaust. Die wütenden Geister entreißen ihr den Korb und stoßen sie in ihre Mitte. Und weiter geht es in wildem Galopp gegen die Donau zu. Da sitzen auf dem Turm des Kerschbaumerschlössels zwei lange Teufel. *Haho, haho! Wir haben auf euch gewartet!* rufen sie den wilden Gesellen zu. Jeder schwingt sich auf einen Rappen und dahü, dahü! braust es weiter die Donau abwärts. Die wilde Horde weigerte sich, über die Donau zu gehen. Bei Hofkirchen hatte ein Bauer vergessen, das Hoftor zu schließen. Dorthin lenkt der rasende Jäger sein Roß. Er reitet über die Tenne, daß die Scheune nur so bebt. Das Tor behält sich das wilde Heer stets offen. Es soll niemand versuchen, die Flügel zu schließen, denn gleich werden sie ihm wieder aus der Hand gerissen. Da gehen zwei Lembacher Maurer mit ihren Kraxen am Buckel, jeder wünscht sich ein Roß. Der gefällige Jagdherr überläßt ihnen zwei Rappen aus seinem Troß. Ein Bauer war mit einem neuen Backtrog unterwegs, als die Jagd einherbraust. Er warf sich klugerweise auf die Erde in die rechte Fahrspur und zog den Backrtrog über sich. Nur so war es möglich, daß er ungeschadet dem Getümmel entkam. Mit *Dahü und dahü* braust die Wilde Jagd durch das ganze Mühlviertel. In den Waldschluchten um St. Georgen und Waldhausen haben die Holzknechte drei Kreuze mit gezielten Beilhieben in die Baumstümpfe gehackt. Dorthin flüchten alle Kobolde und Holzweibel und rasten vor der Wilden Hatz. Aber schon wird die Falkermauer, die größte Felswand des Mühlviertels, im Sturm genommen und das dumpfe Gepolter des Wackelsteines mischt sich in das Gejohle der Wilden Jagd. Unter Geschrei und Peitschenknallen, Wagenrasseln, Schießen, Pfeifen und Hundegebell fährt sie über Königswiesen und Pierbach weiter. Voran die johlenden Reiter mit einem Schwarm von vieräugigen Hunden, dazwischen Wagen mit wüster Jagdbeute und hinterdrein streicht Frau Percht mit einem Flug winzig kleiner Fatschenkinder. Der wilde Jäger setzt seine Ritte fort. Er schwingt die Hetzpeitsche. Unter den Hufen seines Rappen stieben die Funken von dem steinigen Boden. Felstrümmer stürzen den Hang hinunter und der Pulverschnee stäubt nach allen Seiten. Ein toller Tanz geht los auf der Jankusmauer bei Windhaag. Die leichtsinnigen Burschen, die den Fels erklimmen, um bei den Opferschalen ihre Feuer zu entfachen, stürzen ab und werden mitgerissen. Feenhafte Gestalten, die sich in der Felsenhöhle, der sogenannten *Sakristei* verstecken, kommen hervor und werden wie die Windsbraut gegen Rainbach gewirbelt, wo sie beim Eibenstein ihre Niederlassung finden. Fuchtelmänner und Moosweibel haben hier ihre Heimat, sie verstecken sich in den Felsspalten und haben Glück. Jetzt hat der wilde Jäger Hörner wie der Höllenfürst, einen Geißfuß und einen Roßfuß. Bei Reichenthal schielt er nach einer Kapelle, wo die hl. Jungfrau erschienen ist, er macht einen Bogen um sie. Im Gebrause wurden auch große Fleischstücke verzehrt. Das ganze Gefolge lebte da in Saus und Braus. Auf der Straße nach Ottenschlag begegnet ein verwegener Bursche dem Gjaid. Er ruft in den Lärm hinein: *Hummel, Hummel, mir auch einen Stummel!* Da saust ein Kuhfuß von der Höhe herab und eine Stimme gellt, *das ist dein Lohn fürs Mitjagen – huiii!* Der Bursch stößt die stinkende Keule von sich, aber er wird sie nicht los. Sie ist hinter ihm her, wenn er auch läuft was er nur laufen kann, bis er sie endlich in einem Moor vergräbt, dort, wo einst bei Ottenschlag eine Stadt versunken war. Weiter geht die Hetze. Als ihm bei Reichenau ein Bauernbursche ein Kreuz in den Weg stellt, weicht er aus. Erzürnt hebt er in Habruck die Dächer und Giebel von den Häusern und schleudert sie durch die Gegend. So jagt der Böse über das Land hinweg. Er wendet sich wieder der Donau zu.

Wer es versäumte, die Arme vor der Brust zu kreuzen und sich ganz flach auf den Boden zu legen, wurde erbarmungslos von den Urgewalten mitgerissen.

Ganz arg erging es da dem Zimmermann Strohmayer Sepp in St. Georgen an der Gusen. Die Wilde Jagd des Höllenfürsten brach so schnell über ihn herein, daß er nicht mehr Zeit fand, sich in Sicherheit zu bringen. Er stand gerade auf den Dachfirst eines Bauernhauses, als das fürchterliche Tosen begann. Der klewere Mann wurde mitsamt seinem Beil mitgerissen und schon saß er auf einem feurigen Rappen, der im Sausebraus durch die Lüfte stob. Innerhalb einer dreiviertel Stunde war er schon in Konstantinopel, aber er brauchte ein halbes Jahr, bis er wieder nach Hause kam. Von den Strapazen dieser Reise war der Strohmayer Sepp so erschöpft, daß er geraume Weile überhaupt nicht mehr arbeiten konnte.

Bei Mauthausen trifft er das *Geschirr* (Schiffzug). Wüst fluchen die Schiffsleute. Er hört schon von weitem, wie sie nach ihm rufen. Hilfsbereit ist er zur Stelle und leistet Vorspann. Er reitet dem Schiffzug voran und rasch geht es stromabwärts. Doch da steht der Kirchturm von St. Nikola. *Hui*, da reißt der Höllenfürst aus und läßt die fluchenden Schiffer im Stich. Noch einmal macht er einen großen Bogen über das Mühlviertel. Bei Zellhof, da legt ihm ein Bauer Brotbrösel auf dem Weg, – darüber kann das höllische Gefährt nicht hinweg. Da muß der Bauer mit seinen Ochsen zu Hilfe kommen.

Es geht dem Morgen zu. Beim Himmler in Mistelberg ist schon ein Rappe zurückgekehrt. Er hatte Zöpfe in Mähne und Schweif geflochten, die Hufeisen glühen noch. Bei Weinberg wacht eine Bäuerin im Stall. Der schwarze Hengst ist in der Nacht wieder ausgerissen, nun stürmt er abgehetzt und schweißbedeckt durch das Hoftor herein. Ein wilder Mann auf einem roten Roß jagt hinter ihm her. *Hast du etwas gesehen?* herrscht er die Bäuerin an. *Nein,* sagt sie, aber er glaubt es nicht. *Wir reiten um die Wette,* schlägt der Unhold vor, *wenn ich zuerst das Tor erreiche, gehört das Lebendige, das uns entgegenkommt, mir!* Die Bäuerin weiß, daß es um ihr Söhnchen geht, das schon lange nach der Mutter ruft. Sie sieht, daß das Pferd des Unholds Menschenfüße hat. Und doch wagt sie den Ritt. *In Gottes Namen!* sagt sie. Plötzlich ist der ganze Spuk verschwunden. Ihr Büblein steht weinend unter der Haustür. Noch immer tollt die Wilde Jagd über die Fluren. Bei Leonfelden sieht der Jäger einen Kornacker. Das Getreide steht schön wie nirgends. Das muß er haben. Er springt aus der Schar und jagt mit seinem schwarzen Geißbock quer durch das Korn. Er setzt seine glühende Sichel, die er am linken Fuß trägt, tief in die Halme und schneidet einen breiten Streifen mitten durch das Feld. Ein wüster Hexenrummel auf dem Eckhartsberg bei Haslach beschließt das nächtliche Treiben. Es wird noch getafelt, gezecht, getanzt und gejohlt. Da kräht in der Teufelsbrucker Mühle der weiße Hahn. *Weißer Hahn, geht mich nichts an,* sagt der Grüne mit dem Spitzhütel und der krummen Feder. Dann kräht der rote Hahn. *Roter Hahn, toter Hahn,* ruft der Jäger verächtlich. Nun kräht der schwarze Hahn. *Schwarzer Hahn, jetzt muß ich davon,* schreit der wilde Jäger und stürzt sich von der halbfertigen Brücke kopfüber in die Mühel. Das zischt und sprüht – und fort ist der nächtliche Spuk.

Am östlichen Himmel erhebt sich langsam das klare Licht des neuen Tages.

Eine phantasievolle Zusammenstellung verschiedener Geschichten über die wilde Jagd im Mühlviertel, die früher in den Internachten (Rauhnächten) ihr Unwesen trieb.

Obige Schilderung der Wilden Jagd wurde zum Großteil entnommen: *Aus da Hoamat – Anhang zum Lesbuch „Mein Heimatland" – Hölder, Pichler, Tempsky, Wien 1947.*

Eine Art der *Wilden Jagd* dürfte im Jahre 1991 in weiten Teilen des Landes ihr Unwesen getrieben haben. Besonders in der Gegend um Harrachstal zog gegen Abend des 10. Juni ein Gewitter auf, es wurde *stockfinster* und binnen weniger Minuten waren ganze Waldungen niedergerafft. Tausende Festmeter stolzen Waldes war dem Erdboden gleich, nur vereinzelt standen drei bis vier Meter hohe Baumstümpfe empor. Am selben Abend wurde auch in anderen Gegenden verheerende Waldschäden verzeichnet. Dieses Sturmgebraus ist den Schilderungen der *Wilden Jagd* oder dem *Nachtgjaid* sehr ähnlich, unterscheidet sich aber im Wesentlichen von der Begleitung des Wilden Jägers und seinem Gefolge, die nur in den *Internachten* ihr Unwesen trieben. Von der Wilden Jagd wird in vielen Ländern Europas heute noch gesprochen. Es heißt, daß das eiserne Kreuz am Herzogreither Felsen, Gemeinde St. Leonhard, aufgestellt wurde, um der Wilden Jagd Halt zu gebieten. Papst Pius VII. soll ihr auf seinen Reisen für immer Einhalt geboten haben.

(Ergänzung zum Thema *Wilde Jagd* im Band 1, S. 417)   Aus dem Innviertel gibt es Berichte über die Wilde Jagd aus folgenden Orten: *Taufkirchen, Münzkirchen, Trattenegg, Pollham,*

Grieskirchen, Gallspach, St. Georgen b. Grieskirchen, Silbering, St. Marienkirchen, St. Koloman, Handenberg, Rossbach b. Mauerkirchen. (Lose Blätter von Dr. Oskar Schmotzer Wels, 1934)

Nåchtleichta (der)	Uhr mit Leuchtzifferblatt (Weitersfelden)
Nåchtwåchter	Ein mit Hellebarde und Laterne ausgestatteter Wächter hatte die Aufgabe, auf das Feuer zu achten und stündlich die Nachtstunden auszurufen. Ein Nachtwächter-Stundenruf aus Lembach anno 1913 lautet wie folgt: *Merkts af, meine Herrn und Frauan, låßts eng sågn, da Håmma, der håd zehne gschlågn. Wir loben Gott den Herrn und unser liabe Frau. – Håd zehne gschlågn, håd zahne gschlågn – Gelobt*

sei Jesus Christus. Dieser Ruf wurde im *Herbstmond* 1919 von Fräulein Amalie Amerstorfer aufgeschrieben. HG. 1919, S. 184. Meist gab es bei dem Stundenruf noch den Zusatz: *Gebts åcht afs Feier uns afs Liacht, daß heint Nåcht koa Unglück gschiacht.* Uhren gab es ja noch kaum in vergangenen Jahrhunderten, so wurden die Ortsbewohner durch den Nachtwächter über den Zeitablauf informiert.

Nåchtweibö (das)	Nachtweibchen, sagenhafte Gestalt, mit der man die Kinder erschreckt ... *finster wirds, gehts eini, sunst fångt eng s' Nåchtweibö* ... finster wird es, geht hinein, sonst fängt euch das Nachtweibl
Nåckapatzl (das)	wörtlich: *nacktes Patzl* ... nackte Person, (...*patzl* undefinierbar)
nådi	arm ... *der is nådi banånd* ... notdürftig
Nådarin (die)	Näherin ... *i hå(n) ma mei (n) Kloadl ba da Nåderin måcha låssn*
Nådn (der)	Atem; auch *Nådn* gesprochen ... *S' Nådnzoign tuat ma scho weh* ... Das Atemziehen tut mir schon weh UM
na(n)gråd	nur gerade ... *nagråd schütten duats* ... sehr stark regnen tut es
nah(n)?	na und ... *nah(n), wås sågst denn då?* (Nasalierung)
nåh	nach ... *nå da Suppm* ... nach der Suppe (Abendessen bei den Bauern) Zeitmaß aus einer Zeit, wo es in der bäuerli-

chen Bevölkerung noch keine Uhren gab. Jausenzeit war um 9 und 15 Uhr, Mittag 12 Uhr, *„zu da Suppn"* (Abendessen) etwa um 18 Uhr. Ein müder Wanderer frägt einen Bauern: *Sagen Sie mal, wann fährt denn hier der Autobus? – Na*, meint dieser ganz gemütlich, *dös is nöt glei, oamål fåhrt a vor da Suppen und oamål nåh da Suppen. – Und wann wird denn bei Euch Suppen gegessen? –* wollte der Wanderer noch wissen. Antwort des Bauern: *Oamål vorn Autobus und oamål nå(ch)n Autobus*

nahmad	nehmen würde ... *und dö Kråmerin håd g'jammert, wånns da Herrgott za eam nahmad* ... wenn sie der Herrgott zu sich nehmen würde (Nasalierung auf dem 1. „a")
Nåh(n)mittåg	Nachmittag (Nasalierung)
Nämlige (der)	der Gleiche ... *da Nämligi is gestan ba ins gwen* ... der Gleiche ist gestern bei uns gewesen
Nandl (die)	Anna, auch *Nanei* gespr.
Nåßgåln (die)	nasse Stelle auf einer Wiese UM
nassln	nässen, eine Wunde kann *nassln*
Nåst (der)	Ast ... *schnei an Nåst åwa mit da Heugåbö daß 's klingt* (Teil eines Vierzeilers)
Nåtn (der)	Atem ... *er håd afs Nåtnziagn vagessen,* er ist gestorben
nearvi	nervig, sehr stark ... *der is ma nearvi af Zechan g'stieng* ... der ist mir sehr stark auf die Zehen gestiegen

253

Ne(n)-Ne(n)	Spielzeug für Kleinkinder ... sö, då håst an Ne(n)-Ne(n) (Nasalierung bei „e")
Nebelreisn (das)	Nieselregen ... a weng nebelreisn duats
nedla	empfindlich, heikel beim Essen OM
Neidhammö (der)	Neidhammel, Schimpfwort für einen neidigen Menschen
neißig	gut bestellt, schön OM
neo	neu (Sarleinsbach) ... a neoa Stånta is herkema (Betonung auf dem zweiten „a") ... ein neuer Gendarm ist hergekommen
Nest (das)	auch für ein abgschiedenes, vor dem Wind geschütztes Haus ... a woams Nest
nesten	anbandeln OM
nestln	sich anschicken für eine Schlafpause ... umanåndnestln, ein Nest machen UM
Nestscheißerl (das)	das letzte Kind in der Familie, welches ganz besonders verhätschelt wird
Netsch (die, Mzl.)	kleine Barschaft ... netta a påår Netsch håd a ön da Tåschn ... nur ein paar Groschen hat er in der Tasche
niada	niedrig
niarln	nachdenklich machen, beunruhigen OM
niastn	niesen, wenn jemand niest, so sagt man häf da God (helf dir Gott), der andere antwortet mit einem knappen vagäds God (vergelts Gott)

niergln	rütteln und sich bewegen OM
nimma sa(n)	nicht mehr sein, gestorben sein ... *ma soll hoid nima sa(n) und nix mehr braua,* so hörte man es oft von Auszugsbauern ... *übergebm und nimmer lebm* (Nasalierung bei *sa(n)*)
nings	nichts ... *då kå(n) ma nings måcha,* gesprochen um Freistadt UM, auch *nix,* es bedeutet *nichts* ... *nix Bessas kimd nöt nå(ch)* ... nichts Besseres kommt nicht nach
nodige Zeiten	Notzeiten. Auszug aus dem Perger Heimatbuch von Florian und Konrad Eibensteiner, 1933: a) Nasse Sommer: Im Jahr 1000 gab es so starken Regen, daß die Leute glaubten, die Welt gehe durch eine zweite Sintflut zugrunde. 1145. Am vierten Sonntag nach Pfingsten zerstörte eine große Kälte alle Früchte, die armen Leute ernährten sich von Wurzeln und Baumrinden. Weitere Katastrophensommer gab es in den Jahren 1313, 1433, 1401, 1404, 1468, 1529, 1802 b) Heiße, trockene Sommer: 1135 trockneten infolge gewaltiger Hitze, Bäche und Flüsse aus. 1304 wurde die Donau infolge Wassermangels so klein, daß man an manchen Stellen durchreiten konnte. 1393 trockneten Bäche und Flüsse aus, der Fischbestand wurde vernichtet. 1473 besaß die Donau einen so niedrigen Wasserstand, daß die Verbindung der gegenüberliegenden Ufer nicht die *Hilfsmittel der Kunst* benötigte. (Fähre?) Vertrocknete Bäche gab es auch im Jahre 1540. c) Milde Winter. 1093 – 1094 gab es nur Regen, aber keinen Schnee. 1127 war große Teuerung, daß Menschen und Tiere verhungerten.

1176 blühten im Jänner die Bäume. 1186 blühten ebenfalls im Jänner die Bäume, die Ernte war im Mai. 1280 blieb der Erdboden so lange gefroren, daß viele Menschen zur Stillung des Hungers auswanderten, viele starben an schlechter Nahrung. 1289 blühten um Weihnachten die Bäume. 1295 war der Winter so mild, daß man die Zimmer nicht zu heizen brauchte. 1328 blühten im Jänner die Bäume, die Ernte war zu Pfingsten. 1338 wird in Perg der Wanderheuschrecken gedacht, die im *Achland* (Machland) großen Schaden anrichteten, Wiesen und Gärten wurden zerstört, Bäume entlaubt. Die Gegend glich einer Wüste. Der Kopf von diesen *garstigen* Tieren sieht einem Pferdekopf ähnlich. Sie kamen mit dem Wind. Ein Glück war es, daß sie erst Anfang August kamen und die Ernte schon unter Dach war. 1340 Um Weihnachten war es so warm wie um Johannis in der Sonnenwende. 1405 wurde unser Heimatland von einer schrecklichen Hungersnot und Seuche heimgesucht. Die armen Leute verkauften, um ihr Leben zu fristen, die wenige Habe, sie starben Hungers, andere machten aus Verzweiflung ihrem Leben ein Ende.

1420 waren die Dornenhecken im Jänner voller Rosen. 1534 brachte die Sommerhitze eine Unmasse von Raupen hervor, welche alles Grüne wegfraßen und eine Teuerung verursachten. 1552 blühten im November die Rosen zum zweitenmal.

d) Teuerung und Hungersnot und Mißernten: 1570 aßen in diesem Hungerjahre die Menschen Brot aus Kleien, gemischt mit Sägespänen (Wie in Kriegsjahren 1914–1919.) 1655 waren große *Eisgüß*, 1671 und 1690 große

Teuerung wegen der Türkenkriege. 1787 blühten im Februar die Kirschbäume

Schwere Erdbeben gab es in den Jahren 1189, 1295, 1348, 1590, 1785, 1869, 1885, 1907, 1910.

Zahlreiche Überschwemmungen bezeugt weiters das alte Perger Heimatbuch.

Einige unnatürliche Todesfälle aus dem Bezirk Perg: 1713, 25. Juli beim Jakobimarkt ein vagierender Diener totgeschossen worden, 1714, 18. April, Raubmord an Johannes Greisinger, bürgerlicher Mühlsteinbrecher in Perg, vom Schneider Michel bei Tulln erschlagen und seiner Barschaft beraubt. 1790. Am 28. November dem Herrn Josef Aigner, sein Töchterlein, sieben Tage alt, an Brand gestorben, wobei zu bemerken ist, daß diesem Kind schon acht Zähne gewachsen waren.

Nögö mit Köpf måcha	eine fertige Arbeit machen. Ein Zimmermann sucht Nägel aus einer Kiste, spuckt einen nach dem andern an und wirft ihn weg. Der Polier stellt ihn zur Rede und fragt ihn, warum er das mache. – Antwort: *Dö håmd olli dö Köpf untn.* Darauf der Polier: *... die schmeiß ma nöt wegga, dö braucha ma zan Decken-Ånnågeln.* Ein Zimmermann darf sich täglich zwanzig Nägel mit nach Hause nehmen. – 10 Fingernägel und 10 Zehennägel
nöstö	übel gelaunt OM
nöt u(n)dum	es gefällt mir ... *sagt der Lois, wenn er ein schönes Mädchen sieht*
nüachtln	muffig, faulen Geruch haben GM. modrig

nuamål	nocheinmal ... Ein Schifahrer stieß eine alte Frau zu Boden und beschimpfte sie noch obendrein mit den Worten: ... *hörns, passens auf a weng,* worauf die alte Dame fragte: ... *kimmst leicht nuamål?*
Nudelsieb (das)	Sieb, auch Seiher genannt
Nu(d)l	Nudel; ein Liedrefrain: *Nudln in da Rein,* *Nudln in da Rein,* *heit muaß no listig sein.* *Nudln in da Reahrn,* *Nudln in da Reahrn,* *lusti muaß wearn.*
nudlsauba	sehr schön, lieblich, für die Beschreibung schöner Mädchen angewendet
numböggön	umknacksen, sich den Fuß verknachsen OM
nurgözn	unruhig sitzen, ständig hin- und herwetzen OM
Nußhackö (der)	Eichelhäher

O

O	ist der *stärkste* Buchstabe im Alphabet, er bringt Pferd und Wagen zum Stehen. Der Ruf des Fuhrmannes *O* oder *Öha* war der Befehl zum Stehenbleiben für die Zugtiere. Die aus Böhmen bezogenen Tiere hörten auf das Kommando *brrr*
oa	1. eine ... *oa Schwålbm måcht koan Summa* (Nasalierung) 2. einige ... *a weng oa hand kema* ... einige sind gekommen 3. *oa Wösen sein* ... ein Wesen sein ... alles egal sein, Redensart
Oabegga (das)	Eierpecken, landesüblicher Osterbrauch, dabei geht es *Spitz auf Spitz, Spitz* auf *Oasch, Oasch auf Oasch* und am Schluß noch die Entscheidung durch das *Wampeln, Bauch auf Bauch*
Oachkatzlschwoaf	Eichkätzchenschwanz, berühmte Sprechprobe für ausländische Gäste
Oachlsau	Eichelsau, Eichelas, Spielkarte
oachtla	schlecht, unheimlich ... *mir is gånz oachtla* OM
oading	einerlei, egal sein ... *mia is's oading*
Oadoda (der)	Eierdotter
oafåch	*warum oafåch, wånns umständli a geht?*

Öagl	Georg OM
Oagliab (die)	Eigenliebe OM
Oahågn	Einhacken (Nasalierung bei „O"), Pflanze
Oaholn (die)	der Ohrenschliefer
Oama, Oami, Oams,	Armer, Arme, Armes ... *Oama, hüf mia, daß ma nöt a so geht wia dir* ... Armer, hilf mir, daß es mir nicht auch so geht wie dir
oana, oani, oas,	vielsagende Bedeutung ... *einer, eine, eines*
oanaugad	einäugig
Oangad (die)	Einöde (Nasalierung) OM
Oanziga	Einziger
oas	eins, *oas håd a gsågt, wånn i mi nöt vazählt hån* ... eins hat er gesagt, wenn ich mich nicht verzählt habe. (Nasalierung). (Siehe Band 1 S. 275)
oaschift	einzeln, einzelnes Stück eines Paares ... *a oaschiftiga Söckö* (Nasalierung)
Oaschöan (die)	Eierschalen, auch *Oahöbö* gespr.
oaspani	einspännig, d. h. nur mit einem Zugtier fahren ... Einspänner wird auch ein einzelnes Würstchen genannt
Oast (die)	Fluß Aist ... es gibt die schwarze, die weiße und die harbe Aist

Gedicht vom Dietmar von Aist:
*Ahi, nun kommt die schöne Zeit.
Der Vöglein Melodei
Schön grünt die Wiese weit und breit
Der Winter ist vorbei
Bald siehst du Blumen allerwärts voll
hundert farbigen Scheins
Darüber freut sich manches Herz und
tröstet sich auch meins.*

Naturpoesie v. Dietmar von Aist, gestorben in der Zeit zwischen 1160 – 1170. Übersetzt von unserem Heimatdichter Edward Samhaber

Dietmar von Aist

Oata (das)	Eiter GM ... *Oatapinkö* = Eiterbeule
Oawatabisquit	Arbeiterbiskuit, gewöhnliches Schwarzbrot
oawatn	arbeiten
Oawuzl (der)	Ohrenschliefer GM
Oazöga (der)	Eierkorb, meist aus Stroh geflochtene Einkaufstasche der Hausfrau
öbba	etwa ... *is öbba wer kema?* GM
öbbs	etwas ... *gib ma öbbs ...*
Obstbam	Obstbäume. Alte Obstbaumsorten im MV: **Apfelsorten:** *Sumaboarischa – Sommerbayerischer, Winterbayerischer, Weißboarischer, Bachtlmaiåpfö – Bartholomäusåpfel, Brünaling,* auch *Bruneråpfö, Faßlåpfö, Frau(n)ling, Håwaåpfö – Haferapfel, Herrnåpfö, Holzåpfö,* (meist verwilderte Sorten), *Gråvenstoana, Klåfterbruner, Weißer Klåråpfö, Kornåpfö, Laurenziåpfö, Marienåpfö, Maschanzger, Weißpracheråpfö, Winterpassamaner, Winterrambour, Eisenrenettn, Goldrenetten, Lederrenettn, Rosmarinåpfö, Schmålzåpfö* (fettige Schale), *Süaßlingåpfö, Pfundåpfö, Berner Rosenåpfö, Greanling, Gupfåpfö, Måleråpfö, Rheinischer Bohnåpfö, Schmidberger Ranettn oder Blångaåpfö, Ochsenscheigling* (in Niederwaldkirchen), *Heilignåpfö* (St. Oswald) – *Zitronenapfel, Butteråpfö, Schawana* – (Ottensheim), *Cox – Oràngranettn, Tåfelåpfö, Zigeineråpfö, Zwiefoåpfö, Heniåpfö, Spitzling, Wei(n)ling,* (Sommer- und Winterweinling), *Griasåpfö, Goldparomäna.*

Birnensorten: *Guadi Grane, Guadi Luise, Håwabirn* – Haferbirne, Kornbirn, Groamadbirn, Henibirn, Kaiserbirn, Landlbirn, *Långstinglbirn, Långzåglbirn, Rodi und Greani Ledabirn, Meerbirn, Mostleuterbirn, Siaßbirn, Naglwitzbirn, Rodi und Greani Pichlbirn, Rodi und Greani Bülibirn* (Rohrbach), *Salzburgerbirn, Schmatzbirn, Schuastabirn, Speckbirn, Zwiebotzenbirn, Zugabirn* – Zuckerbirne, *Rotblaßlbirn, Winterzåpfmbirn,* Steyrische Weinbirn, *Pfundbirn* auch *Bluzabirn* gen. (Putzleinsdorf), *Winawitzbirn, Luxenburgerbirn, Weiße Ko(ch)birn*

Öda (der)	der Ältere ... *s' Hoamholz kriagt da öda Bua...* den Wald neben dem Bauernhaus bekommt der älteste Sohn
öda wen	älter werden
Ödda (das)	Alter ... *waun ma a gwiß's Ödda håd*
Oestian (der)	Grantian, grantiger Zeitgenosse OM
Ofenlugga (die)	Ofenloch, Nische im Kachelofen, die für das Brennholz vorgesehen ist, aber meist von Hund und Katze belegt wird
Ofenwisch (der)	aus Tannen- oder Fichtenästen gefertigter Besen zum Reinigen des Backofens. Am Andreastag abgeschnitten, verliert er die Nadeln nicht
Öfö (das)	kleiner Stubenofen, der kleine, runde Gußeisenofen wurde auch Kanonenofen oder Bummerl genannt
ögön	ausmisten OM

Öhn (die)	unfruchtbarer Platz, Öde OM
oiß	alles ... *oiß red heint van End da Wäd, ...oiß für d' Kåtz* – alles für die Katz, alles ist vergeblich
oisånd	allesamt ... *oisånd g'hörnd eingsperrt*
Oistan	Ostern UM, im OM Eostan ... *is Oestan schen und wårm, keman dö Vawandten und fressn dö årm, und is Pfingsten schen und heiter, kemans wieder und fressend weiter*
oiwäu	alleweil ... *oiwäu lustig und fidä* ... immer lustig und fidel
Oix (der)	Ochse UM. *Hinter der Roßstålltür hängt a ålts Oixengschirr.* Der Ochse ist die einzige Tierart, die der liebe Gott nicht erschaffen hat
Ölfunsn (die)	Ölglas als Lichtquelle für Küche und Stall im bäuerlichen Haushalt

Onastedl	Agnus Dei, halbreliefartig geprägte Medaillons mit religiösen Motiven, Glücksbringer
ön Währastn	im Handumdrehn ... *ön Währastn håd d' Sunn wieda gscheint*
Öpföbrogga (der)	Äpfelpflücker, Stange mit Behälter aus Stoffnetz zum Pflücken der Äpfel
Öpföko(ch)	Apfelpüree
öppand	eventuell ... *übermorgn kånns öppand sein, daß's Weda umschlågt*
Orateleit (die)	Orateleute, Kirchenbesucher der Orateandacht
Ös	Ihr, Mzl. ... *Ös hats fleißigö Leut* ... Ihr seid fleißige Leute ... auch Anrede per *dritte Person* (siehe Band 1, S. 279)
östö	grantig, mißmutig
Otnsåm	Ortsname, Ottensheim, 777 erstmals mit *locus Rotala* erwähnt. Nach Müller soll der Ort vorher *Mitterau* und das Schloß *Frauenburg* geheißen haben

P

Pablatschn (die)	unförmiges Gebäude
Påbneukirchn	auch *Påbneikira,* Ortsname, *1477 datz Newnkirchen in den Markt. Pab* = von PN *Pabo*
påckamas	packen wir's, gehen wir's an
påck di zåm åft gehma	mach dich fertig, dann gehen wir
påck di!	schau, daß du weiterkommst, verschwinde!
Packöraß (die)	verrufene *Sippschaft*
Packötråga (der)	Gepäckträger
påckt und eingsteckt	gefaßt und eingesteckt
packschierigs Mäderl	liebliches, zärtliches Mäderl (mittleres MV)
Pagat (der)	oder *Uhu,* Karte im Tarockspiel
pågitzn	zittern vor Angst
Palståb (der)	Richterstab, Burgenverteidigungsstab (der *Pag*)
Pamperletsch (der)	plumpes Kind, auch Puppe OM
Panidorf	Ortsname, hergeleitet vom Lehrer Pani, dem Gründer des Dorfes. Der mündlichen Überlieferung zufolge soll Pani während des Sommers jeweils ein Wohnhaus mit Lehmwänden gebaut

haben und dieses dann im Herbst an die von der Saisonarbeit zurückkehrenden Arbeiter verkauft haben. Es waren Torfstecher, die den ganzen Sommer auswärts ihr Brot verdient und einiges zusammengespart hatten

Pans oder Panse (die)	Name für Katze – Umgebung von St. Thomas a. Bl. gespr.
Pantofföstoppö (der)	Korkstoppel ... *af da Flåschen is a Pantofföstoppö drauf*
Pånzer	Drahtgitter, auch Schutzhütte im Freien für das Wiesenheu OM
pappad	vollgesichtig, pauspackig GM
Påpiermüh	Einstige Papiermühle in Harrachstal (der Ort hatte früher *Brixental* geheißen) (siehe Band 1, S. 283)
påppn	unschön, ächtlich OM
Påppmdeckö (der)	Pappendeckel, Pappkarton ... *früher allgemein übliche Bezeichnung*
Paraplü (das)	Regenschirm ... französisch *Parapluie* GM
Parz (die)	Anhöhe OM
Påscher (der)	1. starkes Geräusch, Schlag auf dem Wasser ... *an Påscher håds gmåcht* GM (Siehe Band 1, S. 283) 2. Schmuggler
patsch	auf einmal, plötzlich ... *patsch, is a dåglegn* GM

Påtscha (die, Mzl.)	Patschen, Hausschuhe GM
Pecka (der)	Schaden an der Gesundheit ... *der håt an Pecka* ... womit meist der geistige Zustand gemeint ist
Pedasü (der)	Petersilie ... *a Pedasü af a jede Suppm* ... Petersilie auf jede Suppe, ein Vergleich mit einem Menschen, der jedem recht gibt
Peischtoana	Ortsbewohner von Peilstein
pelzi doa	sich beleidigt zeigen OM
Pemsl (der)	Pinsel GM
Pendl	1. Vulgoname eines Bauernhauses bei Pierbach 2. Pendel, Werkzeug für Radiästhesisten 3. Der Personenname Pendl dürfte von Berndl, Bernhard, abgeleitet sein
Penlschlittn	Schlitten mit Wagensitz, veraltet OM
Perpentikö (der)	Perpentikel, Pendel der Wanduhr
petschiert	blamiert ... *då bist da Petschierte*
pfådtretn	im tiefen Schnee vorausgehen
Pfaffenhaus	Felsenhöhle bei Stratberg, Gem. Kollerschlag (siehe: Vergessene Zeugen der Vorzeit, von Otto Milfait, neue Auflage)
Pfåffnkappl (das)	Pfaffenkappel, warziger Spindelbaum (Evonymus verrucosa), wird wegen seiner birettförmigen roten Früchte so bezeichnet
Pfånnastü (der)	Pfannenstiel, Flurname in St. Thomas a. Bl., für

	Flur in Form eines Längsstreifens, die einem Pfannenstiel ähnlich ist. Auf dieser Anhöhe befinden sich Felsen mit heidnischen Opferschalen
Pfeffa	Pfeffer ... *geh hi(n), wo da Pfeffa wåchst ... scher dich weg*
Pfeffakern	*Auweh, bauweh, Pfefferkern, wird scho wieder bessa werdn* ... lautet ein Kinderspruch. Er wird verwendet als Trostwort bei kleinen Blessuren
Pfaffenhaus	

Pfeifmkåchl (der)	Pfeifenkachel, stinkende Blattwanze
Pfeifendöckö (der)	Pfeifendeckel, Diener der höheren Ränge des Militärs (Arar) vom Feldwebel bis zum höchsten Offizier im Ersten Weltkrieg. *Der Pf ...* wurde auch im Urlaub mit nach Hause genommen und hatte auch dort die Stiefel zu putzen, die Uniform zu reinigen und Botengänge zu machen. (Peter Kaser, ehem. Feldwebel 1914 – 1918)
Pfeifnstiera (der)	Handwerkzeug zum Räumen des Tabakpfeifenkopfes, er war im sogenannten *Bergstarler*, einem Taschenmesser mit Holzgriff, und in vielen anderen Taschenmessern eingebaut
pfei(l)gråd	schnurgerade
Pfennig	*Wer ön Pfennig nöt ehrt, ist mehr nöt wert ...* wer weniges nicht achtet, verdient nicht, mehr zu besitzen
Pferdeeisnbåhn	Pferdeeisenbahn Linz–Budweis von 1832 bis 1872. Erste kontinentale Eisenbahnverbindung Die Pferdeeisenbahn Linz – Budweis wurde aus Gründen des Warentransportes erbaut. Ihre Lebenszeit betrug kaum 40 Jahre und wurde vom Maschinenzeitalter, namentlich von der Dampflokomotive, abgelöst. Sie führte vom Südbahnhof Linz nach Urfahr, St. Magdalena, Außertreffling, Oberndorf bei Gallneukirchen, (Neumarkt), Lest, (Freistadt), Kerschbaum bei Rainbach nach Böhmen. Erbauer waren: F. J. v. Gerstner und Ing. Schönerer. 1807 wurde der Vorschlag von Franz Josef von Gerstner eingebracht. 1825 Baubeginn der Bahnstrecke Linz– Budweis; Länge 130 Kilometer, Spurweite 1106 mm.

1831 Strecke Lest – Oberndorf wurde fertiggestellt.

21. 7. 1832: Kaiser Franz I. besichtigt das Projekt und unternimmt die erste Probefahrt von Urfahr nach St. Magdalena

1. 8. 1832: Der Güterverkehr Linz – Budweis wird eröffnet. Es mußten dafür 268 gewölbte Brücken, 214 Holzbrücken, 5884 kleine Durchlässe, das sind insgesamt 6366 Brücken und Durchlässe errichtet werden. Bis zu 6000 Arbeiter waren mit dem Bahnbau beschäftigt.

Stallgebäude: In Kerschbaum bestand vorerst nur eine Schankstube für die Transportknechte. (Erste Bahnhofgastwirtschaft)

1830 wurde in Lest das erste Gebäude errichtet und ein neues Wirtshaus gebaut; es hatte Vierkantform und es konnten in ihm 112 Pferde untergebracht werden.

1831–1832 wurde das Oberndorfer Stations-

gebäude erbaut. Dienst- und Wohnräume im Westflügel, Gasthaus und Schmiede im Mittelpunkt der Stallungen
Heute Gästehaus der Diakonie Gallneukirchen mit dem Namen *Waldheimat*
1837 – 38 wurde in Kerschbaum das Stationsgebäude erbaut und 1852 aufgestockt.
In den Mittelstationen Oberschwandt Bürstenbach und Treffling gab es kleine Stallungen für 28 Pferde. Die tägliche Marschleistung eines Pferdes war bei den Güterzügen 42 km, bei Personenzügen 30 km
Von Budweis bis Kerschbaum zog ein Pferd 2 Waggon (100 – 120 Wr. Zentner Nutzlast). Bergfahrt: 1 Pferd, 1 Wagen und 1 Leerwagen
Pferdezahl: im Jahre 1851/ 640, 1852 / 585 – 663, 1854/ 559 – 606, 1855/ 488, 1857 / 412. Eigengewicht eines Wagens 22 Wr. Ztr. = 1.232 kg

OBERNDORF bei Gallneukirchen O. Öst.

Güterwagen: zweiachsig, offen, mit niedrigem Bord, mit Plachen, Brettern, Rohrdecken und Stroh zugedeckt. Auf einen Wagen wurden 10 Zentnerfässer Salz, je 61,6 – 62,7 kg. Bruttogewicht, geladen. Transportiert wurden vorerst Holz, Langholz, Steine und Bauschotter, dann Salz.

Personenwagen gab es in verschiedener Bauart, meist in Form von Kutschen. Die Tarife richteten sich nach offen oder gedeckt. Offene Wagen hatten vier Querbänke mit je drei Sitzen und außen ein Spritzleder; es gab keinen Schutz gegen Nässe und Kälte. Es gab 1. und 2. Klasse, je nach offen oder gedeckt. Die Wagen trugen Namen wie *Hannibal* (er befindet sich im Wiener Eisenbahn-Museum). Gepäck war bis zu 20 Pfund (11,2 kg) frei und wurde auf dem Wagendach befördert. In den vorhandenen Equipagenwagen konnten auch ein paar Pfer-

Pferdebahnbrücke bei Neumarkt

de mitverladen werden, Personenwagen der 1. Klasse gab es im Jahre 1841/54, 1851/65, 1854/31

Geschwindigkeit: 3 bis 4,5 km pro Stunde. Der Kondukteur mußte des Schreibens und Lesens kundig sein. Er mußte hinter dem letzten Zug einhergehen, später durfte er aufsitzen. Die Kutscher saßen auf Brettern die sie nach Art der Fuhrleute seitwärts in das Wagengestell einschoben. Beginn war 5 Uhr früh in Urfahr. Es ging bis zur Mittelstation Treffling, heute Mittertreffling 32, wo gleichzeitig der Gegenzug von Oberndorf eintraf. Nach Umspann kehrten die Urfahrer Pferde mit dem Leerzug, die Oberndorfer Pferde mit dem beladenen Zug an ihre Ausgangsstation zurück, wo sie gegen 11 Uhr eintrafen. Um 13 Uhr ging der nächste Zug auf gleiche Weise nach Oberndorf und umgekehrt. Der erste Teil war inzwischen von Oberndorf über die Mittelstation Bürstenbach nach Lest gebracht worden, der zweite folgte am zweiten Tag nach.

Am 4. Tag kam der Transport von Lest über die Mittelstaion Oberschwand nach Kerschbaum, dem größten Pferdebahnhof dieser Bahnstrecke. (Hier wurden die Gespanne ausgewechselt, die sowohl aus Böhmen als auch aus Österreich ihre Reise hinter sich hatten.)

Am 5. Tag trat dieser die Talfahrt nach Budweis an. Täglich waren 12 Güterzüge, 6 in jeder Richtung, unterwegs.

Personenverkehr: Personenwagen verkehrten einzeln oder in *Bezügen* zu 2 Wagen und waren mit 1-2 Pferden bespannt. Der Personenverkehr entwickelte sich erst im Laufe der Zeit durch das steigende Interesse der Reisenden. Ein Güterzug bestand aus 32 bis 36 Wagen.

Güterzüge hatten stets Vorrang, Personenzüge mußten bei Begegnung auf der Strecke zurückfahren. Bei Begegnung von zwei Personenzügen mußte jener zurückfahren, der näher zur nächsten Ausweiche hatte. Die leeren Wagen mußten jenen, die besetzt waren, ausweichen oder wurden zum Vorbeifahren aus den Schienen gehoben. Fahrzeit der Strecke Linz – Budweis: 14 Stunden, um 2 Stunden länger als die Talfahrt.
Größte Zugverspätung: 1,5 Stunden
Nach Böhmen wurde weiters befördert: Kolonialwaren aus Triest, Eisenwaren, Bergwerkserzeugnisse aus Kärnten und der Steiermark, die über den Pyhrn nach Wels kamen. Wetzsteine, Reis, Zitronen, Sirup, Manufakturwaren aller Art, kamen aus Italien und über Tirol nach Linz Von Böhmen nach Niederösterreich und Wien kamen: Bergbauerzeugnisse, Chemikalien (Vitriol, Schwefel, Glätte, Salzsäure), Eisenwaren, Holz, Torf, Getreide, Hülsenfrüchte und Steine.
1872 wurde der Pferdebetrieb eingestellt und die Bahngründe wieder an die Bauern zurückverkauft.
Am 27.6.1996 wurde beim alten Pferdebahnhof in Kerschbaum eine Renaissance der Pferdebahn gefeiert und mit Hanibal I und II (Nachbau) eine Teilstrecke von 500 m befahren. Hochrangige politische Vertreter aus Böhmen und Österreich gaben der Einsegnung die Ehre.

Pferscha (der)	Pfirsich GM
pfesan, umpfesan	jemanden sehr aufmerksam behandeln, ausgesuchte Kost geben OM
Pfettn (die)	vorstehender Dachbalken

pfetzn	zerreissen ... *z'reissen, daß d' Pfetzen fliagn*
pfiat eng	behüte euch (Gott)... landesüblicher Gruß zum Abschied von mehreren Personen (Siehe Bd.1, S. 289)
pfiffi(g)	schlau
Pfifferling (der)	Kleinigkeit ... *dös is koan Pfifferling wert*
Pfingstaschui	Donnerstagschule. Das letzte Pflichtschuljahr, Schuljahr, an dem die Schule nur mehr an Donnerstagen besucht werden mußte
pfistern	pfuschen OM
Pflam	Flaumfedern OM, *Pflaum* im UM für Daunen, *Pflaumfedan*
pflami	weich, flaumig GM
pflanzn	zum Besten halten ... *pflanz dei(n) Großmuadda, åber nöt mi*
Pfletzbodn (der)	Pfletzboden, die oberste Zimmerdecke im Haus, die aus Lehm, gemischt mit Schweineborsten und Korngräten, besteht
Pflögazeit	Pflegerzeit, jene Zeit, wo die kostenlose Robotleistung für die Grundherrschaft vom Pfleger vorgeschrieben wurde
Pfoadschoaß (der)	Kind im Nachthemd ... *Pfoad* = Hemd, *Schoaß* = Leibwind
Pfrnak (der)	dicke Nase

pfugitzn	hinter vorgehaltener Hand lachen, auch *pfugatzn* gesprochen GM
Pfundäpfö	große Apfelsorte, bis 1/2 kg schwer
Pfuscha	laienhafter Handwerker ... *då wa jå a Glernda a Depp, wånns a ånana a kinad* ... da wäre ja ein Gelernter ein Depp, wenns ein anderer auch könnte
Pichler	Siedler auf oder am Bühel
Pimpernä (der)	Pimpernell, Bibernell, Heilkraut gegen die Pestilenz
Pinkerl (das)	Bündel
pirna	schlagen
pisaggn	drängen, betteln ... der Vater zum Kind: *dua mi nöt bisaggn!* Aigen OM
Pixenschuß	Büchsenschuß, Entfernung als Maßstab für die Flureinteilung ... *12 Pixenschuß weit über die Grenze gegriffen* (Archiv Stift Schlägel 1656)
Plafon (der)	Plafond, Ansatz zur Zimmerdecke, gemeint ist aber die ganze Zimmerdecke GM
Plånga (der)	Guster, Appetit ... *i håd scho(n) an Plånga af a Trum Speck* (oder ... *mi plångad scho um a Trum Speck*)
Plärra (der)	Gewaltschrei GM
plattln	übel schmecken, *plattln* wird für den Geschmack verdorbenen Fleisches verwendet

Pleampö (der)	schlechtes Bier GM, auch häufiger Schimpfname
pleoin	Wäsche bügeln OM (*von plätten?*)
Pletschn (die)	große Pflanzenblätter, z. B. v. Rübe, Huflattich etc. GM
plobarn	brodeln, langsam hantieren OM
plodan	lockerer Sitz von Kleidern, und für *prahlen* verwendet GM
plödan	plaudern ... *geh eina a weng, doan ma a weng plödan* ... komm ein wenig herein, tun wir ein wenig plaudern
Plödara (der)	lärmender Fall
ploischat	aufgedunsen, schwerfällig
plumpfn	schwer hin- und herfallen OM
Plutschn (das)	leichter Sprechfehler mit der Zunge OM
Poachad (der)	Barchent, einseitig angerauhtes Baumwollgewebe
poan	paaren GM
Poant, Peint	Einzäunung, auch Acker, Schafpoint GM
Pofesn (die)	auch *Påfesn*, ursprünglich eine Art großen Schildes, heute für gefüllte Weißbrotschnitten angewendet
Pointner	Siedler auf einer Point, die Point = kleine Wohnhütte

Poldl	Leopold, Kurzname
Pö(l)zbam	in einem Raum stehender, zimmerhoch eingeklemmter Balken, der für bestimmte Handarbeiten dient wie z.B. dem Besenbinden aus Birkenreisig u. dergl.; von *unterpelzen, unterstellen*
Poneggn	Orts- und Schloßname Poneggen 1538 *Panikhen*, slaw. *ponika*, Stelle, wo sich Wasser unter der Erde verliert, Wasserloch
Pö(ch)pflåster	Pechpflaster, Pflaster aus Fichtenharz hergestellt. Damit wurde der *Oaß*, ein Geschwür am Nacken, behandelt
Post aufgebm	Nachricht übermitteln ... *da Franzl håt ma d' Post aufgebm*
Pötz	Pelz ... *Ahnl, da Pötz brennt* ... Großmutter, der Pelz brennt. (Ein geflügelter Spruch im UM.) Die Großmutter ist zu nahe an den Ofen herangerückt
pötzn	mit Stützen versehen, zum Beispiel bei einer einsturzgefährdeten Zimmerdecke UM
pragga	klatschen, *Beifall pragga* (Rainbach)
Pragtal	aus altslaw. *pre grade*, vor der Burg, Burgflecken
Pråhlhåns	Angeber, der stets seine Person in den Vordergrund stellt
prangen	leuchten (Prangersäule) oder später auch *pfrengen* – beugen, drücken, plagen, weswegen auch der Pfahl Prangersäule heißt. (Joh. Sigl. 8. Bdch.)

Pråsla	Prassler ... *z'nagst håni mi buckt, då håts an Pråsla g'måcht in da Hosn* ... unlängst habe ich mich gebückt, da krachte es in der Hose
Pratscherl (das)	Pfote ... *gibs Pratscherl!* ... sagt man zum Hund
Pre	Vornehmheit, Berühmtheit, Stolz, auch *Prein* gesprochen GM. Im Preinholz bei Schallersdorf, Gem. Neumarkt befindet sich eine heidn. Opferschale
prefiteln	immer reden OM
Preining	slaw. *Kopriunik*, von Nessel
prioastan	sehr langsam sein OM
Pritschn (die)	Schimpfwort für eine schlampige Frau
pröllt	erschrocken ... *der is a weng pröllt* ... sprachlos GM
Pröpstling	1. dicker Mensch, 2. Ananas
protzmäun	keck, widersprechen OM
Prudl (der)	sehr langsamer Mensch OM
Prügelweg	Weg durch sumpfiges Gelände, mit Holzprügeln ausgelegt
Pudl (der)	Schweinerasse aus Ungarn, wurde in großen Mengen in den Nachkriegsjahren importiert. Protest eines Schweines: *Die Leute nennen mich ein Schwein, dieses find ich hundsgemein, denn wenn ich so in die Runde schau, ist nicht der Mensch die größte Sau?*

pudlrauh	sehr haarig, wie ein Pudel
pumali	gemütlich ... *mia han recht schen pumali dahingånga* ...
Pumpernigl (der)	Honigkuchen, auch Schwarzes Brot (panis paniculum) OM
Pumpara (der)	dumpfer Schlag ... *an Pumpara håts gmåcht* ...
pumstad	kurz, dickleibig OM
Pupperlhutschn (die)	Motorrad ... wie der Name schon verrät, wird auf dem Motorrad eine Puppe gehutscht, d. h. ein hübsches Mädchen durch die Gegend geschaukelt
purrn	ein brausendes Geräusch verursachen
Purzlbam (der)	Rolle vorwärts, meist als Ausdruck übergoßer Freude ... *i måch an Purzlbam* ...
Putzmüh (die)	handbetriebene Entstaubungsmaschine

Q

Quartö	Anzahl, Schar (verächtlich) OM
Quåtiera	Quartiernehmer
quean	quietschen ... *dös Stådeltor quea(n)t*
Quendl oder Kuttelkraut	Gemeiner Thymian *(Thymus vulgaris),* auch Kranzlkraut genannt
quiagitzn	einen schrillen Laut ausstoßen

Landschaft bei Waxenberg

R

ra   rar, schön, selten OM

Rah (der)   Fußlähmung beim überanstrengten Zugvieh ...
da Bräundl håd ön Rah ... OM

Rahmstrudl   köstliche Mehlspeise auf dem bäuerlichen Speisezettel
Ein Gedicht vom Verfasser nach einer wahren Begebenheit in Spattendorf, Gemeinde Alberndorf:

Da Rahmstrudl
Querfädein sans früher gånga
Dö Handwerksburschn und die Bedlmåna
Und då gengan amåi, a zwen so G'sölln,
Sö håmd a Oawad suacha wön
Sö råstn sö a wengl aus
Ban Roabaun Stådl hintan Haus
Weils miad hand va den weitn Wåndern
Sågt da oani za dan åndern
Hiatz was gråd zwöfö in Mittåg
Geh zuwi za den Haus und fråg
Obs nöt wås zan Essen hädn
Da Herrgott dad eas eh vagäldn.
Nå da Peda geht glei ei(n) ös Haus
Und da åna woat eam draust.
Ö da Kuchö is koa Mensch neamt drin
Då is eam sunst nix üwabliebn
Er schaut ban Reantürl a weng ein
Då siacht er an mordstrum Strudl in da Rein
Meingod war der Strudl guad!
Weil a so guad schmecka duad
Schena kunt a går nöt sei(n)

I moa, der Strudel der ghört mei
Da Herr ist mit dir
Und du gehst mit mir
Håda hoamli gsågt und guad is gånga, nix is gschegn
Koa Mensch håd gschaut und neamt håts gsegn
Und sei Freind der håd sö gfreut –
Mei(n) dös hand wirkli guadi Leut
Håd a gsågt und fångt glei ån zan essn
Und da zweite is glei zuwigsessn
A niada denkt sö nur schen gschwind
Das ea(n) dös Schmålz über d' Pappm åberrinnt
Hoch die Bäurin!, hoch solls lebn,
Und mia zwen Kuntn a danebn –
Daweil dö zwen nu sitzen då ban Fråß
geht ön da Kuchl drinn da Teufö los
Und dö oami Bäurin schreit
Und schiaßt umadum oils wia nöt gscheit
Wer håd denn mir ön Strudel gstohln
Dös Råbnviah, des soll da Teufö holn –
Unterdessen sand dö zwen Nårrn
Min Strudelessn ferti wordn
Dö Råhman håmds nu aussa gschert
Wias holt für an Handwerksburschn g'hört
Åft sågt da Peda zu sein Freund den Nepomuk
Du trågst dafür dö Rein hiatz z'ruck
Und bedånkst dö für das guadi Essn
Mia werdn eas ewi nöt vagessn
Na, da Nepomuk der nimmt dö Rei(n)
Und geht guats Muats zan Roabaun ei(n)
Rumpöd eini ba da Tür
Und wü sö bedånga schen dafür.
Gråd wü er sei(n) Sprücherl åwasågn
Då håds eam frei dö Red vaschlågn

Fuchsteuföwüd kimd eam dö Bäurin scho entgegn
Wås G'fährlichas kånns nimma göbn,
Haut eam dö blechan Tälla af sein Schädl,
daß er büllt
Daß a moant dö Musi spült.
Hörn und segn is eam vagånga
Gråd kånn er d' Türschnåln nu daglånga
Und bevor er aussigschloffm
Håtn da Schierhågn a nu troffm.
Und da Hund, dös muaß ma wissn
Håt eam nu dö Hosn z'rissn
D' Hausleut håmd eam a nu droht
Dö håmd heint nix zan Essen g'håd
Als wia das saure Kraut –
A so a Mensch, der g' hört jå g' haut
Sågt dö kloani Dirn
Und da Nepomuk, der håd bliat am Hirn
Kam wår er draust, då schreit a „Peda"
Du bist a recht a Depp a bleda
Mi håmds hergricht bis afs Leima
Und dös olles nur wegn deiner.
Du håst då drinn ön Strudel g'stohln
Und i muaß dafür dö Schläg å(b)holn
Und da Peda dös Luadaviah
Sitzt hintn ba da Sauställtür
Kånn sö vor Låcha nöt dafånga
Danåh hands schleini weidagånga
Und dös guadö Strudelessn
Werdns ea Lebta nöt vagessn.

Otto Milfait

Rahmsuppm (die)	Rahmsuppe, heißes Wasser mit Salz, Kümmel und Rahm, früher sehr beliebt bei Wöchnerinnen (stillenden Müttern)

Råidbeer (die)	Erdbeere, im OM Reodbeer gesprochen
Råmåstl (der)	ein roher und böser Mensch OM
Ramasuri	Durcheinander GM
råmåtn	rumoren, Gepolter machen OM
råmlad	schmutzig, rußig, auch schmutziggrau ... *a råmladi Westn* GM
Ramzåm	Räumzusammen ... gieriger Mensch, der immer nur auf sich bedacht ist (Egoist)
rånfön	schnarchen GM
Ranft (der)	Rand UM
rang	regnen würde ... *wånns na rang*
rankön	spielerisch raufen
Rånt	Einbildung, Einfall OM
rantn und fantn	alles besorgen OM ... *rant di a weng um sie* ... sorg dich ein wenig um sie
rantweis	1. zeitweise ... *rantweis kå(n) ma nix redn mit eam* ... zeitweise kann man mit ihm nichts reden 2. gebietsweise
rånzn	ranzen, die Arme von sich strecken, meist morgens nach dem Aufstehen, um den Körper wieder fit zu machen ... *i muaß mi amål rånzen bevori mi å(n)leg* ... ich muß mich erst einmal strecken, bevor ich mich anziehe

rapfi	mit rauher Stimme, halsleidend ... *i bi heind a weng rapfi* ... ich habe heute eine rauhe Stimme OM
räsoniern	sich unzufrieden zeigen, nörgeln GM
Ratsch (der)	Idee ... *wånn ma da Ratsch kimd* ... wenn mir die Idee kommt (Perg)
ratschn	sich angeregt unterhalten
ratzn	reizen GM
Ratzn (die)	große Menge, eine Reihe von Dingen ... *a gånze Ratzn lauter Öpföbam stengan nebm da Stråßn* ... eine ganze Reihe von Äpfelbäumen stehen neben der Straße
ratzenkåhl	kahl, ein kahler Hügel is *ratzenkåhl*
Rauan oder Raun (die)	Blutkruste
Raubeng (die)	Rauhbank, großer Hobel
Raubersbuam (die, Mzl.)	Räubersbuben ... Schimpfwort für eine Gruppe ausgelassener Buben
Raubritta	Ausschaun *wira gschundner Raubritter*
Raudaschl (der)	Mensch, der sich über alles hinwegsetzt
raugga	rauchen
rauhladi Wuzeln	zottige Knäuel ... Ein Hexenmeister aus Peilstein bekam von einem Müller aus der Rohrbacher Pfarre 10 Gulden für das Vertreiben des Hexenzaubers. Er fand im Stall die *rauhladen*

Wuzeln, die Schuld an der Verhexung des Viehbestandes waren, und vergrub sie in die Erde. (Sagen aus dem Oberen Mühlviertel von L. Sieß) In einem anderen Falle empfahl er einen Bauern, unverzüglich an einer Schnur *9 Hosentürln* gegen das Verhexen im Stalle aufzuhängen (Siehe Band 1, Hexenmoasta, S. 186)

Rauhwuza (der)	Mehlspeise im Gasthaus Grubauer in Spattendorf
rauma	räumen ... *Ålte, raum d' Kuchl aus, i hå(n) a Roß kaft ...* Alte (gemeint ist die Ehefrau), räume die Küche aus, ich habe ein Pferd gekauft
Rauman (die)	Kruste, z. B. von angebrannter Mehlspeise, oder Schorf von einer Wunde etc. GM
Rauna (die)	rote Rüben
Real (das)	Röhrchen
Rechtn (die)	Ärger ... *då kånst a Rechtn håbn ...* da kannst du Ärger bekommen. (Rainbach)
recka	strecken, aber auch der Brechreiz wird als *Rekka* bezeichnet
Regnweda	Regenwetter ... *a Gsicht wia neun Tåg Regnweda å(n)måcha*
Regnwurzn	Zirruswolke (Zirrus stratus), sie wird als Schlechtwetterbote angesehen
Rehgoaß	Rehgeiß; Kinderreim ... *wånnst dös wissast, wås i woaß, springatst wira Rehgoaß ...* wenn du wüßtest, was ich weiß, würdest du springen wie eine Rehgeiß

Rehrnzädn (der)	Rohrzelten, Rohrkuchen OM
Reib, Reibm	Biegung, Kurve GM
Reidl (die)	Pflugschar OM
Reiha (die)	enge Gasse zwischen den Häusern ... ö *da Reiha durigeh'n*
Reim	Reif auf der Wiese, Bereifung am Obst GM
Reindl (das)	niederer Kochtopf
Reisat (das)	Reisig GM
Reisahåcka (das)	Reisig hacken

„Reisahåcka"

reisn	herabrieseln GM
reiss(e)n	niesen ... *zwoamål håts mi grissen – scheni Leut reißts dreimål*
Reitern (die)	großes Sieb mit Holzrahmen zum Reinigen des Getreides. Reitern bedeutet rein machen. Die Reitern scheidet gut und schlecht in ungleiche Teile. *Wers nöt glaubn wü, der muas's reitern.* Der Schmied auf der Billmeßwies, Jakob Lukesch, ein bewährter Volkstierarzt und Praktiker, erzählte oft, daß er des öfteren die *Reitern* habe rennen lassen, um einem Vergehen nachzuspüren. Einen diebischen Schmiedegesellen zu überführen, sei ihm einmal gelungen. Dazu nahm er eine Reitern, die zum Kornsieben diente, und steckte eine alte handgeschmiedete Schere mit den beiden gespreizten Schenkeln in den Holzrahmen. Die Schere hatte als Herkunftszeichen eine Firmenmarke in der Form zweier Kelche. Dieses heilige Zeichen hielt der Schmied für äußerst bedeutungsvoll. Er faßte das Orakel mit ausgestreckten Zeigefingern unterhalb der Griffe so an, daß die Reitern frei auf den Fingern schweben konnte. Dann besprach er sie. *Im Namen Gottes*, und stellte seine Fragen. Er wiederholte mehrmals seine Beschwörung, bis das Orakel entweder bejahend zu schwingen begann, oder verneinend unbeweglich blieb. Voraussetzung für das Gelingen sei der unerschütterliche Glaube an die Zuverlässigkeit der Auskunft und das inständige Anrufen: *Im Namen Gottes*
remö(l)n	unangenehmen Geschmack haben OM
re(d)n	reden

Renkn (der)	längliches Stück Fleisch GM
renga	renken ... *aus- oder ei(n)renga*, aus- oder eindrehen von Gliedmaßen ... *i hån ma ön Årm ausgrengt*
renn di nöt ån	stoß dich nicht an ... *renn dö nöt ån,* sagt der Bauer zu seinem Besuch, wenn der Stall besichtigt wird, und weist auf die niedere Stalltür hin. Der Sinn der Bemerkung lag allerdings darin, den bösen Blick vom Vieh abzulenken
renna	laufen ... auch ein Messer *hineinrennen* (stoßen)
Renna (der)	Stoß ... *an Renna gebm*, heißt einen Stoß versetzen
Renscheban (die)	Kuchen aus Kornmehl, sehr trocken, er *scheppert* im Rohr
reot, roid	rot GM
reotbrüchö	rotwangig; beim Holz rot unterlaufen OM
resch	1. mutig ... *resch und fesch*, frei heraus, nach anderem aber 2. auch für trocken, knusprig (Gebäck) GM
Resl	Kurzname für Theresia, angeblich die wertvollste Frau, *ma(n) håt ö da Früah an „THE", z' Mittåg a „RE(h)" und af d' Nåcht „SIA"*...man hat morgens einen TEE, mittags ein RE (h) und abends SIE auch, – THERESIA
restiern	großen Jammer schlagen OM

revierisch	tüchtig, geschickt OM
Riachzåpfn (der)	Nase, derb
Riaffö (der)	Rüffel
Ribislstaudn (die)	Johannisbeerstrauch
riderisch	reiterisch, *riderisch aufsitzen* ... nach Art der Reiter mit gespreizten Beinen aufsitzen
Rieblbred (das)	Ribbelbrett ... geripptes Brett zum Wäschewaschen
Riedl (der)	Riegel, Haustürriegel, den man abends von innen vorschob
Riefan (die)	Schorf auf einer Wunde OM
riegln	nach dem Tod eines Hausgenossen mußten alle Gegenstände *geriegelt* werden, damit sie nicht *abstehen* (morschen) (Depiny, Sitte und Brauch S. 100) *å(b)gstånden* abgemorscht; auch Wasser kann *a(b)gstandn* sein (faul) (Siehe Band 1, S. 312)
riggön	nach Rauch riechen, auch *reiggön* gespr.
rinna	rinnen ... *wos tröpföd, då håltn ma unter, und wos rinnt, då låß mas rinna*
Roa (der)	Feldrain UM (Nasalierung auf dem „*o*")
Roaf (der)	Reifen, Redewendung ... *i wia da dö Roaf ånziagn!* ... ich werde dir die Reifen anziehen!
Roafeisn (das)	Spezialwerkzeug, zum Bearbeiten von Holz, Herstellen der Holzschuhe

Roagåbö (die)	Reichgabel, mit der man die Garben auf den Wagen reichte
roagln	mit Knüppeln zusammenwinden. Manche Roßknechte *roagelten* die Pferde um den Bauch mit einer Kette und schlugen noch oben drauf, wenn sie die schwere Fuhre nicht ziehen konnten. Es sträubt sich die Feder zu schreiben, daß manche den Pferden auch noch Feuer unter den Bäuchen anzündeten, um sie anzuspornen
Roaheu (das)	von den Wiesenrainen gewonnenes Heu (Nasalierung auf dem „*o*")
roasferdi sei(n)	reisefertig sein
Roat (die)	Berechnung OM
roatn	raten, berechnen, planen OM
rodln	1. mit dem Schlitten fahren, 2. rollen, die Kartoffeln *rodln* über die Kellerstiege
Rögl (die)	Kurzname für Regina OM
Rogga (der)	Stab mit Dreifuß, an dem man die zu spinnende Wolle befestigt hatte. Der *Rogga*, besonders schön geschnitzt und verziert, war im OM einst ein Brautgeschenk. Fälschlich wird auch das Spinnrad als *Rogga* bezeichnet
Roggaroas (die)	ursprüngliche Zusammenkunft der Hausfrauen aus der Umgebung zum gemeinsamen Spinnen mit *Rogga* und *Spinnrad*. Heute als geselliges Beisammensein wiederbelebt

rogli	locker ... *dö Stoamau is a weng rogli* ... die Steinmauer ist etwas locker
roiln	Gerste enthülsen OM
Roisn (die)	Rose GM
Roßkråmpm (der)	altes Pferd
Roßpeitschn (die)	Ringlotte, pflaumenähnliche Frucht OM
Roßtäuscher (der)	Pferdehändler, der mit unlauteren Methoden arbeitete
Rotrussl (der)	wird auch *Maserle* oder der *Spindelbaum* oder Spillbaum genannt; auch *Ruschl* gespr.
Rotzpippm (die)	Rotzpipe, Schimpfwort für einen frechen Burschen
Rotznåsn (die)	Rotznase ... *bim, bam, leutens zåum, mit da långa Wåssastång, Meßner leut! S'Kaiberl schreit gmäh!* (Kinderreim)
Rotzbremsn (die)	Rotzbremse, Schnurrbart
Rua(b)m	Rübe GM
ruahli	ruhsam, ruhig, OM
Ruamkää (der)	Rübenkeller
Rüasta (die, Mzl.)	Handgriffe des Pfluges
Ruaschn (die)	Ulme, auch gelindes Schimpfwort für ein sehr übermütiges Mädchen UM
rucka	wegrücken von der Stelle GM

rüglsåm	kräftig GM
Rühr mi nöt ån	Springkraut (Impatiens noli me tangere). Der lat. Name hat ihm auch die Bezeichnung *Tolimetankerl* gegeben. Das Springkraut wird auch *Springginggerl* genannt
rühri	rührig, wendig
Ruhrzapfl (das)	bei den Kindern *Rauchfangkehrer* genannt wird der Wiesenknopf (Sanguis orba). Es wurde als Heilmittel gegen Ruhrerkrankungen verwendet
Rumeißl (die)	Aufregung, Unruhe OM
rumpö(l)n	Krawall verursachen im Hause GM ... *rumpöd eini ba da Tür*
Rumpla (der)	heftiges Getöse
rund	angenehm, lustig, fröhlich, tüchtig ... *heint gehts rund*
Runda (das)	das Beste ... *das Runda was, waun olli zåmhäffadn* ... das Beste wär es, wenn alle zusammenhelfen würden OM
rundumadum	rundherum ... Rechnung eines Schusters aus Hirschau von anno dazumal ... *Zwen Weiberschuah, rundumadum gflickt und übersi gricht, 3,50 S.* ... Zwei Weiberschuhe, rundherum geflickt und obenauf gerichtet, 3,50 S
rupfa	aus grobem Leinen

S

sads	seid ihr ... *sads olli då?*
Såg (der)	Sack GM
Såg (die)	Sägewerk

„Sågoawat"

såg mas	sag mirs ... *såg mas, obst mi mågst!*
sag, sagad	sehen würde ... *waun a schens Weda wa, sagad ma s' Gebirg* ... wenn schönes Wetter wäre, sähe man das Gebirge
sågad	sagen würde ... *wånn i das sågad* ...
Sågfeila (der)	1. Sägefeiler, die Zähne der *Bognsåg*, der *Zug-* oder *Wiagnsåg* mußten mit der Dreikantfeile geschärft werden 2. Die Kohlmeise mit ihrem quietschenden Gesang wird auch *Sågfeiler* genannt. Es hört sich an wie das Feilen einer Säge. Der *Sågfeiler* kündigt den Frühling an
sägizn	schwappen, Geräusch, welches zu hören ist, wenn man in mit Wasser gefüllten Schuhen geht GM
Såha (der)	*Kornsåha, Såhra, (der),* die Segge (*carex caricetum* bei Schmeller II S. 244) ... Der *Såha* ist die breite Blattmasse bei den Getreidearten. ... *d' Schåf miaßen ön Kornsåha åwoaden* (Arnreit)
Sakarament	Fluch ... *zan Sakarament nuamål*
sakarawålt	unwirsche Bemerkung des Erstaunens
Sakramentenhäusln	Sakramentenhäuschen. Da die alten gotischen Altäre keine Tabernakel hatten, wurde die Monstranz mit der Hostie in eigenen, gut verschließbaren Aufbauten oder Mauernischen, häufig auf der Evangelienseite, aufbewahrt. (Erst mit der Renaissance kamen die Tabernakel auf.) (Josef Blau, Der Heimatforscher)

sålfan	Beim Zahnen von Kindern tritt meist Speichel aus dem Mund, was man *sålfan* nennt
Sålm (die)	Salbe, im OM. Auch böse Menschen sind mit *ålli Sålma gschmiert*, sind raffinierte Menschen
Salö	Rosalia GM
sama	1. sind wir ... *sama insa dreia* ... (Siehe Band 1, S. 322) Kinderreim 2. säumen ... *dua mi nöt sama, i bi ba da Oawad* ... halt mich nicht auf, ich bin bei der Arbeit
Sämökre(n) (der)	Semmelkren, auch *Kre(n)suppm* gespr. Meerrettich mit gekochten Semmeln und Milch. Rindfleisch und Semmelkren gibt es nach Begräbnissen bei der Zehrung. Der Leichenzug wird boshafterweise auch *Rindfleischprozession* genannt
Sämötrenzer (der)	Semmeltrenzer, angetrunkener Gast, der ständig das gleiche erzählt
Såmtroad (das)	Samengetreide
san	sind, auch *hand* gespr... *wån a påår banåna san* ... wenn ein paar beisammen sind
sädn	selten
St. Veit	Ortsname: *In St. Veit ist da Hund begråbn*. Der alte Freiherr Hager befand sich auf einer Rekognoszierungsreise, begleitet von seinem treuen Hund Delphin. Hager, übermüdet, legte sich auf das kühle Moos und schlief alsbald ein. Delphin aber gewahrte die Annäherung von Feinden und weckte mit einem Biß in die Ohren

Bildnis von Hager und dem Hundegrabstein von St. Veit im Mühlkreis

seinen Herrn. Er konnte seinen Feinden entkommen und belohnte seinen Hund Delphin in der Weise, daß er ihm nach seinem Ableben einen Grabstein setzen ließ, den es heute noch geben soll. Darauf stand zu lesen:

Meinen Herrn hab ich mit Treu bewacht
Drum ist mir der Stein gemacht
Delphin ward ich von ihm genannt
Hier lieg ich verscharrt im Sand
Die Zeit, so ich am Leben war
Sind gewesen 17 Jahr

sans oder hans — sind sie/Sie ... *sans eh guad hoamkema?* ... sind Sie gut nach Hause gekommen?

saparadie! — mäßiger Fluch, noch heftiger heißt es *sakaradi* oder *sakarament*

Satorformel:

```
S A T O R
A R E P O
T E N E T
O P E R A
R O T A S
```

Die Deutung dieser Formel ist sehr verschiedenartig. Die Tatsache, daß dieser Spruch von rechts nach links und umgekehrt, von oben nach unten gelesen, den gleichen Wortlaut ergibt, ist es naheliegend, daß diese alphabetische Reihenfolge gar keinen Sinn ergibt, sondern als reine Zauberformel gewertet werden kann. Eine andere Auslegung ergibt folgende Erklärung der Wörter: SATOR, *der Schöpfer*, AREPO, *Eigenname*, OPERA, *die Geschicke*, TENET, *lenkt* (muß zweimal gelesen werden) tenet, *lenkt* SATOR den *Schöpfer*, ROTAS ist ungeklärt. Auf Holzteller geschrieben und ins Feuer geworfen,

erstickten sich die Flammen gegenseitig. *Der Vater Arepo hält durch seine Bemühung die Räder fest.* Vielleicht liegt eine geheimnisvolle Beziehung zwischen Rad (Sonnenscheibe) und Feuer zugrunde. In Südböhmen wurde aus den Früchten der Käsepappel (Malve) ein Mehl bereitet, aus dem kleine Gebäcksformen zubereitet wurden, in deren Mitte ein Zettel mit den Worten: *Sator, arepo, tenet, opera* u. *rotas* hineingebacken wurden. Die Satorformel wurde vorwiegend auf Haustorbögen eingemeißelt. Sie war ursprünglich ein kirchlicher Segen und wurde im Mittelalter als Zaubersegen verwendet. Dieser Spruch gilt mancherorts bei den alten Leuten noch als Segen gegen Wetter, Feuer und Diebstahl. Direktor Radler wies sie als Hausinschrift mit der Jahrezahl 1842 im UM nach.
Neben der Satorformel ist auch das Ei als Abwehrmittel gegen das Feuer bis Ende des vergangenen Jahrhunderts bekannt. Die Erzählung einer alten Kollerschlägerin lautet folgendermaßen: *Beim Brand von Kollerschag 1931 kam das Feuer vor dem Hause Nr. 34, Reischl, zum Stillstand.* Das Haus hatte man bereits ausgeräumt und man erwartete jeden Augenblick das Übergreifen des Feuers vom Nachbarhaus Nr. 38 her. Da brachte plötzlich eine Bäuerin geweihte *Adlereier* herbei und warf sie in das brennende Nachbarhaus. Daraufhin ging hier das Feuer nieder und das Haus Nr. 34 war gerettet. Auch beim Brand von Mollmannsreit sollen solche Eier sich bewährt haben. (Aus HG. 18. Jhrg. 1937, S. 183 von A. Depiny) (Woher die Nachbarin *Adlereier* genommen hat, bleibt allerdings ungeklärt; sehr wahrscheinlich dürfte es sich dabei um die vielgepriesenen Antlaseier gehandelt haben. Der Verfasser) (Siehe Band 1, S. 384)

Sattli (der)	linkes Pferd vom Gespann, welches zusätzlich beim Schiffszug auch noch einen Sattel trug und geritten wurde
satzi	stutzig, eigensinnig OM
Satzing(er)	Häufiger Familienname im MV mhd. *satzinge,* Setzung, Übergabe eines Pfandes
satzn	laufen ... *då håni åber satzn miaßn*
Sauerei	Schweinerei, Bezeichnung eines Übelstandes
saudumm	mehr als dumm!
Sauglocknleitn (das)	Sauglockenläuten, Männergespräche führen, deren Themen aus der untersten Schublade hervorgeholt werden. Derbe, unflätige Witze machen
saugnädi	sehr eilig ... *mir han saugnädi ban Heign, waü a Weda herschaut* ... wir haben es sehr eilig beim Heuen, weil ein (Un-)Wetter in Sicht ist
saugrob	Steigerung von grob; dem Sinne nach bedeutet es *rüpelhaft wie ein Schwein*
Sauhålt (die)	Einzäunung der Schweine im Freien, meist hinter dem Hauswesen
sauledani Schuah	saulederne Schuhe, Schuhe aus Schweinsleder (Betonung auf dem „e")
Säuma (das)	Lasten tragen, Saumwege (keltisch), *Saum* – Last. Bis 450 Pfund hatte ein Saumtier zu tragen. 5 – 10 Lasttiere waren mit langen Leinen verbunden und *säumten* hintereinander, von

einem Säumer geführt. Die Saumwege führten von der Donau nach Böhmen. Es waren die einzigen Handelswege, die nur von Kraxenträgern und Saumtieren begangen wurden. Auch Summerau sollte von *säumen*, also Säumerau abgeleitet sein (8. und 5. Bdch. Joh. Sigl)

saumiad	wörtlich: schweinemüde ... *i bi saumiad, bist du Sau a miad?*
Saumost (der)	Gemeindearrest in Ottensheim im Turm über dem Schmiedtor
Sauråmpfa (der)	Sauerampfer (Rumex acetosa) ... *Am Bahndamm steht ein Sauerampfer, der sieht den ganzen Tag den Zug, aber niemals einen Dampfer, – armer Sauerampfer!* (v. Heinz Erhard)
Sauriaßl (der)	Saurüssel, Flurname in der Gemeinde Schönau und Name für die Bergstrecke von Rottenegg nach Rohrbach
säurözen	raunzen, ungut reden GM
sauschlecht	übelsein
Sausa (der)	heftiger Regenfall UM
säuseln	wenn zwei etwas Geheimes besprechen OM
Sauweda (das)	*a so a Sauweda håds, håd da Michö gsågt, wira mit sein Rausch ön da Gusen umanåndkräut is*
sautrawi	dasselbe wie *saugnädi*
säwa	selber ... *säwa g'måcht ist die schönste Bauerntråcht* – selbst gezogen, selbst gewoben ... auch *säm* anstatt *säwa* gesprochen

sbåd	spät OM
schä	scheel, schief ... *a weng schä hama kema* ... ein wenig schief sind wir geraten
Schacherl (das)	kleines Wäldchen
Schåfigl (das)	kl. Eulenart, die mitunter für das Weibchen des großen Uhus gehalten wurde (Hanrieder)
Schåflåmpm (die)	weibliches Schaf
schakaniern	schikanieren OM
Schallererpflåster (das)	Ein mit großen Pflastersteinen ausgelegtes Straßenstück in Schall, Gemeinde Neumarkt, aus der Zeit, als noch die erste Poststraße von Linz über Gallneukirchen – Spattendorf – Aich – Oberweitersdorf – Loitzendorf – Sallersdorf nach Trosselsdorf (Trågersdorf) – Zissingdorf – Schwandtendorf – Kronest und weiter nach Böhmen führte. Das gepflasterte Straßenstück, welches zur Schallmühle hinunterführt, wird auch noch der *Goldene Steig* genannt. Schon im Jahre 1652 wurde in Spattendorf eine Poststation errichtet. Diese Poststraße war offensichtlich auf einem alten Säumersteig eingerichtet, der durch das Mühlviertel nach Böhmen führte.
Schållna (das)	bellender Laut des Rehwildes, den es ausstößt, wenn es eine Gefahr wittert, aber nicht erkennt
Schånd (die)	Schande
Schåndgeign (die)	Schandgeige, mittelalterliches Folterinstrument, wobei zwei zänkische Frauen mit Hals und Hän-

den, mit dem Gesicht zueinander, in ein Brett eingespannt wurden. Meist mußten sie am Sonntag Vormittag zum Gespött der Kirchenbesucher solcherart am Pranger stehen

schäntn	beschimpfen, tadeln. OM veraltet
Schanzln (das)	Kegelspiel
schanzn	Erdarbeiten verrichten OM
Schåpfen (der)	Schöpfer, hölzernes Gefäß, auch mit Stange GM
Schäpseisn (das)	Schäpseisen, Schneideisen mit Stiel, zum Abschälen der Baumrinde
Schäpsers (ein)	Schaffleisch, *das Schäpserne*
Schauföhåcka (der)	Schaufelhacker, ein Mann, der aus Buchenholz Schaufeln hackt. Der letzte Schaufelhacker lebt in Weitersfelden, mit Vulgonamen *Mäusnester*. Dieser Vulgoname könnte von *Mixnitzer* abgeleitet sein. Ein Vorgänger aus Mixnitz könnte sich einst hier niedergelassen haben.
Schaufreida	Karfreitag – weil die Apostel dem Herrn traurig nachgeschaut haben (OM – Baumgarten *Das Jahr*)
schauma	schauen wir
schawärts	schräg über Wiesen und Felder UM
Scheaggal (das)	sehr abgenütztes Werkzeug, Gabel, Haue etc.
Schean (die)	Grabwerkzeug, Scharre mit Stiel

Schdiagnglanda (das)	Stiegengeländer
Schdoaschleidan (die)	Steinschleuder
Schdoidian (die)	Stalldirne, Stallmagd
Schdrahhüttn (die)	Streuhütte, wo die Einstreu für das Vieh gelagert wird
Strahschwing	großer Korb, mit dem man Stroh in den Stall trug
Schdumbruck (die)	Stubenbrücke, Stubenfußboden, Bretterboden nach alter Art
Schdumbrunza (der)	Stubenpisser ... junger Hund, der noch nicht zimmerrein ist ... *der håd a Lebn wira junger Hund, netta in d' Stubn brunzen derf a nöt*
Schdumdia	Stubentür
Scheabüxen (die)	Maulwurfsbüchse, ein Selbstschußapparat für Maulwürfe (Ein Exemplar im Besitze des Verfassers)

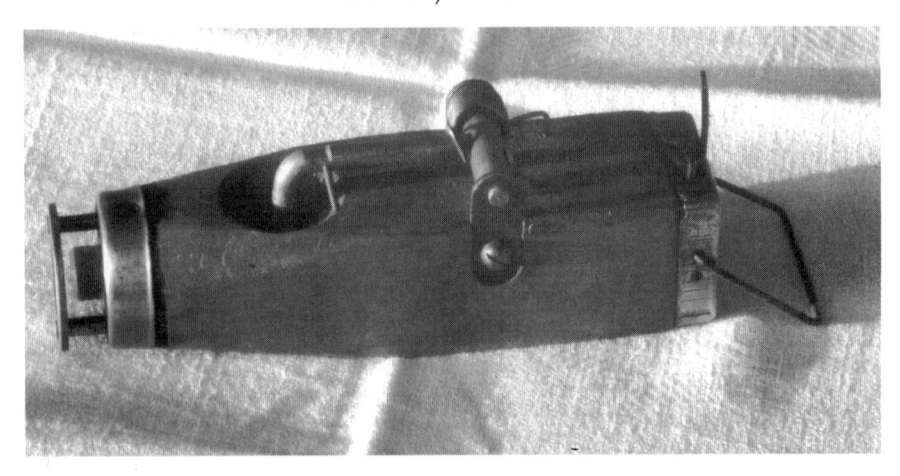

Scheabüxen

Scheibstått (die)	Kegelstatt
Scherbm (der)	1. Nachtscherben, Nachttopf (Mitternachtsvase) 2. *an Scherbm aufhåbm* heißt, den Unmut der Leute auf sich gelenkt haben ... *hiatzt håni ön Scherbm auf ...*
Schergn	Schergen, Häscher
Scheckl (der)	scheckige Kuh
Schedl	Kuchen OM
Scheibling (der)	runde Fläche ... *af da Wiesen an Scheibling ausmah(n),* (ausmähen) OM (Siehe Scheibm im Band 1, S. 329)
Scheikl (das)	leichte Jacke OM
Scheißheisl (das)	Abort im Freien, *Freilichtbühne*
scheißtrawi	sehr eilig
Schelm (der)	hitzige Schweinekrankheit OM
Schengmåchad (das)	Nachgeburt bei den Kühen
scheni Hånd	die rechte Hand ... *gib das scheni Handi her,* sagt man zu einem kleinen Kind bei der Begrüßung
scheorizn	scharren mit den Zähnen, Füßen oder mit einem Werkzeug OM, iUM *schoarizn*
Scherfånga (der)	Scherfänger, Maulwurffänger, er muß besondere Kenntnisse und Tricks anwenden, um Erfolg zu haben

Der „Scherfånga" in Aktion ...

Scherzåcka (der)	in der Hungersnot um einen Scherz Brot in Mistelberg OM gekauft
schewan	scheppern, klappern, klirren ... zwei Radfahrer machen einen Ausflug. Der eine sagt zu seinem Freund: *Dei(n) Kotflügel schewad ...* der andere ruft zurück: *... i vasteh nix, weil mei Kotflügel a so schewad*
schia	1. beinahe ... *i håns schia nöt zåmessn kina ...* ich habe es beinahe nicht zusammenessen können GM 2. scheu ... *furchtsam, er is a weng leitschia ...* er ist ein wenig leutescheu OM (Siehe Band 1, S. 336)
schiach	unschön, häßlich ... *a schiachs Weda håma heind ...* ein schlechtes Wetter haben wir heute
schiagln	schielen GM

Schiefern (die)	Holzspan ... auch sprichwörtlich, *a Schiefern einziagn*, heißt, sich einer großen Gefahr aussetzen, einen Fehler gemacht haben
Schimpö (der)	Schimmelpilz (an Brot, Käse etc.) ... *a schimpligs Bråd*
schinnern	glänzen und klingen, schimmern OM
schirfln	beim Gehen die Füße nachschleifen OM
Schlådan (die)	sehr wässrige Suppe ohne besonderen Nährwert
Schlåfåpfö (der)	Wucherung an der Hagebuttenstaude OM
schlafari	schläfrig
schlåfgrandi	schlaftrunken, grantig, schlecht gelaunt
schläuni	schnell ... *hiatzt muaß i schläuni hoamgeh'n*
Schlawiena (der)	Gauner
schlecht schaust aus	... mager und blaß bist du geworden ... es ist im MV üblich, dem Partner auch Nachteiliges ins Gesicht zu sagen, ohne ihn beleidigen zu wollen
Schlechtwedabot (der)	Schlechtwetterbote: nasse Steine auf der Kellerstiege, die Schwalben fliegen sehr tief, die dürren Äste an den Fichtenstämmen hängen nach unten; ein junger Fichtenstamm mit einem Ast, gilt als das älteste Barometer der Holzhauer, deshalb auch *Holzhackerbarometer* genannt. (Siehe Band 1, S. 200)

schledanäß	ganz durchnäßt
Schlehan (die)	Schlehdorn (Prunus spirosa) Strauch. Aus den Beeren wird vielfach Wein und Schnaps erzeugt. Nach neuester Erkenntnis sollen sie Giftstoffe enthalten
Schleifa	Scherenschleifer
schleini	schnell, beschleunigt
schleißi	1. beim Holz: sehr spaltbar 2. bei Kleidern: sehr abgenützt
Schlenkara (der)	jemand, der mit den Armen auffällig herumschlenkert, (siehe Hossenschlenkerer in Bd.1, S. 201)
Schlenkerwocha (die)	auch *Klanköwocha,* Lichtmeßwoche; Spruch: *Hiatzt kimd dö scheni Liachtmößzeit, dä san dö Knecht gänzt frisch, sö setzen eana Hüatl af, und stehn ön Baun fürn Tisch: Herr Bauer, i muaß wåndern, ös is schon in der Zeit, i hån mi scho seit'n Håbernheign auf d'Liachtmeßwocha gfreit!*
Schliaffö (der)	Schimpfname für einen Buben
schliafn	schliefen, kriechen ... *a schliafbårer Raupfaung*
Schlin (der)	Schlitten
schlinti	wendig OM
schlöanzn	schlendern OM
schloifm	schliefen, kriechen

Schluckbüda (die, Mzl.)	Schluckbildchen, abtrennbare kleine Heiligenbildchen zum Verschlucken, auf daß die Frömmigkeit auf den Verzehrer übergehe. Auch den Rindern wurden solche geweihte Schluckbilder mitunter eingegeben, um sie vor Krankheit zu schützen. Solche originale Schluckbildchen befinden sich noch im Besitze des Verfassers, sie zeigen die gekrönte Mutter Gottes mit dem gekrönten Jesukind und taragen die Aufschrift *Maria Zell,* Maß eines einzelnen Bildes: 2 x 1,5 cm
Schluf (der)	Engstelle durch eine Felsspalte ... *durch den Schluf (Schlupf) muaß ma durikräun* (Siehe Buglwehlucka, Band 1, S. 58)
schlumpan	schlumpern, gluckern ... ein faules Ei gluckert, wenn man es schüttelt. Eine sinngemäße Übersetzung ist nicht möglich
schlungizn	schlucken, verschlingen OM
schmålzen	schmalzen ... gewisse Mehlspeisen wie Nudeln mit Schmalz anreichern
Schmalzbleamö (das)	Sumpfdotterblume, wegen der fettglänzenden Blätter heißt sie auch *Butterbleamö,* und da sie meist um die Osterzeit blüht, wird sie auch *Osterbleamö* genannt. *Schmalzbleamö* heißen auch eine Reihe von Hahnenfußarten (Siehe Band 1, S. 343)

schmatzn	sich unterhalten, bed. auch laut hörbar essen
schmåtzn	küssen, Schmåtz = Kuss OM
Schmålhåns (der)	Schmalhans als Küchenmeister, d. h. hier gibt es wenig zu essen
Schmålzkoh (das)	Grießkoch mit Butterschmalz obenauf
schmau(n)ln	schmeicheln GM
Schmerbam (der)	Schmerbaum; Schmerbäume waren in fühester Zeit jene Bäume, von denen man essbare Früchte gewinnen konnte. Das waren unter anderem: *Holunder*, mundartlich *Hollastaudn* (Beeren, Blüte, Rinde) *Eiche, Birke, Esche, Buche, Linde, wilde Obstbäume, Wacholder, Erle* (die Erlenfrucht wurde *Elsen* genannt) und *Hasel*
schmettern	lügen, Unglaubliches sagen
Schmiera (der)	eifriger Liebhaber von Frauen (Don Juan)
Schmierfink	Ein Mensch, der Wände beschmiert
schmiern	1. einfetten 2. bestechen ... *wer guad schmiert, der fåhrt guad* – oder *umkehrt is a g'fåhrn*
schmöcka	schmecken, riechen ... *schmöck a weng, ... denn NN. måg i nöt schmöcka* ... den NN. kann ich nicht riechen
schmöckadi Soafm	parfümierte Seife
Schmölla (die)	Schmiele, weicher Teil des Brotlaibes

schmunzn	schmunzeln GM
Schnåbö (der)	Mund; *redn, wia oan da Schnåbö gwåchsen is* ... reden, wie einem der Schnabel (Mund) gewachsen ist
Schnåböschuah (die)	spitz zulaufende Schuhe
Schnåppm (die)	alter zerrissener Hut, Kiaschnåppm, wird der Stallhut genannt ... *a Schnåppm kriagn,* heißt auch eine Abfuhr bekommen. UM
Schnaufa (der)	heftiger Atemzug ... *der håd den letzten Schnaufa dån* ... jetzt ist er gestorben (sinngemäß)
schnaun	atmen, auch Ausdruck für Zeit lassen ... *i muaß zerscht amål schnaun* – (schnaufen), ich muß zuerst einmal Atem holen GM
Schnautzer (der)	Oberlippenbart
Schnåwöziagn (das)	Atzung bei den Tauben ... auch eine Liebkosung bei den Tauben ... übertragen auch auf das Küssen
Schneekaderl (das)	Buschwindröschen (Anemone nemorosa), auch das Schneeglöckchen wird *Schneekaderl* genannt
Schneidakas (der)	Schneiderkäse, Sauerampfer OM
Schneidasitz	Sitzart der Schneider, mit verschränkten Beinen am Tisch zu sitzen
Schneidgoaß (die)	Holzgestell zum Auflegen der Scheiter beim Sägen auf Ofenlänge

Schneiztiachö (das)	Schneuztüchl ... Taschentuch, auch *Schneizhådern* genannt
Schnid	Schnitt – Kornschnitt

schnipfn	stehlen OM
schnöbön	nach Atem ringen OM
schnofitzn	die Luft durch die Nase rasch einziehen GM
schnölzn	schnellen ... *in d' Höh schnölzen*, auch *schnölln*, schnellen GM
schnürn	heimlich herumsuchen OM
schoaritzn	mit den Zähnen knirschen

Schoatl (der)	Haarscheitel
Schöberl (das)	*höb di, Schöberl, sunst wiast a Dålk ...* hebe dich, *Schöberl* (Suppeneinlage), sonst wirst du ein mißratener Klumpen
Schodaquetschn (die)	Steinzertrümmerungsmaschine, die bei der Beschotterung der Straße eingesetzt wurde
schofli	neidig
Schofwidl (der)	Widder; ein beschnittener Widder wird *Kapp* genannt
schoißn	schießen GM
Schölan (die)	Åpföschölan, Apfelschale
Schopfmoasn (die)	Blaumeise
Schörgal (der)	Verräter, meist unter Schülern
schörigen	anzeigen, verpetzen GM
Schpöakedn (die)	Sperrkette. Kette am Leiterwagen, die bei der Talfahrt in die Radspeichen eingehängt wurde, um das Rad zu blockieren. Man nannte das eine *Spea*, Sperre. Auch das Unterlegen des *Radschuhes* blockierte das Wagenrad
Schrågga (der)	Schrecken ... *hiatz håst ma åber an Schrågga eingjågt* ... jetzt hast du mir aber einen Schrecken eingejagt
Schreamsn (die)	Kluft, Spalte, Riß
schrei(b)m	schreiben ... *wia låßt a sö den schreibm?* ...

	wie läßt er sich denn schreiben? ... anstatt: wie heißt er denn? (Kollerschlag) OM
Schreot (der)	Schrat, Balkon im Hofe ... *Da Teufö und da Tod, dö sitzen afm "Schreot", sö wårten af mi und i geh' ea nöt hin* OM
Schrig (der)	Verletzung, auch Sprung in einem Glas ... *an Schrig ånhänga* heißt auch, jemanden eine Verletzung zufügen OM
Schroa (der)	Schrei ... *an Schroa håni g'hört*
Schroakodeln (das)	herumjohlen (Unterweißenbach)
Schrocka (der)	Schrecken
Schrög (die)	Wegabsperrung durch Stangen OM
Schrolln (die)	Eisscholle
schrüfö(l)n	schriefeln ... die Brotrinde einschneiden, um sie leichter kauen zu können GM
Schrumpfgermane (der)	kleingeratener Mensch
schuadan	antreiben OM
Schuasta (der)	Schuhmacher ... *Schustawix*, schwarzes glänzendes Wachs, welches die Schuster verwendeten ... *dö Nådel is krump, ünd da Schuasta is a Lump, Schuasta, wix wix, min Schuasta is's nix!* (Kinderreim)
Schuastakäfer (der)	Schusterkäfer, Springkäfer
Schuastasunda (der)	Schustersonntag ... *am Schuastasunda, wån*

	da blau Wind geht und die grea Sunn scheint ... ein Tag, den es nicht gibt
Schub-bog	Schubkarren
Schublådkåsten (der)	Schubladenkasten, bereits abgekommenes Möbel für Kleider, Wäsche u.s.w.
schübön	1. an den Haaren reißen GM 2. die Leute sammeln sich zu Gruppen
schüböweis	schübelweise, gruppenweise ... *schüböweis stengand am Kiraplåtz d' Leit banånd* ... scharenweise stehen am Kirchenplatz die Leute beisammen
schuchtln	übereilen, auch *schuseln* gesprochen GM
schüda, schieda	schütter ... *schiedani Håår* GM
Schui (die)	Schule ... *juhu! Morgn håma koa Schui, brauchi heint d' Aufgåb nöt måcha ... juhu!* Morgen haben wir keine Schule, brauch ich heute die Aufgabe nicht machen
Schupfa (der)	Schupser ... *gib eam an Schupfa, daß er auffikimd* ... gib ihm einen Schubser, daß er hinaufkommt
Schupfm (das)	Erhebung auf der Straße, im Gelände auch Ballspielen, *Ballnschupfm*
schurln	dahinjagen OM
schusln	übereilen, *a Schusler* ist ein übereiliger Mensch, schusseln

schüttn duads	es regnet in Strömen ... am Telefon meldet sich eine Stimme: *Hallo hier Schütz* ... worauf der Anrufer antwortet: *Jå, ba uns regnts eh a oiwei* ... ja bei uns regnet es auch immer
Schutz und Schirm	Von der Grundobrigkeit beschützt, aber auch, sich unter das Patronat der Schutzheiligen stellen. Einige von ihnen sind: Viehpatron: St. Leonhard, Martin, Veit, Sebastian u.a.m. Pestpatron: St. Rochus, Sebastian Helfer in Liebesnot: St. Anton, St. Leonhard und Koloman. Bei der Suche nach verlorenen Gegenständen hilft der hl. Antonius. Für Augenleiden die hl. Ottilia. Für Blattern und Augenleiden die hl. Susanne (Josef Blau, Der Heimatforscher, Leipzig 1922)
Schutzpatrone	Für den Schuster (Schuhmacher) Erispin bzw. der hl. Chrispinianus, im Volksmund *Krispindl* Für die Artilleristen und Bergknappen: die hl. Barbara Für die Gehängten: der hl. Koloman Für die Imker, Lebzelter und Wachszieher: der hl. Ambrosius und der hl. Bernhard Für die Mägde: die hl. Notburga Für die Musiker: die hl. Cäcilia Für Feuer und Wasserschäden: der hl. Florian und der hl. Joh. v. Nepomuk, er ist Haus- und Brückenheiliger Für Halsleiden: der hl. Blasius Für Hirten: der hl. Wendelin Für Zahnweh: die hl. Apollonia Geburtshelfer: St. Anna, Maria und St. Leonhard Gegen verschiedene Krankheiten wie *Ausse* (Geschwüre) oder Furunkel: hl. Gertrud

Bettnässen: St. Veit. Das Gebet der Bettnässer: *Ein Vaterunser fürn hl. Veit, daß er mich aufweckt zur rechten Stund und Zeit.* – (Man hat ihn offenbar für diese Funktion auserwählt, weil er jung und mit einem Topfe in der Hand abgebildet ist).
Hl. Koloman: ... die Mädchen bitten ihn um einen Mann („Nur keinen rothaarigen „)
Standesheiliger der Zimmerleute ist der hl. Josef
(Josef Blau, Der Heimatforscher, Leipzig 1922)

Schwåbm (der)	die Schwaben, größere Strohbündel, die für das Strohdach bestimmt sind
Schwammerling	Wackelstein bei Rechberg

Der Schwammerling bei Rechberg

schwanern	sehr viel reden ... auch dampfplaudern, aufschneiden
Schwartling (der)	Saumbrett eines Baumstammes
schwårze Kerzn	wurden bei schweren Gewittern angezündet
Schwårzhåndla	Händler in der Kriegs- und Nachkriegszeit, der mit rationierten Waren wie Lebensmittel, Stoffe und dergl. unerlaubte Geschäfte machte
Schwårzkittel (die, Mzl.)	Schwarzwild, Wildschweine
Schwårzwurzn (die)	1. *G'selchts*, Selchfleisch, 2. Heilpflanze
schwäun	siehe schwanern (Weitersfelden)
Schwanerer (der)	Plauderer
schweban	schwappen GM
Schwei(n)bå(ch)	Schweinbach, (von dem Geschlecht der Schweinpöcken?) Dorf in der Gem. Engerwitzdorf, *1280 Sweinpach,* von mhd. *swin* = Schwein
Schwertatånz (der)	Schwertertanz. Ein alter Mühlviertler Tanzreigen, der bis in die Vorzeit zurückreicht, er wurde von den Jungmännerbünden ausgeführt. Schon von Tacitus wird auf den Schwertertanz der Germanen hingewiesen. Man kann annehmen, daß die Bajuwaren bei ihrer Landnahme auch den Schwertertanz in unsere Gegend gebracht haben. Sieben Tänzer tragen gleiche Kleidung und Ausrüstung, außerdem hat jeder einen besonderen Namen. Die *Faxen* des Kasperls und des *Pratschenweibels* fehlen hier keinesfalls. Auf Ziehharmonika und Blasinstrumenten aufge-

	spielte Landlerweisen sind gewiß spätere Formen des Reigens. (Welt und Heimat 4. Jhg. Nr. 42, Okt. 1936)
Schwitz (der)	Schweiß
Schwöchad (die)	Schwäche
Schwörza	Schwärzer, Schmuggler, *Påscher*
Schwund (der)	Schwindsucht GM
sea	sehen
Segg (die, Mzl.)	Säcke
sedan duats	es regnet sehr stark GM
Segl (der)	große Geschwulst ... *an mords Segl håd er ban Håis* GM
segn	sehen
Segnbam (der)	Sadebaum, auch Zetterbaum, eine Art von Wacholderstrauch (Juniperus), von dem nur Zweige abgschnitten wurden, wenn ein Sterbefall eintrat. Die Zweige wurden in den Weihbrunnbehälter (Weihwasserbehälter) gegeben, um damit dem Verstorbenen die Stirn zu benetzen – im Namen der hl. Dreifaltigkeit
Seicherl (der)	Schwächling, selten im MV verwendet
seicht	untief ... *dös Wåsser is seicht*, auch *seift* gesprochen
Seierl (das)	Sieberl, kleines Sieb

seift	knapp am Rand ... *dös Kloadl is ganz seift g'nahd* ... das Kleid ist mit schmalem Saum genäht GM
seinetla Jåhr	seit etlichen Jahren GM
Seitlin (der)	Wasserfrosch, OM
sekkant	lästig, zudringlich, *sekkant* (allgemeiner Ausdruck); *sekkieren:* belästigen, jemanden verhöhnen
Selkerling (der)	ein mut- und kraftloser Mensch OM
selkern	verdorren OM veraltet
Semöknödl (der)	Semmelknödel, Semmelknödeln, Semmeln-Knödeln
Sepfa (der)	Schöpfer OM, im UM *Schöpflöffi*
Session (die)	Sitzgelegenheit GM
siadad	sieden würde ... *wånn uns d' Wirdin an Tee siadad?* Frage des Zechers: ... *ist da Dee dei då?*
Sibschoft (die)	Sippschaft OM
sichti	die Sucht haben, Katarrh, Schnupfen etc., auch eine Wunde kann *sichti* sein, sie sieht sehr entzunden aus. GM
Siegi	Kurzname für Siegfried
siemgscheit	übergescheit, siebenmalgescheit ... einer, der die G'scheitheit min Löffö g'fressen håd

siffeln	einen Sprachfehler haben GM
Simandl (der)	Schwachsinniger OM, von Simon (siehe Band 1, S. 368)
Simperl (das)	Körbchen UM
Simpö (der)	ungeschickter Mensch GM
sindla	sinnend, sinnreich OM
sing, sing, sing!	Lockruf für die *Singerl,* auch *Wuserl,* wie die Kücken genannt werden
Singerlhenn (die)	Bruthenne, auch *Wuserlhenn* genannt UM
sinniern	nachdenken
sinst	ansonsten, im OM auch *sist* gesprochen
sintla	seltsam … *schau nöt so sintla!* OM
Slepfa (die)	Schlapfen, Pantoffeln
sö	sich … *sie wåscht sö d'Augn aus*
Soachsåm (der)	Turmkraut (Turritis glabra). Wird von Kräutersammlerinnen eifrig gesammelt, da der Absud ein vorzügliches harntreibendes Mittel sein soll. Wegen dieser Eigenschaft kam die Pflanze zu dem volkstümlichen Namen *Soachsåm,* das auf Hochdeutsch soviel wie *Harnsamen* bedeutet
soad	sagt … *jå, håd a g'soad* OM
Soafaling (der)	Speichel

Soatling (der)	Schafdärme zum Wurstmachen
Söch (das)	Pflugmesser GM
Sofferl (die)	Sophie ... *die kåldi Sofferl* (gehört zu den drei Eisheiligen) im Mai. 12.: Pankratius, 13.: Servatius, 14.: Bonifatius, 15.: die kalte Sophie
soin	sieden
söm	selber ... *i geh liawa söm* ... ich gehe lieber selbst OM, im UM *säm* gespr.
Soß (die)	Soße, Blut ... *d' Soß rinnt eam åwa* ... das Blut läuft ihm herunter
sowås	so etwas ... *sowås und nuwås is a wås* ... so etwas und noch etwas ist auch etwas
Söwigdåg	Allerseelen OM
spachtö	hart, langsam, fußsteif OM
Spådl (die)	kleine Schachtel OM
spain	(a und i getrennt sprechen) – öffnen, auseinanderhalten ... *d' Haxen spain, wi a bråtna Håhn* ... die Füße auseinanderspreizen wie ein gebratener Hahn OM
Spältdå (ch) (das)	Legedach aus Brettern OM
Spältzaun (der)	Zaun aus gespaltenen Stangen OM
Spä(l)zn (die)	Spälzen – abgespaltenes Holzstück OM
spåna	spannen, mit den Fingern spannen, Maß nehmen

spanisch	eigentümlich, verdächtig ... *dös kimd ma a weng spanisch vür* ... das kommt mir ein wenig spanisch vor
Spånleichta (der)	Spanleuchter, auf einem Holzständer angebrachter dreizackiger Eisenspieß zum Einklemmen des Holzspanes. Der Holzspan diente vor der Installierung des elektrischen Lichtes als Beleuchtungsmittel in Haus und Hof
Spånnapeda (der)	Legendäre Figur des Oberen Mühlviertels, Verwender einer eigenartigen Heilmethode. Sein richtiger Name war Peter Teufelsbrucker. Er behandelte am Sonntag Vormittag nach dem Gottesdienst die kranken Leute im Gasthaus mit

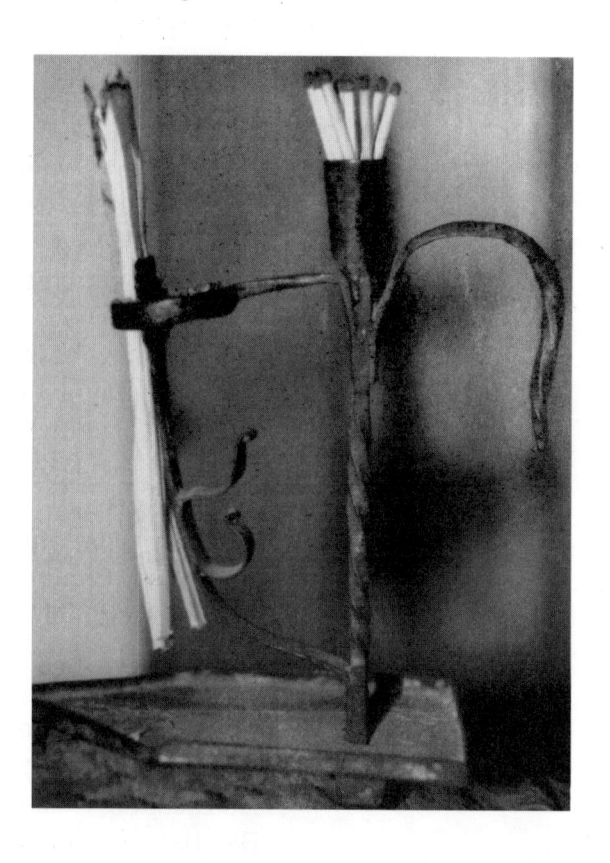

dem Spannen des Daumens und des kleinen Fingers über die schmerzenden Stellen und an den Armen auf und ab, wobei er immer die Worte sprach: *Es geht was ab oder es bleibt was über.* Er starb am 19. Mai 1886 in seinem Hause Haid Nr. 8, das er sich vom Fellner Hans eingetauscht hatte. Vor seinem Tode gestand er offen, daß er gar nichts *könne,* sondern er die Leute auf ihr Drängen hin nur *gefoppt* hatte. (Siehe Band 1, S. 370)

Spå(n)panadln (die)	Hindernisse, Schwierigkeiten GM
spoarsåm lebm	Taschentücher waren ein Luxus, man schneuzte sich nach alter deutscher Sitte mit der Hand. Regenschirme hatte man ebenfalls nicht. Regnete es in Strömen, wenn man von oder zur Kirche unterwegs war, so falteten die Frauen ihr Oberkleid über dem Kopf zusammen. Ein hinterdrein gehender Kirchenbesucher rief der solcherart geschützten Bäuerin nach: *Du Roabäurin!, da nåckadi Oasch schaut aussi,* worauf die Roabäurin meinte: *A wås, der is eh scho ålt gmua, aber der Huat is nu nei(ch).*

Der Bauer hatte unter seinem weitkrempigen Hut einigermaßen Schutz vor dem Unwetter. Die ersten Regenschirme hatten ein Holzgestänge. Zusammengefaltet dienten sie oft als Behälter für die eingekauften Sachen. Kam ein Regen, so mußte er schnell ausgeräumt werden. Die Holzschuhe, Holzbummerl genannt, wurden mit Blechstreifen eingesäumt, damit sie nicht so schnell abgetreten wurden.

Das Spinnrad lief oft bis spät in die Nacht hinein. Die einzige Lichtquelle war der Spanleuchter, der mußte ständig wieder neu aufgelegt und die verbrannte Kruste (*Kräuschpm*) entfernt werden. Im UM war die *Kealeuchtn* (Kienleuchte) sehr stark verbreitet. Das Herrichten und Aufstecken der Späne besorgte einer der jüngsten Dienstboten oder der *Ähnl*. Man saß beim flackernden Licht der Kienleuchte und erzählte von Teufelsgeschichten und Hexereien, daß allen die *Ganslhaut* über den Rücken lief und sich abends niemand mehr vor die Haustür hinaustraute. Als Brautgeschenk bekam die Braut im OM einen gschnitzten *Rogga* mit je nach der Herkunft mehr oder weniger *rupferne Lei(n)wad* (*rupferne* = grobe, *Lei(n)wad* = Leinwand)

Spåtzenneid (der)

Die Spattendorfer hatten keine Spatzen im Dorf und wurden deswegen von den *Gallingern* stets gehänselt. Um das Gegenteil zu beweisen, beauftragten sie einige Buben, beim Lagerhaus in *Gålli* (Gallneukirchen) 50 Spatzen einzufangen und nach Spattendorf zu bringen. Gesagt getan, doch die Spatzen flogen wieder zurück nach *Galli*. Dieses Spiel wiederholte sich mehrmals, und so besorgten sie sich, aus den Erfahrungen schlau geworden, gleich 100 Spatzen vom Lagerhaus in *Galli* und stutzten ihnen die Flügel, um sie am Wegfliegen zu hindern. Tags darauf war ein Fuhrmann von Spattendorf nach *Galli* unterwegs. Er traute seinen Augen kaum, als ihn eine große Menge Spatzen überholte, die alle zu Fuß nach Gallneukirchen gingen. Sie hatten es sehr eilig, darum sind sie auch nicht auf das Fuhrwerk aufgesessen.

Spåwadschnur (die)	Spagat-Schnur (Doppelbezeichnung)
Speg (der)	Speck
Speisbier	Speisebier (veralteter Ausdruck, entnommen aus HG Jhg. 2, 1921, S. 211 ... Glashütte Schwarzenberg, Versorgung der Leute mit Lebensmitteln und Speisebier)
Speiszedl (das)	Speisezettel (der) *ba dö Baun* ... bei den Bauern im OM: Frühstück: *Mehlsuppm am Sunda* (Sonntag) gab es *Rahmsuppm,* erst viel später gab es im allgemeinen Malzkaffee oder einen *Oachlkaffee.* Eicheln wurden geschält, geröstet und ergaben ein kaffeeähnliches Getränk. Es wurde grundsätzlich in alle Suppen *einbrockt*, d. h. der Brotlaib ging die Runde und jeder trennte eine Schnitte herunter und *brockte* ein in die gemeinsame Schüssel. Für das Mittagessen siehe bei *Mittaricht*
Spenådl (die)	Sperrnadel, Stecknadel
Spenfadl (das)	Spanferkel
Spenling (der)	Pflaume OM
Spensa (der)	Jacke, engl. Spencer
sper	mager
Sperl (die)	Stecknadeln GM
spiaßöckad	spitzwinkelig OM
spiatzn	spucken ... *i sågs mein Bruadan, der kå(n) eh recht weid spiatzn* ... ich sage es meinem Bruder, der kann ohnehin recht weit spucken

Spielhåh(n)	Spielhahn, Birkhahn, in der Jägersprache auch kleiner Hahn genannt
spinnad werdn	verrückt werden
Spinst oder Spiest	unausgebackener Teil des Brotlaibes, der Loab is *spiesti* GM
Spitål	Armenhaus, auch *G'spitål* gesprochen (veraltet)
Spitzhuat (der)	Spitzhut, den die Juden im Mittelalter als äußeres Zeichen tragen mußten
spitzn	lauern
Spoacha	Speiche, *fürspoacha* – weit ausschreiten
Spornritta (der)	Spornritter, Spinner, Geisteskranker
språchen	einen Geist anreden, z. B. beim *Tischlrücken* etc ... OM
Spreißlkreuz (das)	Holzkreuze, kunstvoll aus lauter kleinen Spänchen auf heute unerklärliche Weise zusammengesetzt. – Zimmermannsarbeit im Winter
spreitzn	sträuben ... *spreitz dö nöt lång!* ... *Unterspreitzen*, abstützen mit Balken usw.
Spreng (die)	scharf ansteigender Wegteil OM
springatst	springen würdest
springgifti	jähzornig
Springginggerl (das)	springlebendiges Kind

Spreißlkreuz

springlebendi	gesund und munter
Sprinz (der)	Habicht ... Sprinzenstein, Sage vom Sprinz für die Ortsgründung.
Spü(l)må(n)	S. 5. Band Spielmann ... *Spü(l)må(n) spü(l) af, du wirst scho wås kriagn, mia låssen da a Häfn voi Erdäpfö siadn*
Spund (der)	Pfropfen für das Spundloch beim Mostfaß
stabelhausn gehn	betteln gehen OM

stådla	stattlich OM
Stådtfrack (der)	ein arroganter Städter
Staffö (der)	1. Stufen 2. Stufen auch in der Verwandtschaft. Verwandte im 2. *Staffö* sind die *G'schwistarad Kina,* Geschwister-Kinder, das sind Cousins und Cousinen OM
standt	stünde ... *waun i gråd durt standt* ... wenn ich gerade dort stünde
Stangl (das)	dünne Stange, Besenstangl
stark wira Bär	... *a Bärnlackl,* starker Mensch
staubadi Knon	staubende Knödel, Mehlknödel mit ganz wenig gekochten Kartoffeln beigemengt, sie heißen auch die *behmischen Knödel* (böhmische Knödel) OM
Staudarat (das)	Gebüsch
Steakö (das)	etwa 1/4 Sack mit Mehl, Getreide, Kartoffeln
Steanreischpm (die)	Sternschnuppe (Meteorit) UM
Stean reißn	einen Sturz mit dem Fahrrad machen ... Bub beim Freihändigfahren mit dem Fahrrad: *Juhu, ohne Händ.* Beim zweiten Mal, die Füße von den Pedalen nehmend: *Juhu, ohne Fiaß.* Beim dritten Mal: *Ohne Zähnd*
Stegga (der)	Gehstock
Stehgeiga (der)	Violin-Solist, der stehend seine Weisen spielt

Stehkasten (der)	Kleiderschrank
steh um	geh zur Seite OM
Stempfö (der)	Stempel GM
Sterz (der)	*Holzhackersterz*, kräftige Mahlzeit aus Mehl und Schmalz
Steßl (der)	Stößel
stessn	stoßen ... da Goaßbog hådn g'stessn ... der Ziegenbock hat ihn gestoßen
Steo (die)	Steuer
Stephanstritt	Formenstein in der Gemeinde St. Stefan am Walde, im Volksmund (*Gad Stepha*). Die einer Fußsspur ähnliche Vertiefung im Stein wird dem hl. Stephan zugeschrieben, der von hier aus mit einem Beilwurf zur Gründung der Kirche beigetragen haben soll. In nächster Umgebung befinden sich noch einige Theresianische Grenzsteine und ein altes Kreuzstöckl.
Steyrer (der)	1. Bewohner der Steiermark sowie der Stadt Steyr 2. Kropf
Steyrischa (der)	Steyrischer, sehr beliebter Volkstanz im MV. Am Beginn des Tanzes treten die Paare an und gehen im Kreise herum (Umtreten). Die Tänzer lassen die Hand der Tänzerinnen los, die sich dann nach außen drehen (Ausdrahn)
Stiakalbl (das)	männliches Kalb

stialn	herumstochern GM
stibitzn	stehlen von Kleinigkeiten
stier	ohne jede Barschaft ... *s' Gäd wird a(b)gschåft, sågt da Håns, es gibt scho vü Leut, dö koas mehr håmd*
stiergnackad	Mann mit breitem Genick und kurzem Hals
stigitzn	stottern, auch *gigitzen* gespr. ... ein stotternder Schlächtergeselle zum schielenden Meister beim Schlachten eines Stieres ... *hau, hau, haust du, du, dort hin, hin, wo, wo, wost hinschaust?*, auf ein kräftiges „Ja" vom Meister meint verängstigt der Geselle: *dånn ... d,d,duri min Sch,Schtier P,P,Plåtz tauschen*
Stigl (das)	Überstieg, Stufen zum Übersteigen eines Zaunes OM
Stiggö (das)	Stück ... *a Stiggö Viech* ... ein Stück Vieh GM
stinga	stinken ... *stinga wira Äddas* ... stinken wie ein Iltis
stinkfäu(l)	stinkfaul
Stinkstiefl (der)	Schimpfwort für einen stinkenden Menschen
Stoa	Stein ... *a Tropfen af an hoaßn Stoa* ... Tropfen auf einen heißen Stein
Stoafeier (das)	Steinfeuer, ein mit Feuerstein erzeugtes Feuer ... *da Mitterknecht steckt eam a Stoafei ån und steckte eam dan glieradn Schwåma ös G'steam* ... der mittlere Knecht macht *ihm* (sich) ein Stein-

feuer an und steckt *ihm* (sich) dann den glühenden Schwamm (Buchenschwamm) in den Pfeifenkopf. (Aus *Meister der Mundart*, von Dr. Hans Commenda 1948, Gedruckt bei Joh. Haas in Wels)

Stoagrånd (der)	Steinbehälter, siehe *Grånd,* Wassergrander aus Granit gemeißelt
stoagrång	steinkrank, d. h. sehr krank ... *wånn i sovü sauf wia du, bin i stoagrång*
Stoagritschn (die)	Flur mit sehr vielen Steinen
Stoagrodlad (das)	viele lose Steine im Mauerwerk
Stoaguad (das)	Steingutgeschirr, Keramik
Stoakowö (der)	kleines Wäldchen mit Felsen
Stoal (Mzl)	Stare
Stoamandl (das)	seltsames Steingebilde mit zwei Gesichtern und gleichzeitig ein Wackelstein mit 3,5 m Höhe. Er befindet sich im Ahornwald im Gemeindegebiet von St. Leonhard und könnte einst als Kultstein gedient haben. (Vergessene Zeugen, von Otto Milfait)
Stoamau (die)	Steinmauer
Stoanagal (das)	auch *Feldnagerl, Bluatströpfö,* und *Bluatsnagal* genannt: Karthäusernelke (Silene carthusianorum)
stoanana Herrgott	Herrgottstatue aus Stein gemeißelt bei St. Wolfgang am Stein. Außerhalb der Kapelle befindet

	sich ein Steinsockel mit lateinischer Inschrift, die da lautet: *„Stehe, Wanderer, atme, seufze, Christus sei dein Führer durch die erwählten Wege. Ich habe mich erholt, – ich werde gehen. Sei stark im Glauben, oh fremder Begleiter."* Der Stein trägt mehrere Bohrlöcher.
stoanarrisch	vollkommen verrückt. Manche Heimatforscher des Unteren Mühlviertels bezeichnen sich selbst als die *Stoanarrischen*
Stoanas Meer (das)	Steinwüste im Böhmerwald
stoareich	1. steinreich, sehr reich 2. reich an Steinen im Ackerboden
Stoariedl (der)	steiniger Höhenrücken
Stöbö (der)	3 bis 6 cm dicker Ast, den man gerade noch mit der Hacke abschlagen kann
Stockbehm	Bewohner aus Böhmen, der nicht deutsch spricht, ein *Zwicklbehm* ist einer, der sowohl deutsch als auch tschechisch spricht. Ein *Deutschbehm* spricht nur deutsch.
stockbsoffn	total betrunken
Stock (der)	1. Stockwerk, 2. Baumstumpf, 3. Gehstock, 4. feste Masse, 5. Eisstock, 6. *stocknarrisch* (total verrückt)
Stock ån!	Zuruf an den mit verbundenen Augen herumsuchenden Mitspieler des *Blindekuhspieles*, wenn er zu nahe an gefährliche Gegenstände herangeht, wie Ofen etc.

Stockat (das)	Stocket, Waldblöße mit vielen Baumstümpfen, die zu einem Flurnamen führten ... *a g'stockadi Mü(ch)* ist Sauermilch
stockdamisch	Ausdruck, der aus der bayerischen Nachbarschaft kommt und so viel wie blödsinnig bedeutet
stockderrisch	komplett taub
Stockfisch	1. Fischart ... *80 Pfund Stockfisch (getrocknet) mußte man 1704 dem Landeshauptmann in Geld als Ersatz für die Fastenspeise (dem Stockfisch) jährlich bezahlen. Weiters 64 Pfund lautes Schmalz, 2 Viertel = 1 Metzen große Arbes (Erbsen), 3 Schock Platteis (frisch) 1 Vierteltonne Hering, 1 Faß Priggen (?)* (Gustav Brachmann – ohne Erklärung!) 2. Bezeichnung für einen dummen, sprechfaulen Menschen
Stöckgråbn (das)	Stöcke (Baumstümpfe) ausgraben, auch ein Gesellschaftsspiel
Stockhau(n) (die)	Haue zum Aushauen der Wurzelstöcke
stöderisch	städtisch GM
Stöffö (der)	Stefan ... *a vagessna Stöffö* ... vergessener Mensch
stogfinsta	stockfinster ... *ö da stogfinstan Nåcht håni meiner Åltn dös Fürchten beibråcht* ... in der stockfinsteren Nacht habe ich meiner Frau das Fürchten beigebracht
Stopfmånga (der)	Stopfholz, pilzartiges Holz zum Ausflicken durchlöcherter Socken

Stoppö (der)	Pfropfen, Korken der Flasche
Stoppelgäd (das)	Korkengeld, das man zu entrichten hat, wenn man mitgebrachten Wein im Gasthaus trinken möchte
Stoppöziaga (der)	Korkenzieher
Störi (die)	Stärke (aus keltisch – germanischer Zeit stammend); *Störibrot*, Weißbrot
Störiloab (der)	ihn bekam jene Person, die einen Dienstboten an einen Bauern vermittelte
Stosuppn (die)	Suppe aus gestockter, *g'stöckelöter* (sauer gewordener) Milch
Stoßbudl (die)	Kegelspiel in kleiner Form ähnlich dem Billard
Strampöhosn	Kleidungsstück für kleine Kinder, Strampler
Straubn (die)	Oastraubn, Mäultaschen, Mehlspeise aus Kartoffelteig mit Apfelfüllung, sehr schmackhaft
Streamö (die, Mzl.)	Striemen nach Peitschenschlägen
streba	aus Stroh ... *i hån an streban Huat* GM
Stren (das)	Strang, abgepacktes Bündel von Strickwolle GM
Streo (das)	Stroh OM, im UM *Stråi* gespr.
strewan	streben
Strick	1. Strang ... *Waun oilli Strick „reißnd", åft hänga ma ins af* 2. Gauner

Strickerei (die)	Strickzeug: *„Eine Bäuerin fragt die andere: "Wögn wås strickst denn so schnä?" Antwort: „Daß ma d' Woi nöt eanta går wird, bevor d' Sockn ferti hand."*
stridi	streitsüchtig ... *mei(n) Åldi is heind a weng stridi*
Stritzl (der)	längliche Form des Gebäckes oder der Butter
strixn	Schläge verabreichen OM
Stroafhözl (die)	Zündhölzer UM
stroamiad	sehr müde
strodln	röcheln, mit Schleim kämpfen GM
Strohwaschl (der)	Strohwisch
Strohwidiwa (der)	Strohwitwer (die Frau ist für einige Tage verreist)
strotten	herumstochern ... *a Wössennest strotten* ... in ein Wespennest stochern?
strubön	sinnieren GM
strudln	stürzen, mit dem Fahrrad oder im Laufen
Strumpfschleudan (die)	Strumpfschleuder, Oberteil eines Strumpfes, der immer wieder angestrickt wurde, wenn der Fußteil verschlissen war
strumpfsockad	in Strümpfen ohne Schuhe gehen
Strutzn (der)	Brotwecken

Struu(l) (der)	Strudel
Stuadn (die)	Stute
Stu(b)mbruck (die)	Stubenbrücke, der Bretterfußboden in der Stube, er wurde jeden Samstag mit der Wurzelbürste und Soda *aufg'wåschn*. Ein eigens dafür bestimmtes trapezförmiges Brett diente zum Daraufknien während der Arbeit
Stübö (das)	Stübchen, GM
studiern	nachdenken ... *åft håni nu drån g'studiert a Weil*...
Studori (die)	Verschlag, Gehäuse aus Holz OM
Stüföknecht (der)	Stiefelknecht *Er dient sein Herrn* *von Herzen gern.* *Er geht das ganze Jahr nicht aus* *und zieht sein Herrn die Stiefel aus.*
Stüforen (die)	Stiefelröhre, Stiefelschaft
Stüföschmier (die)	Stiefelschmiere, Lederfett, das man auf nasse Stiefel auftragen und mit dem Handballen einreiben mußte, um sie wasserundurchlässig zu machen
Stüggö (das)	Stück ... *a Stüggö Bråd* ... ein Stückchen Brot
Stukaturrohr (das)	Schilfrohr, es wurde im Hausbau als Untergrund für Mörtelputz verwendet
Stummerl (der)	stummer Mensch GM

Stüppö (das)	Gift in Pulverform ... *den håmds a Stüppö gebm!* GM
Stutzen (der)	Gewehr, meist abschraubbare Wildererwaffe, auch *Åschraufa* genannt
Suam (der)	Schimpfwort für einen dummen Kerl
subtil	ruhig, heimlich OM
Sucht (die)	Erkältung ... *mei Må(n) liegt ön Bett mit da Sucht* ... Zwei Frauen treffen sich, da sagt die eine, *stöl da voa, mei Må(n) liegt mit da Angina ön Bett* ... Darauf meint die andere: *Haus' aussi, dös Luada!*
suffizen	saugen OM
Sultan	arabischer Herrscher, im MV als Hundename sehr verbreitet
sumpan	plumpsen
Sumper (der)	schwerfälliger Mensch GM (Siehe Band 1, S. 387)
Sundaåmd (der)	Sonntagabend ... *ön Sundaåbnd han ma a weng banånd gsessn* ... am Sonntagabend sind wir ein wenig beisammengesessen
Sundaschui (die)	das letzte Schuljahr, an dem die Schule nur mehr an Sonntagen besucht werden mußte. Später gab es die *Pfingstaschui* als letztes Schuljahr. (Pfingsta = Donnerstag)
Suniwendkråpfm (die)	die zur Sommersonnenwende gebackenen Krapfen

Suniwendkräutl (das)	oder *Bluatströpfö* wird das Johanniskraut genannt (Hypericum perforatum)
sunkeln duats	es ist sehr warm OM
sünnerli	sonnseitig OM
sunsparige Gegend	sonnenarme Gegend, schattige Gegend, wo die Sonne nicht hinreicht OM
sunst	ansonsten
Suppmhenn (die)	altes Huhn, das nur mehr als eine Suppeneinlage geeignet ist
Suppnschlitz (der)	Mund, derb
Surfleisch	Schweinefleisch, welches in der Beize (Sur) gelegen ist
surma	surren, sausen … *a Bei(n)schwårm surmt üwas Haus*

Bauernhaus bei Sandl

T

Tabschedl (der)	einfältiger Mensch
Tabstoa (der)	Tabstein ... im Bereich Gramastetten – Bad Leonfelden gibt es eine gewaltige geologische Störzone (20 km lang und 1 km breit), die stellenweise kleine Linsen und Schuppen von Talkschiefer enthält. In der Zeit nach dem Ersten Weltkrieg wurde nördlich von Zwettl an der Oberneukirchner Straße geschürft. Das Gestein war aber von minderer Qualität. Tabschiefer läßt sich sehr leicht bearbeiten und ist unter dem Namen *Tabstein* bekannt. Man verfertigte daraus früher verschiedene Geräte wie Uhr- und Webgewichte sowie kleine Figuren. Schon aus der Römerzeit wurden bei Enns verschiedene Kleingeräte gefunden, die zweifelsohne aus dem Mühlviertler Tabstein gefertigt wurden. (Aus: Baustein der Heimatkunde, Wilhelm Freh, Linz)
Tachiniera (der)	arbeitsscheuer Mensch
tack	kräftg sein, nach einer Krankheit wieder *tack* sein GM
tådan	schlottern vor Angst
Taferlklassler	Kinder der 1. Klasse Volksschule, als sie noch auf Schiefertafeln schrieben ... bis ca. 1935
Tåg	1... *der redt vü, wånn da Tåg lång is. Wer vü redt, der liagt vü.*

	2. Tag, *das Tåg* ... dieser Tage, neulich, vor ein paar Tagen ... *das Tåg håni af di denkt* ... vor ein paar Tagen habe ich *(auf)* an dich gedacht
Tågdiab (der)	Tagedieb, der dem Herrgott den Tag stiehlt, d. h. er leistet den ganzen Tag keine nützliche Arbeit
tagln	dageln, schlecht schreiben GM
tagga	heranlocken, auch jemandem etwas abnötigen nennt man *ådagga* ... *geh', tagg eams nöt å(b)*
Tagga (die)	Tacke ... *af da Tagga lieng* ... auf der Tacke liegen, Hab und Gut verloren haben, abgewirtschaftet haben
Taggerl (das)	Fußabstreifer
Tågloi (der)	Tageslohn
Tågwerk	eher im bayerischen Nachbarland übliche Bezeichnung für das landwirtschaftliche Grundausmaß, welches man an einem Tag bearbeiten kann (30,07 a)
Tåi(l) (das)	*das Tåil*, ein Teil der Leute...*das Tåi(l) Leit is recht z'friedn* ... ein Teil der Leute ist sehr zufrieden ... (Kollerschlag)
Tailaafsetzn (das)	Telleraufsetzen. Hochzeitsbrauch im OM. In vorgerückter Stunde erfolgt das *Taillaaufsetzn,* um für die Musik Geld zu sammeln. Der Brautweiser singt jeden Hochzeitsgast mit passenden Reimen an, die er meist im Stegreif dichtet. Dem vorgehaltenen Teller wird nach der Spende ein zweiter Teller aufgesetzt. Mit der größten Aus-

dauer singt der Brautweiser die ordinärsten G'stanzln, so lange, bis der Gast resigniert und in die Tasche greift, um Geld für einen Doppelliter Bier oder eine Flasche Wein zu spenden. (Kollerschlag)

tålå(b)	talab, talaus ... Tålauskira, Talauskirche, eine Felsgruppe im Nußberg bei Mötlas, verm. ein heidnischer Durchkriechstein, der in der Vorzeit benutzt wurde, um Schuld abzustreifen, ähnlich wie die *Buglwehlucka* in St. Thomas a. Bl. (Vergessene Zeugen der Vorzeit v. Otto Milfait)
Tålpåtsch (der)	Tollpatsch. Vierzeiler: *Mei Schåtz is a Müna, kånn weiß und schwårz måhln, hiatz is ma der Tålpåtsch in Mäh(l)haufm g'fålln* ... mein Schatz ist ein Müller, kann weiß und schwarz mahlen, jetzt ist mir der Tollpatsch in den Mehlhaufen gefallen
Tam-Tam (der)	*Tam-Tam måcha* heißt großes Aufsehen machen
tå(n)	getan ... *mei Mensch, wås håst denn då tå(n)?* (Nasalierung auf dem *å*)
tandln	tändeln, kleine Geschäfte machen ... die Schüler *tandln* mit kleinen Gegenständen
Tångarast (das)	Tannenreisig UM
Tanz (die, Mzl.)	Tänze ... *dös wan Tanz ban heilign Gråb* ... das wären Tänze beim heiligen Grab ... Redewendung. Gemeint sind ungehörige Machenschaften UM
Tånzbodn (der)	Tanzboden bei Haslach am Eckhartsberg, hier

sollen der Sage nach Elfen getanzt haben. Vor allem trieben die Nattern ihr Unwesen auf dem abgeflachten Gipfel des Berges. Ein armes Dienstmädchen wurde einst von ihrer Herrin um einen *Hanichl* (Ofenwisch) geschickt, und so kam es auf den Gipfel des Berges, fand dort ein Körbchen voller glitzernder Glasscherben vor, die sich in Gold verwandelten

Tapperlgebm (das)	Kinderspiel, Haschespiel
taschln	plätschern
tat	täte
Tatschi (der)	Räubertatschi, flachgedrücktes Gebäck, in Bayern üblich
Tåtzn (die)	Schlag mit dem Zeigestab des Lehrers auf die vorgehaltene Hand der Kinder, noch in den 40er Jahren ein übliches Züchtigungsmittel der Lehrerschaft (siehe Band 1, S. 391)
Taubenkropf (der)	Schnalzerltee oder Schnalzerlkraut, Leinkraut (Silene inflata)
Täuberl im Nest	Eisenhut, war in Bauerngärten zu finden
Taundalaun (der)	kleine, wertlose Sache OM
Tåwera (der)	Tagwerker, Taglöhner ... *ös Tåwer geh'n* heißt kurzfristige Gelegenheitsarbeiten leisten
Tazn (die)	Untertasse, eine Tasse ist ein *Häferl* GM
techtln	Holzgeschirr im Wasser anschwellen lassen OM

Teifösdowågbeidl (der)	Teufelstabakbeutel, Riesenbovist, wurde im getrockneten Zustand auch für die Wundversorgung verwendet (Altenberg)
Tei-l, Teixl (der)	Teufel, abgeschwächte Form des Ausdrucks, um den Teufel nicht zu rufen
Telegrafmstång (die)	Telegraphenstange, Telefonmasten
Tellermichl (der)	Gendarm (Reichenau, – Max Hilpert)
Tempöhupfm (das)	Kinderspiel ... in am Boden gezeichnete *Quadrate* springen
Tendlpos (das)	Mahl zum Abschluß der Drescharbeiten, kommt von Tenne OM
Tenna (die)	Tanne (Abies). Familiennamen wie Tanninger, Tanndlinger, Danner dürften davon abgeleitet sein
tentiern	handeln
teo	teuer ... *dös is ma z'teo* ... das ist mir zu teuer ... im UM sagt man *z'tei*
teod	tod, OM, *doid* UM
Tepp (der)	Tölpel ... *teppert*
Tern (die)	Ohrfeige ... *a Tern gebm* ... eine Ohrfeige geben OM
Terzn (der)	junge, dreijährige Ochsen OM
Test (der)	dicke Flüssigkeit, auch Schweiß ... *da Test rinnd ma ent und herent åwa* ... ich schwitze kräftig OM

Testerling (der)	dicker Mensch GM
testln	das gleiche wie *techteln* im UM
Teuföwer (das)	1. Teufelswerk ... geflügelter Ausdruck für alle Schwierigkeiten schlechthin 2. Teufelwerk, Teufelszeug, Gelumpe, unbrauchbares Zeug. (Geflügelter Ausdruck des Mühlviertlers)
teura	besser ... *es geht eam scho wieda teura* OM
Texa (die, Mzl.)	Holznägel des Schusters
Theiding (das)	Weistum, das nur mündlich weitergegeben wurde, ein solcherart überliefertes Recht
Thomasnigl (der)	Schemengestalt, die in der Thomasnacht herumgeistert
Tiachö (das)	Tuch ... *a Mühviatla Kopftiachö, unter der Koi z'sammbundn, is a b'standige Tråcht* ... ein Mühlviertler Kopftuch, unter dem Kinn zusammengebunden, ist eine beständige Tracht
tickeln	mocken GM
Tiftla (der)	Tüftler, ein schlauer Kopf, der der Sache auf den Grund geht
tiftln	recherchieren
tigarad	gefleckt wie ein Tiger
Timmla (der)	dumpfer Schlag ... *an Timmla håts gmåcht, wia zwoa Auto zåmgfåhrn hand* ... einen dumpfen Schlag hat es gemacht, wie zwei Autos zusammengefahren sind (wörtlich)

Tintinga (der)	der Letzte, der Draufzahlende sein, einer der immer das Bummerl hat
Tintnbeer (die)	Rainweide (Ligustrum vulgare), ebengleiche Bezeichnung trägt der Hartriegel (Cornus sanguinea). Tintenbeere, weil die Bauern aus ihnen schwarze Tinte erzeugten
Tintnfaßl (das)	Tintenbehälter in den früheren Schulbänken
tischgariern	diskutieren, sich unterhalten
Tobel (der)	waldige Schlucht, auch Flurname für einen Taleinschnitt
Todnbleamö (das)	Ringelblume *(Calendula officinalis)*. Der Tee hilft bei Magengeschwüren, Drüsenverhärtung, Leberleiden und Gelbsucht
Todnbred (das)	Totenbrett. Der Verstorbene wurde selten in seinem Bett aufgebahrt, vielmehr auf einem Brett, das über das Kopf- und Fußende des Bettes gelegt und *Låden* oder *Båhr* genannt wurde. Die Augen wurden ihm geschlossen und das Kinn hochgebunden. Unter den Kopf wird ein Polster, gefüllt mit Hobelspänen, gelegt. Das Bettstroh, auf dem der Verstorbene lag, wird nach Sonnenuntergang bei der nächsten Wegkreuzung oder auf einem Rain verbrannt. Neben dem Toten stand ein Glas mit Weihwasser, und ein Zweig vom *Segenbaum* diente zum Besprengen des Toten beim Abschiednehmen. Anstelle dessen wurden auch Kornähren verwendet. Ein Kruzifix mit brennenden Kerzen wurde aufgestellt. Der Tote mußte mit den Füßen zur Tür aufgebahrt werden. Verstorbene Kinder liegen im Taufhemd, Jungfrauen und

Wöchnerinnen im weißen Kleid, Wöchnerinnen mit einem *ledigen* Kind in blauem Kleid, andere im Festgewand, jedoch ohne Schuhe, sonst würde der Verstorbene nach altem Aberglauben wieder zurückkehren. Die Uhr wird zum Stehen gebracht und zeigt während der Dauer der Aufbahrung die Sterbestunde an. Vielfach aber bleibt die Uhr von selber stehen. Den Tieren im Stall wird die Botschaft gebracht, daß der Bauer oder die Bäuerin gestorben sei, ebenso wird bei den Bienenstöcken Mitteilung gemacht. Man sagt, daß die Bienenstöcke nach dem Ableben ihres Herrn ebenfalls zugrundegehen. Das Haus wird mit Lysol ausgespritzt. Die Fenster werden geöffnet, damit die Seele aus dem Hause kann. In alten Bauernhäusern war dicht unter der Zimmerdecke ein viereckiges Loch, das auch *Seelenloch* genannt wurde. Hier hatte die Seele des Verstorbenen freien Abzug. In der Kirche wurde und wird das *Zi(n)glöckl* geläutet, das den Tod aus dem Hause treibt, und die Nachbarschaft wird ersucht, sich zum *Nachtwachtn* einzufinden. Es werden einige Rosenkränze gebetet und dazwischen eine Pause eingelegt, in der es Brot und Most zu trinken gibt. Die nach dem Begräbnis abgehaltene *Zehrung* ist der Totenschmaus, der symbolisch die Zehrung für den Toten auf dem Wege zur Ewigkeit bedeuten soll. Nach anderer Ansicht sei die Zehrung eine Wegzehrung für die Verrwandten, die oft stundenlange Fußmärsche zurücklegen mußten. Die Räume, besonders die Kammer, werden mit Kalk ausgeweißelt. Bevor der Angehörige noch gestorben ist, wird ihm das *Licht eingehalten*, d. h. eine geweihte Kerze, die in jedem Haus vorhanden sein mußte, wurde ihm in den letzten Zügen zum Mund gehalten, damit die arme Seele den Weg in die Ewigkeit findet. Ein Bote wird ausgeschickt, um vom Ableben des NN. in der Nachbarschaft Mitteilung zu machen. Beim Verlassen des Hauses mußte der Sarg an der Türschwelle niedergestellt werden.

Mit der Einführung der Leichenhallen ist die Aufbahrung der Toten im Haus abgeschafft und damit sind viele Totenbräuche abgekommen. Die dreitägige Aufbewahrung im Haus hat besonders zu Sommerzeiten nebst fürchterlichem Leichengeruch auch große Seuchengefahr heraufbeschworen.

Todnfåll (der) — Totenfall. Nach böhmischen Brauch galt anno 1497 beim Tod eines Lehensmannes folgende Bestimmung: *Die Nachkommen sollen enterbt und der Nachlaß eines Untertanen dem Kloster als Grundherrn zufallen.* Darüber herrschte Unmut und Empörung bei dem böhmischen Propsten in Schlägl, Johann IV. Später wurde eine solche Abgabe *Sterbhaupt* genannt. Bei Ableben eines Bauern mußte der zweitbeste Ochse und bei Ableben einer Bäuerin die zweitbeste Kuh abgegeben werden

Todntrågn (das) — Im Gebirge und auch im Mühlviertel wurde der Tote von zwei Mann an einer Stange den nämlichen Fußpfad getragen, den er bei Lebzeiten nach der Kirche gewöhnlich machte. Eine Abweichung davon hätte gegen die guten Sitten verstoßen, wäre aber mindestens lächerlich erschienen. Zum Tragen wird der Sarg samt Inhalt mit zwei Stricken an eine Stange gebunden. Die Träger werden öfters gewechselt. (J. Blau, Der Heimatforscher, Leipzig 1922) (Siehe auch Todnweg)

Todntruah (die)	Sarg ... *Beurlaubung durch den Tischler.* Vom Tischler wurde der Sarg mit dem Toten unter der Tür auf einer Bank aufgestellt, bevor er aus dem Hause getragen wurde
Todnvogl (der)	Totenvogel, auch *Wichtl* genannt, soll der Steinkauz sein. Er ist der unbarmherzige Vorbote, der einen Todesfall in der Familie ankündigt. Stets in der Nacht vorher kündigt er durch seinen markdurchdringenden Schrei *ziowit, ziowit*, das als *komm mit, komm mit* verstanden wird, den Tod eines Familienangehörigen an. Der Rufer sitzt dabei ganz in der Nähe des betroffenen Hauses. Der Kauz als Vorbote des Todes ist kein Mühlviertler Aberglaube, sondern ist über mehrere Länder verbreitet. Trotz aller Neigung des Verfassers, den alten Aberglauben zu verniedlichen, möge man ihm den Schrecken nachfühlen, als sein 27 jähriger Sohn im Jahre 1986 durch einen Unfall ums Leben kam und der ominöse Rufer in der Nacht vorher am Gartenzaun des Elternhauses gesessen war. Seine gellenden Rufe hallten schaurig durch die Nacht
Todnweg (der)	Totenweg. Es war ein ungeschriebenes Recht, die Toten auf ihren einstigen Kirchenwegen zum Friedhof bringen zu dürfen. Manche Totenwege haben ihre Namen bis heute noch erhalten
todschlachti	todmüde, wetterfühlig
togitzn	zittern, pulsieren einer Wunde (Eiterfassen) OM
toif, teof	tief, 1. *toif* UM, 2. *teof* OM
Toifö (der)	Teufel ... den Bösen soll man nicht beim Namen nennen, darum wird dieser verballhornt GM

Tollkerschn (die)	Tollkirschen, die im MV. giftigste Beere, die zum Tode führen kann
tömisch	betäubt OM
töpm	ungestüm sein, pulsierender Schmerz einer Eiterung OM
Torwartl (der)	Torwachtl, Torwart … Wächter eines Ortes oder einer Burg. Er wurde besoldet und bekam auch ein Gnadengeld (Rente)
Towågbei(d)l (der)	Tabaksbeutel GM
Towagblådan (die)	Tabakblase. Schweinsblase, getrocknet und geribbelt, mit einem Band eingesäumt, eine Schnur mit Quasten durchgezogen, ergab das Attribut des Pfeifenrauchers
Tracht (die)	1. volkstümliche Bekleidung, 2. auch eine *Tracht Prügel* bekommen, 3. große Portion

Mühlviertler Tracht

tråchtn	beeilen ... *tråcht a weng!* ... beeil dich ein bißchen
trågad	trächtig ... *dö Kuah is 14 Wocha trågad* ... die Kuh ist 14 Wochen trächtig
Tragatsch (der)	auch *Schubbog* oder *Schubbock* genannt. Schubkarren ... *Min Tragatsch doama Gråsøeinführn* ... Mit dem Schubkarren tun wir Gras einfahren

Mit dem Tragatsch unterwegs

Tragein	Ortsname Tragwein, im Mittelalter *Traguin*
Trågerstorf	Der Ortsname Trosselsdorf wird im Voksmund *Trågerstorf* genannt. Der mundartliche Name dürfte noch in die spätmittelalterliche Zeit zu-

rückzuführen sein. Ein Säumerweg führte unmittelbar an diesem Ort vorbei und es ist naheliegend, daß hier die Kraxenträger zuhause waren, von denen der Ort seinen Namen erhielt. Erst viel später wurde der Name Trosselsdorf geboren

Trågesl (der)	Tragesel, vollbepackter Mensch
Trågkind (das)	Mündel (Joh. Sigl, Beiträge zur Landes- und Volkskunde d. MV.)
Tram (der)	1. dicker Balken, Kantholz 2. Traum
trama	*mia håd heint Nåcht van Teufö tramd* mir hat heute Nacht vom Teufel geträumt ... *dös häd i ma nöd trama låssen* ...
tramhappad	schlaftrunken
Tramway (die)	englisch, Straßenbahn; noch vor einigen Jahrzehnten hieß sie in Linz die *Tramway*, später die *Elektrische*, bis letztendlich die Bezeichnung Straßenbahn eingeführt wurde
Trånl (die)	Spielzeug, Kreisel
Tråpf (die)	Traufe, früher *Dåchtrauf* = Dachtraufe GM
tråppn	sehr kräftig auftreten GM
Trascht (das)	1. Geschwätz, 2. Schneematsch
Tratt (die)	Brache, brachliegender Ackerboden
tratzen	jemanden nötigen, ihm auf die Nerven gehen

Trau (der)	Sarg
Trauminöd (der)	Traumichnicht, Mensch, der sehr schüchtern ist
Tråung (das)	Küchenabfälle, die als Schweinefutter verwendet werden
Tråungwei (das)	Frau, die die Küchenabfälle einsammelte
Trauperl (das)	schüchternes, zaghaftes Mädchen, das handlungsunfähig ist
Trawi(g)keit (die)	große Eile
Trealn (das)	Trensen, Austreten des Speichels, Soaferln
treama	lästig reden GM
Tregwer (das)	wörtlich: Dreckwerk, unnützes Zeug
Treidla (der)	Schiffszieher an der Donau in der Zeit vor dem Motorschiff
Tremmö (der)	Trimmel, Prügel, den man den Rindern umhängt, um sie am Weglaufen zu hindern
trensn	Knarren des schwer beladenen Wagens OM
trenzn	weinen ... dös G'fraßt trenzt in oana Dur ... das Kind weint in einem fort
Trepplad (das)	... einzelne Fußstapfen im tiefen Schnee ... netta a Trepplad geht hin za den Baunhaus ... nur einzelne Fußstapfen führen hin zu dem Bauernhaus
treppön	trippeln

trestan	prasseln ... in Mengen fallendes Obst *trestat* vom Baum herunter
Trewan (die)	Rückstand nach dem Obstpressen
Trewanstog (der)	ausgepreßtes Obst in Würfel- oder Scheibenform
Trewansutzla (der)	Schimpfwort, *Trebern* = Trester, *Suzler* = Sauger
triabsäli	trübselig, psychisch krank sein
Trial (der)	Unterlippe, auch Triö OM ... *då hängt eam da Trial åwi* ... da hängt ihm die Unterlippe herunter (auch *Foz* gespr.) GM
trickaröga	trockener ... *Mei(n) Schampa is a weng trickaröga wia da dei(n)* ... Mein Rock ist ein bißchen trockener als der deinige
triftarn	Samen mit der *Reitern* (Sieb) in der Luft schütteln zur Reinigung OM
triggan	trocknen, auch für verhauen GM
Trill (der)	Ackerunkraut, gelbblühender Kreuzblütler
trischakn	verhauen, schlagen OM
Tristn (die)	gestapelte, zusammengelegte Scheiter, *Scheidatristn* GM
Trittling (die)	Holzschuhe mit Lederoberteil
Troadana (der)	Getreideschnaps im MV, der aus Korn (Roggen) gebrannt wird

Troadkåstn (der)	Getreidespeicher, einstöckig, ganz aus Holz gebaut, er stand wegen der Brandgefahr meist abseits des Bauernhofes. Darüberhinaus gab es die herrschaftlichen Zehentkasten. Sie dienten als Sammelstelle für den Zehent, der von den Untertanen abgeliefert werden mußte. Es gibt im UM heute heute noch wenige solche Zehentkasten aus dem 15. Jhdt. (Ortschaft Sperrbühel Gemd. Windhaag, in Fünfling, Gemd. St. Oswald b. Fr. und in Dürnberg Gemd. St. Leonhard b. Fr. und in Hadersdorf Gem. Alberndorf). Hier gilt ein besonderer Dank den Besitzern dieser denkwürdigen Zeugen der Vergangenheit, dafür, daß sie uns erhalten geblieben sind. Möge das Bundesdenkmalamt endlich auch tätig werden und für die Unterschutzstellung dieser *Zehentkasten* Sorge tragen.
Troast (der)	Trost GM, im UM Tråst, Wallfahrtskirche Maria Trost bei Rohrbach
Trog (der)	Futterbehälter, früher aus Stein gemeißelt
trostla sein	an keine Gefahr denken OM
trucka	trocken, *blåsentrucka* ... staubtrocken
Trum (das)	großes Stück, auch für korpulente Frau ... *i hån scho gmua, waun dös Trum ba da Tür einageht*
Trutscherl (das)	eingebildetes Mädchen
tschapiern	davonlaufen ... *da Hund is ma tschapiert*
Tschåpperl (das)	einfältiges Mädchen, Herkunft unbekannt

tschechan	viel arbeiten müssen GM
Tschinala (der)	Hilfsarbeiter
Tschumpas (der)	Arrest, Gemeindearrest. Im Gallneukirchner Heimathaus sind noch zwei Originalzellen erhalten. Es soll heute noch Lebende geben, die da einige Tage verbringen mußten
Tuchad (die)	Daunendecke ... *hinter einer Steppdecken kann ein großer Depp stecken*
Tuchadziah (die)	Tuchentüberzug UM
tummön	beeilen ... *tummö di a weng*
tümmön	unbeherrschtes Klopfen an der Tür
Tümpfö (der)	Tümpel
tunga	schlummern
Turad (das)	Getue
Türgricht (das)	Türstock, im MV meist aus Holz oder Granit. Im letzeren finden wir meist das vierspeichige Rad, den Sechsstern, die Monogramme Christi und Mariens, die stilisierte Lilie, verschiedene Sternmotive, das Herz neben den Initialen eines ehemaligen Besitzers und die Jahreszahl. Leider sind diese Türgerichte sehr oft mit Kalk übertüncht, sodaß die Motive nicht sichtbar sind (siehe Band 1, S. 394)
Türkeng'fåhr (die)	Türkengefahr, 1529 in Wien, aber auch im MV. Der Wachtstein in Liebenau gibt noch Zeugnis von dieser Gefahr

türmisch	wild, trotzig OM
Turn (der)	Turm
Turndobl (der)	Talmulde in der Nähe eines mittelalterl. Wehrturmes
Tuscha (der)	ein lauter, starker Knall GM
tüt	benommen, betäubt … *der is nu a weng tüt*

„Erdöpfögråbm"

U

üabö	manchmal, *üabögsmål* GM
Uafahranamårk(t)	Urfahrmarkt, Urfahrer Jahrmarkt
Uagschberg	Ulrichsberg
Uahzoaga (der)	Uhrzeiger
Üba-und-über (der)	sehr lebhaftes Kind
ubandi	unbändig, über die Maßen OM
Übawax (die)	Überwachs ... ein etwa hundert Meter langes unterirdisches Bachgerinne des Kefermühlbaches entlang der Straße von St. Thomas nach Münzbach
Überländ (die)	Zum Bauernhaus gehörendes, abseits stehendes Wohngebäude
übrigs gmua	ich habe mehr als genug ... *i hån übrigs gmua*
udaherd	unerhört
udångs	undgedanks, ungewollt ... *dös is ma gånz udångs passiert*
udum	nicht dumm, eher lieblich, besonders für schöne Mädchen angewendet ... *dö is nöt udum*
U'gfähr	Ungefahr, Gefahr ... *das da koa Ugfähr å(n)-*

	måg, tråg ö da Tåschen a gweichts Bråd! ... damit du nicht in Gefahr kommst, trage in der Tasche ein geweihtes Brot mit dir (Susi Wallner, Heimatdichterin, gebürtige St. Leonharderin)
ugschaut	unbesehen etwas kaufen, das man noch nicht gesehen hat
uguad	ungut
Uhrbleamö (das)	Kornrade *(Agrostema gilhago)*, weil sich die langen Kelchblätter wie Uhrzeiger drehen lassen
ukeit	ungeheuer OM
U(n)kösten (die)	Unkosten
U(n)kraut (das)	Unkraut, das wegen der Häufigkeit seines Auftretens auf Wiese und Feld vor allem dem Landwirt viel Sorge bereiten kann
uma, umi,	herum, hinüber (Siehe Band 1, S. 395)
umabi	verkehrt, unrichtige Stelle ... *åbi,* verkehrt OM
umadum	rundherum GM
umaloan	herumlehnen ... *ba den Sauweda kånst sinst nix doan åls wia dahoam umaloan*
umanandbledan	herumflattern
umanåndkaibön	herumkälbern, wie junge Kälber herumtollen
umara	beiläufig, zirka ... *umrara neuni kim i za dir* ... um zirka neun Uhr komme ich zu dir GM

umasinst	umsonst … *umasinst is da Toid und der kost's Lebm* … umsonst ist der Tod und der kostet das Leben. Unterschied zwischen gratis und umasinst: … *i bi gratis in d' Schui gånga und du umasinst*
umbladln	umblättern
umböggön	den Fuß verknacksen, den Knöchel verrenken
umbringa	umbringen, töten
umdrah(n)	umdrehen … (Nasalierung auf dem „a")
Umfuhr	*af da Umfuhr sei(n)* heißt überall und nirgends sein
umgeh'n	*umgeh'n duats ön Bau* … es rumort im Bauch
umgrüstn	umrüsten, umarbeiten OM
umhechten	herumtollen
umkehrt	umgekehrt … *umkehrt is a g'fåhrn*
umrenna	umrennen, umstoßen … *paß auf, daß't ön Ofen nöt umrennst* … paß auf, daß du den Ofen nicht umstoßt
ums Eck sein	aus und vorbei sein OM
umsådln	umsatteln, einen anderen Beruf ergreifen
umschmeißen	umwerfen
umsteh'n	*steh um!* … ich will vorbeigehen … Platz machen

umtålkn	herumtollen
umtäschn	bei nasser Witterung im Freien sein OM
unteressiern	interessieren GM
Umteuföhosn	alte Hose zum Herumtollen, eine Hose, auf die man nicht besonders achtgeben muß
umtrei(b)m	umtreiben ... kurbeln an der Maschine ... *ban Fuadaschnei (n) miassnd zwoa umtreibm* ... beim Futterschneiden müssen zwei kurbeln
Umuaß (der)	ein unruhiger Mensch OM
um und auf	das ganze Drum und Dran
Umzug	Prozession ... ein Mann kommt betrunken nach Hause. Die Frau jammert: ... *Mit dir håni a Kreuz,* worauf der Mann antwortet: *dös triaft sö guat, i håb a Fåhne, då kinama glei a Prozession måcha!*
U(n)glück	*Oa U(n)glück kimd sädn aloa* ... ein Unglück kommt selten allein
u(n)gwamst	ungezogen OM ... *sei nöt so u(n)gwamst*
Unikum (das)	(von latein. *unicus*) einzig, ein ungewöhnlicher Mensch
u(n)pacht	wild OM
U(n)schuldiger Kindltåg	28. Dezember, da muß die Tenne leer sein, damit die unschuldigen Kinder auf ihr tanzen können. (Naarn) (Baumgarten, *Das Jahr*)

unter d' Haubm kema	heiraten können
untersöig	sich unten befinden ... dö untersöigi Spükårtn ... die unterste Spielkarte OM
Unterspickts (ein)	Schweinefleisch, mageres, etwas durchzogenes Bauchfleisch
uppad	übermütig ... heind bist wieder uppad ... heute sticht dich der Hafer
urappi	unwegsam
Urei (das)	Sauerteig
Urschl	Ursula
urweiß	geistesabwesend OM
Üwatån (der)	Übertan, Leichentuch
Üwableibsl (das)	Überbleibsel, Rest von der vorigen Mahlzeit
Üwabruh (der)	Überbruch, der überhängende Teil eines Gegenstandes, z. B. Teil eines Brettes, welcher über das gewünschte Maß hinausreicht
üwahabbs	überhabbs, überstürzt in Bausch und Bogen
Üwaländ	abseits liegendes Grundstück
Üwalöga (der)	Überleger, Querbalken
üwamåcha	überanstrengen ... ba da Åawad håni mi a weng üwamåcht
Üwamåssn (die)	Übermassen, Schuhoberteile

üwanachti	übernächtig, unausgeschlafen sein
Üwareita (der)	Überreiter, Beauftragter, Aufsichtsbeamter, der den Bestand bei den Lehensgütern aufzunehmen hatte. *Überreiter* wurden auch vor 1800 die Grenzaufseher (Zöllner) genannt
üwaroacht	überort, am anderen Ende GM
üwarumpön	überrumpeln, überraschen, unvorhergesehen, z. B. jemanden ohne Voranmeldung besuchen *... heint håma eng a weng üwarumpöd ...* heute haben wir euch überrascht
üwaschnåppm	überschnappen, verrückt werden
Üwaschwung (der)	Überschwung, Koppel oder der Leibriemen bei den k. k. Soldaten
üwaståd doa	überstatt, mit Selbstüberwindung arbeiten GM
üwastandi	überständig, abgestanden, überreif
üwawindlin(g)	nur notdürftig OM
üwazugga	überzucken, verkutzen, Hustenreiz wegen Verschlucken

Mühlviertler „Häusl"

V

va	von ... *i bi (n) va Gålli* ... ich bin aus Gallneukirchen
va...	ver... *valiern, varådn, vaderbm, vaschwindn u.s.w.* GM
Va wo hama den her?	Von wo sind wir denn hergekommen? Anfrage in der ersten Person Mehrzahl ... Diese Fragestellung war meist bei den Landbewohnern üblich, weil man sich nicht *duzen* aber auch nicht „*Sie*" sagen wollte
vabankatiern	verheimlichen, verstecken OM
vabliatn	verbluten
Vaboada	Verfluchter (abgemilderter Fluch)
Vådda	Vater ... auch *Våda* (eine mehr rülpelhafte Form der Anrede), von den Kindern vielfach *Datti* genannt
vadån	vertan ... *s'Gäd vadå(n),* das Geld ausgegeben ... *s' Häuserl vasuffa unds Hemad vabrennt*
vadenga	übelnehmen ... *du kå(n)st mas nöt vadenga, wånn i då amål narrisch wia* ... du kannst es mir nicht übelnehmen, wenn ich da einmal die Nerven verliere
vadenln	verzetteln, verhätscheln

Vadeast (der)	Verdienst
vadoa	irren ... *i hån mi vadån;* aber auch verscherzen ... *der håd sös gånz vadån ba mir*
vadoimatschn	verdolmetschen, ein Wort falsch aussprechen GM
vaflixt	verdammt ... *vaflixt nuamal* ... fluchen, Abschwächung des Wortes „verflucht" durch *vaflixt*
Vagiera (der)	Vagabund, Landstreicher, herumziehender Mensch ohne festen Wohnort. Vagabundage wurde noch 1942 bestraft. Eine Strophe aus dem Lump-Vagabunden-Lied: *Früher hat' ich eine goldene Uhr, und heute hab ich eine Zwiebel an der Schnur ...* Refrain: *und i bins hålt a Lump und i bleibs hoid a Lump und i bins hoid a liadalicha Lump*
vagachn	sich übereilen, gach ... *es gab nix wo a sö vagacht und wås'n aus da Fåssung bracht ...* es gäbe nichts, wo er sich übereilen und was ihn aus der Fassung bringen würde OM
vagauman	jemanden sterben lassen müssen, ohne ihm helfen zu können ... vergammeln? OM
vag'hagan	mit Holzstangen eine Absperrung machen
vagigitzn	sterben OM
vaglitschn	verkaufen, verbrauchen OM
vagoamözn	vergammeln, sterben OM
vagrådn	mißraten ... *der Bua håd ma gånz vagråden*

vahatschaln	verhätscheln ... dem Kinde alles durchgehen lassen, auch *vahetschaln* gespr.
vahoffn	Wind bekommen des Wildes, Witterung aufnehmen (Jägersprache)
vakeit	verlegt, verloren, verworfen
Vakemana (der)	Verkommener, Heruntergekommener
vaklankln	verknüpfen, verwirren (z. B. Bänder, Schnüre)
Vakündtn (das)	angesagte Hochzeiten werden vier Wochen lang in der Kirche verkündet
vakutzn	vazucka, verschlucken ... *a Bråtbresl is ma ö d' Luftrean kema, hiatzt hå(n) i mi vakutzt* ... ein Brotbrösel ist mir in die Luftröhre gekommen, jetzt habe ich mich verschluckt (Hustenanfall)
valån	verloren ... *d' Jungfraunschåft valån*
Valaub (der)	Erlaubnis, mit Verlaub
valawariern	verlieren ... *i hån mein Schlüssel valawariert* GM
valiabt	verliebt *wia Tuatltaubm*
valoisn	verlieren
Valot	Gauner UM
vamåcha	vererben ... *s' Häusl vamåcha* ... das Häuschen dem Erben übergeben UM
vamåledeit	verflixt noch einmal, fluchen

vermanklt	siehe verminklt
vamanngön	durcheinanderbringen, verwirren UM
vaminklt, vermanklt	verwickelt, verwerkelt, durcheinandergeraten GM
vamögn	können ... *i vamåg mi nimma* ... ich bin schon zum Umfallen müde
vamurksn	vermurksen, verpfuschen, wider besseren Wissens etwas schlecht machen
vanånageh'n	auseinandergehen
vanånaschraufm	auseinanderschrauben
vanåndkena	voneinander unterscheiden ... *dö Zwilling kån ma frei nöt vanåndkena* ... die Zwillinge kann man kaum auseinanderkennen
vanudln	zerdrücken GM, zerknittern von Kleidern
vapåsln	verunreinigen, Gras, Getreide niedertreten GM
vapflocka	Einen Pflock in ein Loch stopfen. Ehemals hatte man Krankheiten in bestimmte Bäume verpflockt. Sekrete, Haare, Nägel von Kranken hatte man in Bäume verpflockt, damit der Baum sie himmelwärts sende und dem Kranken Hilfe angedeihen ließe
vapoadi Lumpm	*vapoad* ist ein Hilfsausdruck für verdammt. Lumpen bed. einen liederlichen Zeitgenossen
Varreissn (das)	Muskelzerrung

vasama	versäumen
vaschau(n)	verschauen, ob des Betrachtens nicht auf die Zeit achten
Vaschmåh (der)	Verschmähung, Beleidigung ... *dös is a weng a Vaschmåh* OM
vaschiagn	verraten, verschörgen
Vaschrein (das)	Verschreien ... man soll nicht Dinge aussprechen, vor denen man sich fürchten müßte und die daraufhin eintreten könnten. Das *Verschreien* und der böse Blick waren in vergangener Zeit landesweit sehr gefürchtet
Vasegn (das)	Versehen mit dem allerheiligsten Sakrament der letzten Ölung. Der Pfarrer wurde geholt, der den Weg zu dem Sterbenden zu Fuß und bei jeder Witterung antreten mußte. In jedem Hause stand für diesen Anlaß eine Versehgarnitur, bestehend aus einem *Sterbekreuz* und zwei meist aus Bauernsilber hergestellten Kerzenleuchtern mit zwei ebensolchen Engeln, bereit
vastraht	verstreut
vatäschn	aus dem Hause tragen OM
vatoaln	verteilen, zurechtweisen ... *den håni vatoalt!* GM
vawiassn	verschwinden, verderben lassen, besonders bei Lebensmitteln ... *a ålts Brod derf ma nöt vawiasn*
vawoatan	verwarten ... auf jemanden mit Sehnsucht warten, ihn kaum mehr erwarten können OM

vawurschtln	vermengen, unnütz machen, verbandeln
vazickt	der Zeit nach genau bestimmt (veraltet) OM
vazoat	verzagt ... *hävazoat kint ma werdn* ... hellverzagt könnte man werden
vazwickt	verzwickt, eingeklemmt, nicht einfach zu lösen
vazwirnt	verzwirnt ... *fix nuami, verflixt nuamåi ... vazwirnt nuamåi, dö s is ma nu å(b)gånga* ... verflixt nocheinmal, das ist mir noch abgegangen (genaue Definition nicht möglich)
Veda (der)	Vetter, auch ein fremder Mann wurde von den Kindern mit *Veda* angesprochen ... *såg schen griaß God za den Vedan!*
vedan	vorder (Betonung auf dem „e")
Virhangal (das)	Vorhang zum Vorziehen bei den Fenstern, wenn es Abend wurde. Sie waren meist aus dem damals üblichen *Blaudruck* (blaugefärbten Leinen) angefertigt. Selten hatte man auch Fensterläden, die jedoch nur bei sehr stürmischer Witterung geschlossen wurden. An den Fenstern zur Hofseite jedoch gab es Fensterklappen aus Blech, die mit einer Hanfschnur oben aufgehängt waren. (Hoisenhaus in Wienau, Gemeinde Weitersfelden). Im Falle einer Feuersbrunst brannte die Schnur ab und die Fensterklappe fiel herunter und verschloß das Fenster. – Einfach, aber unbedingt verläßlich
Viaziagn (das)	dem Hochzeitszug den Weg absperren
viaschling geh'n	nach vorne gehen; Gegenteil von *aschlin(g)*

viasteign	vorsteigen, schreiten, auch *vüaspoacha* gespr.
Viecherei (die)	Gaudium ... *a so a Viecherei håma g'håd*
Vierkanta (der)	ursprüngliche Bauweise von vierkantigen Höfen, meist im UM
Voda (der)	Vater
vogelfrei	ein Sträfling, der sich selbst vom Strick befreien konnte, war vogelfrei, d. h. er konnte von jedermann getötet werden, ohne daß der Mörder bestraft worden wäre (siehe Kröpflweber)
von eh	von vornherein OM
Vorfåhra (der)	Vorfahre
Vorlauf (der)	erster Ablauf beim Schnapsbrennen
Vormåhda (der)	Vormäher, meist der Großknecht, der mit einer extra breiten Sense als erster zu mähen begann. *Nei(n) mål Vormåda sei, aft håd'n da Tei'l (Teufel) g'holt, weil a sö ållwei dö kürza Måhd ausgsuacht håd ...* Neunmal Vormäher sein, dann hat ihn der Teufel geholt, weil er sich immer die kürzere *Mahd* ausgesucht hat
Vormittågjausn (die)	zur Vormittagsjause gab es früher den berühmten *Ziegerlkas.* Mangels nötiger Kühlgeräte kam es oft vor, daß die Fliegen ihre Eier darauf ablegten und schließlich der Käse selbst vom Teller wanderte.
vornacht	vorgestern, der Tag wird oft noch nach Nächten gemessen OM. Kollerschlag

vürageh'n	hervorgehen ... Kindesmütter (*Wöchnerinnen* genannt) durften erst neun Tage nach der Geburt an die Öffentlichkeit gehen
vürakema	hervorkommen, zum Vorschein kommen GM
vüraloan	vorlehnen
vüranåndkema	gut miteinander auskommen ... *mia han oiwei guad vüranåndkema*
vürbetn	vorbeten
vürgeh'n	vorbeigehen
vürkema	zuvorkommen, vorher da sein, *heint bin i da vürkema* ... heute bin ich dir zuvorgekommen bzw. vor dir gekommen
Vürsam (der)	Feldrain
vürwårten	vorpassen, abwarten

Feldaist bei Pregarten

𝔴

wa	wäre ... *wånn i a reicha Må(n) wa* ... wenn ich ein reicher Mann wäre GM
wa ma	1. wäre mir ... *hiaz wa ma bål 's Herz in d' Hosen gfålln* ... jetzt wäre mir bald das Herz in die Hose gefallen 2. wären wir ... *wa ma oisånd am Lebn, so wan ma insa neini* ... wären wir allesamt am Leben so wären wir neun
wacheln	winken, herumfuchteln
Wåchsweda	feuchtwarmes Wetter, es ist gut für das Wachstum in der Natur
Wädstoa	Weltstein, bedeutende Felspartie nächst der Ortschaft Lina in der Gem. Schwertberg. – Auch ein vorzeitlicher Burgstall befindet sich auf dieser Anhöhe
Wädvadruß (der)	Schimpfwort für einen übelgelaunten Menschen
wåg	jemandem gewogen sein oder ihm auch etwas Böses wünschen ... *der is ma nöt wåg* OM
wågln	wackeln ... *wågeld hin und wågeld her åber sunst rührt sö nix mehr*
wåglezn	quietschen, auch *weaglatzn* gespr. ... *a Gårm (Karren) duat scho a weng wåglezn* ... der Karren quietscht schon ein bißchen
Waglhund (der)	Hund, den man früher vor ein Wägelchen spannte

Wåglstoa (der)	Wackelstein; Wackelsteine gibt es im MV mehrfach, etwa in Rechberg, Königswiesen, Weitersfelden und Waldhausen. Es sind Felskolosse die in labilem Gleichgewicht auf einer Felsunterlage stehen und bei Andruck in Schwingung geraten
Wågnschmier (die)	Wagenfett für den Leiterwagen, das meist, in kleinen Kistchen verpackt, von Hausierern verkauft wurde. Es war ein stark riechendes, schwarzes Fett, das aus der sogenannten *Darmfetten*, (Gedärmefett) und Pechöl hergestellt wurde. Bei Hadersdorf, Gem. Alberndorf gab es abseits eines Bauernhauses einen solchen *Wagenschmierofen*, der aus einigen Steinplatten bestand. Ungenießbares Fett aus Tierkadavern und Gedärmen wurde hier ausgebraten und als Wagenschmiere verwendet.
Wå(d)l (der)	Wade (die)
wä(h)	welk ... *dö Bleamö werdn scho(n) wä* ... die Blumen werden schon welk GM
wahn	wehen ... *der Behmwind waht ön Schnee daher*
Wammerl (das)	Bauchspeck, wird nur in Grenznähe von Bayern gesprochen
Wåmpada (ein)	Dickbauchiger ... *a wåmpada Kunt*
wan	wären (helles „a") ... *wånn olli kema wan* ...
wån's	(wenn es) *regnt und dabei d' Sunn scheint ... då schlågt da Teufö sei(n) Wei(b)*

wån	wenn... *wån da Herrgottschnitzer an Engel vapåtzt, kån a nu oiwei an Teufel draus måcha*
wåndawö	egal wann
wånnstn	wenn du ihn ... *wånnstn triaffst, sågst eam an schen Gruaß*
wana	*wärmen* ... Früher ging man alle Strecken zu Fuß. Frierend und müde geworden, suchte man oft eine Rast in einem Bauernhaus mit der Bitte: ... *a weng wana låssn* ... ein wenig wärmen lassen
wånan	wandern, übersiedeln
wao	wo ... *wao gehst den hi(n)?*
waradn	sein würden ... *wånn d' Leut a weng gscheida waradn*
Wartl (das)	Wörtchen ... *a Wartl redn mit eam*
wås re(d)st den zåm?	was redest du denn zusammen (Redewendung)
wåsdawö	egal was ... *es kån wåsdawö kema, kånn wåsdawö sein, i låß mas nöt nehma, 's Mühviadl g'hört mei(n)*
Wåschrumpl (die)	Waschrumpel, geripptes Blech zum Wäschewaschen, es gab solche auch aus Stein, Holz oder Glas. Ich erlaube mir den Hinweis auf das Museum *Wäschewaschen früher und heute* in Rainbach bei Freistadt
Wåschplöo (das)	Holz zum Wäscheplätten
Wåsn (der)	Rasen GM

Wåssakår (das)	Wasserkar ... alter Name für den Marktbrunnen, er war der Treffpunkt aller Hausfrauen des Ortes, wo sie beim Wasserholen ihre Neuigkeiten austauschten
wåssalåssn	urinieren ... *d' Muadda siad an Tee, ön Häfen ön an großen, weil da Vådda kånn nöt wåssalåssen*
wassarige Sunn	wässerige Sonne. Bei bestimmten Wetterlagen kommt es vor, daß die Sonne einen verwässerten Glanz ausstrahlt, der als Schlechtwetterbote angesehen wird

Wåssastoa

Wåssastoa (der)	Wasserverteiler, Stein mit verschiedenen Bohrungen zum Verteilen des Quellwassers an die berechtigten Bauernhäuser des Dorfes in Krondorf OM. In Salnau im Böhmerwald gibt es mitten im Dorf einen Wasserstein mit einer Inschrift aus dem Jahre 1818:

> M.F. WER
> IMMER LUST
> ZU TRINKEN HAT,
> DER KOMM, ICH
> TRÄNK IHN ALLE TAGE

Die runde Steinsäule ist ca 2,30 m hoch und hat einen Durchmesser von 1,50 m. Sie ist oben mit einem gemeißelten Granitdeckel und einem noppenartigen Aufsatz versehen

Wåssatrieb (der)	Wasserschoß am Baumstamm (Austrieb schlafender Knospen)
Watschn (die)	Ohrfeige ... die umstrittene *gsunde Watschn!*
Wäub	Ehefrau, der Ausdruck ist bereits verpönt, das Wort Dame ist kein Ersatz
Wäubads (das)	Weibsbild, Frau
Waukal (das)	für Laus (scherzhaft) OM
Wauwau (der)	sagenhaftes Gespenst, womit man die kleinen Kinder erschreckt. Der Druckerfranzl, eine legendäre Gestalt aus der Gegend um Stratberg, Gemd. Kollerschlag, trieb viele Jahre sein Unwesen in dieser Gegend. Er beraubte und bedrängte die Leute, wo er sie gerade antraf. Eine Felsenhöhle wird heute noch als seine Behausung hergezeigt. Eines Tages erfuhr er, daß ein Bauer zwei Ochsen verkauft hatte. Er beschloß darauf, ihm bei Nacht das Geld zu rauben. Schon am Abend stand er beim Fenster und spähte in die Stube hinein. Gerade war der Bauer dabei, das Geld nachzuzählen, als der kleine Bub ständig um einen Kreuzer bettelte. Nachdem er ihm schon einiges gegeben hat,

	wurde ihm die Bettelei zuviel und sagte er zu dem Buben: *Wennst nicht aufhörst, gebm ma dös gänzi Gäd ön Wauwau* und hielt den Geldbeutel beim Fenster hinaus mit den Worten: *Då, Wauwau, nimm!* Das ließ sich der Druckerfranzl nicht zweimal sagen, nahm den Beutel und verschwand
wauns wiadawö wa	wenn es wäre, wie es will ... *wauns wiadawö wa, i valåssat di nöt* ... wenn es wäre, wie auch immer, ich würde dich nicht verlassen
Wawi (die)	Barbara GM
wax	spitzig, stichig ... *dö Brombeerstaudn is a weng wax* OM
we	wer OM
Weafö (der)	primitive Seilwinde mit Handantrieb zum Brunnengraben
Weana (der)	Wiener, häufiger *Sommerfrischler* (Sommergast) im Mühlviertel in der Vor- und Zwischenkriegszeit
Wea(n)kln (das)	Hin- und Herwackeln mit dem Stuhl GM
weankn	nach einer Seite neigen, auch *worfeln* gespr. OM
Wechselbälge	verzauberte Kinder, die vollständig behaart und mit entstelltem Gesicht zur Welt kommen. Der Zauber befällt besonders die Kinder jener Frauen, die sich nicht dem kirchlichen Brauch entsprechend *vürasegna* (hervorsegnen) lassen. Es galt als Gebot des Glaubens, daß Kindes-

mütter nach dem Entbinden sechs Wochen nicht aus dem Haus gehen durften, um nicht dem bösen Blick ausgeliefert zu werden. Daher dürfte auch der Name Wöchnerin seinen Ursprung haben.

Weda (das)	Wetter ... *vü gscheida a schlechts Weda wia går koans*
wedalauni	wetterlaunig, *wedaschlachti*, wetterfühlig
Wedafeichten (die)	Wetterfichte ... einzelne knorrige Fichte im freien Felde, die ständig dem Unwetter ausgesetzt ist
Wedaseitn (die)	1. Wetterseite, Westseite ... *af da Wedaseitn miaß ma åwataferln* ... an der Wetterseite müssen wir heruntertäfeln 2. den Kautabak, den legte man auf der *Wedaseiten* (Wetterseite) in den Mund (spaßhafte Äußerung der *Måtschgerer*)
weffm	werfen, auch *kai(n)* gespr. GM
wegga	hinweg ... *weggageh'n,* weggehen
weggakletzln	wegkratzen
Wegmåcha (der)	Straßenwärter, die Berufsbezeichnung hat sich in den letzten 50 Jahren geändert
Wegoawad (die)	Wegarbeit, Tierversorgung zu den Mahlzeiten
weidhaxad	o-beinig, rachitisch
Weidn	Weite ... *va da Weiden håd mas scho gsegn*
weilödö	allmählich, unterdessen OM

Weingfåltan (der)	Zitronenfalter OM
weiniga	weniger
Wei(n)viadl (das)	Weinviertel, Gebiet in der Gemeinde Sandl. Der Name dürfte jedoch von der ehemaligen Herrschaft Weinberg bei Kefermarkt seinen Ursprung haben, welche dort ihre Besitzungen hatte
Weinzierl	Familienname, Winzer OM
Wendtn (das)	Abwenden. Es gab früher in manchen Orten einen Wender oder eine Wenderin und es gibt sie auch heute noch, jene Menschen, die Wassersucht, Auszehrung und Viehkrankheiten zum Guten wenden und heilen konnten. Man mußte dafür nach christlicher Art entweder 9 Tage oder 15 Tage beten
Weri (das)	Werch, Flachs OM
Wer(i)dålkl	schwaches Tierchen OM
Werfen	Ortsname Werfenstein, Wasserwirbel bei Werfen (Unterhaltungsbeilage der Linzer Tagespost 41. Jhg. 1908)
Weschpm (die)	Wespe ... *a Weschpm håd mi ön d' Pappm gheckt* ... eine Wespe hat mich in das Gesicht gestochen. Im OM auch *Wössen* anstatt Wespe gespr.
Wetschina (die)	Zigarre, Virginia
Wetti, Wettl	Barbara (siehe auch *Wawi*)

wetzn	1. schärfen, schleifen, die Sense *wetzn* ... *'s Mäul wetzn* 2. scheuern des Schuhes an der Ferse ... *mi wetzt da Schuah* 3. schnell laufen ... *ums Haus umigwetzt*
Wexszeig (der)	Werkzeug (das)
wia	wie ... *wia ma sö bett, a so liegt ma* ... wie man sich bettet, so liegt man
Wian (die)	1. Wärme ... *da Kachöofen gibt a weit a bessani Wian* 2. für Würmer ... *an Maurer muaß ma umrenna, daß ma a Wian kriagt zan Fischen* ... einen Maurer muß man umstoßen, damit man Würmer bekommt zum Fischen
Wiaffü (der)	Würfel
wiavü	wieviel
Wid (der)	Reisigholz, dünner Birken- oder Fichtenast, gewunden für das Zusammenbinden von Reisigbündeln. Er wurde auch für die Strohdeckung am Hausdach verwendet. *Wid* wurde auch das Reisigbündel genannt, das auf Ofenlänge abgehackt war. Das *Reisahåcka* war ausschließlich Frauenarbeit und wurde meist im Wald gemacht.
widaspensti	widerspenstig
Widhåcka (das)	ahd. wito, das Holz; Burg Wildberg soll von *wit* abgeleitet sein, Wittinghausen, Wittinggau, Kronawitter usw. Landwid (kräftige Stange) (siehe Band 1, S. 412)

Widin (die)	Witwe, auch der letzte Tropfen im Mostkrug (Johann Sigl, 1926) OM
Widiwa (der)	Witwer, auch eine Brotschnitte aus der Mitte des Laibes wird *Widiwa* genannt (Pfarrer Joh. Sig. 1926, Bd.10, 11) OM
Wiesbam (der)	Wiesenbaum, auch *Wischbam* gesprochen. Lange Stange, mit dem die Heufuhre *niedergroagelt* (niedergepreßt) wurde
wiglözn	keine Festigkeit haben OM
Wimberg	Flurname, abgeleitet von Windberg, in St. Leonhard b. Fr. (Berg mit vorzeitlichen Opferschalen)
Wimmerl (das)	Hautausschlag, Hitze oder Eiterbläschen auf der Haut GM
wimpsln	sehr ruhig, bei der Arbeit sehr fleißig sein OM
Windhosn (die)	Windwirbel
Windradl (das)	Windrad … Bei vielen Mühlviertler Bauernhöfen standen früher die Windräder, Wahrzeichen der verträumten, stillen Mühlviertler Landschaft. In der Gegend um *Leonfelden* gab es eine ganz eigenartige Form der Windräder. Ein findiger Zimmermann aus Sauerschlag soll sie um 1870 gebaut haben. Im Laufe der Jahrzehnte wurden diese lebendigen Wächter auf den Mühlviertler Höhen alt und morsch. Der Sturm des Jahres 1929, der im Mühlviertel ganze Wälder vernichtete, hat auch den alten Rädern den Garaus gemacht. Sie wurden nicht mehr aufgebaut, mit Göppelwerk und Motor war der Bauer nicht

mehr auf den Wind angewiesen. Das Landschaftsbild hatte sich verändert. Die letzten Windräder gab es noch auf dem Sonnberg bei Hellmonsödt. In St. Thomas und in Luftenberg erinnern noch in den Fels gemeißelte Löcher auf das Vorhandensein eines Windrades (Aus Heimatland 1936, Heft 11. Jg. XIII)

Windsbraut	Wirbelwind GM
wi(n)ga	winken
Wingö (der)	Winkel
Wintakerschn	Kotreste
Wipfö (der)	Wipfel
Wippsterz (der)	Bachstelze, *Sterz* ist der Schwanz der Bachstelze
wiran	wie er ihn ... *wiran gsegn håt, is a davongrennt*
wiriså̊g	wie ich sage
Wirtn (das)	Waldarbeit der Bauern im OM
Wirtschåft	Wirtschaft ... gebräuchlich im negativen Sinne, *a Wirtschåft ånfånga* heißt ein Durcheinander schaffen ... *der håd a Wirtschåft banåna* (beieinander); *Sauwirtschaft*
Wisch (der)	grüne Tannen- oder Fichtenäste an eine Stange gebunden, um damit den Backofen zu säubern, ergeben einen *Wisch.* Es heißt, man muß den Wisch am Andreastag (10. November) abschneiden, dann verliert er die Nadeln nicht

wissala	wissentlich OM
Wix	Schuhwichse, auch für Schläge wird Wix gesprochen ... *der håd Wix kriagt*
wixn	schlagen ... GM
wizzach	*zach wira Eselshaut* ... zäh wie eine Eselshaut
wo Länd?	wo zu Lande? OM
woagga	einweichen ... arg beschmutztes Geschirr, Kleider und dergl. einige Zeit *woagga låssn*
woanadi Braut	weinende Braut ... *a låchads Weib* UM
Woasal	weinerlicher, sentimentaler Mensch UM
Woasn (die)	Innenteil des Brotlaibes UM
woasn	weisen ... *den Weg woasn* ... den Weg zeigen
woatn	warten
Woaz (der)	Weizen
woazani Kleim (die)	Weizenkleie ... ist gut für Menschen, die Verdauungsprobleme haben
Wöckn (der)	Weißbrotform
Wöda (das)	Wetter, auch Unwetter ... *a Wöda håds* ... *a Wöda måcha* heißt auch ein Geschrei machen
wödan	wettern, schimpfen GM
wögn meiner	wegen mir, Redensart ... *wegn meiner* ... von mir aus

wögn wås?	warum denn? OM
Wögzoaga (der)	Wegweiser
wohlfi, woifö	wohlfeil, billig ... *dö Stiefö hand åwa wohlfi* GM
wöhrhåft	ungeduldig
Woifoachtn (die, Mzl.)	Wallfahrten; Wallfahrtsorte sind religiöse Gnadenstätten, davon stehen die meisten unter dem Patrozinium der hl. Maria. Wege dahin galten früher als kirchliche Strafen für mancherlei Vergehen. Sie mußten als Bußübungen mit verschiedenen Erschwerungen wie Nacktheit, mit Ketten, schweren hölzernen Kreuzen beladen, *kreuzstalt* (in Kreuzgestalt mit einer Stange durch die Ärmel), mit Sand in den Schuhen, auf den Knien rutschend oder fastend begangen werden. Wallfahrerzüge sind Gelöbnisse einzelner Personen oder ganzer Gemeinden, aus welchem Anlaß immer. Es gab einmalige und jährliche Wallfahrten. Das Mitführen von Fahnen und Heiligenfiguren auf Tragbahren usw. war üblich. Auf der Bahnfahrt zum Wallfahrtsort durfte man nicht verkehrt zum Gnadenort sitzen (nicht *arschlings sitzen*) (Aus: *Der Heimatforscher* von Josef Blau, Verlag A. Haase, Prag, Wien, Leipzig) Anmerkung des Verfassers: Eingedenk der Frömmigkeit der Wallfahrer war es allerdings nicht verboten, an ihren Übernachtungsorten bei Tanzunterhaltungen teilzunehmen, und manches verliebte Mädchen und mancher Bursche wartete sehnsüchtig auf die nächste Wallfahrt, um ihren (seine) Geliebte(n) wiederzusehen. Auch der Humor war bei solchen Wallfahrten nicht zu kurz gekommen. So versprachen zwei Freunde, sich zur Buße Erb-

sen in die Schuhe zu geben und so nach Mariazell zu pilgern. Was der eine mit Schmerzen ertrug, kostete dem anderen nur ein Lächeln, er hatte sich nämlich die Erbsen vorher gekocht. Bei ihren Übernachtungen mußten sie am nächsten Morgen schon sehr früh aufstehen, sodaß es meist noch finster war. Da soll es einmal vorgekommen sein, daß der Fahnenträger anstatt der Fahne eine Ofenschüssel (Holzteller mit Stange zum Broteinschieben in den Backofen) ergriff und damit stundenlang vor der Pilgerschar einher marschierte. Erst als es Tag wurde bemerkte man zum Gaudium aller den peinlichen Irrtum

Woisln (das)	weinerliches Verhalten eines schuldbewußten Menschen
Wolfgangihackl (das)	Wolfganghackeln waren silberne Amulette in Beilform als Anhänger. Mit dem Beilwurf wurde in der Rodungszeit die Grenze eines Grundstückes festgelegt. St. Wolfgang soll das Beil vom Falkenstein am Abersee geworfen haben und dort, wo es niederfiel, eine Kirche, heute St. Wolfgang, gebaut haben. Das Beil war schon seit der Steinzeit ein heiliges Symbol des blitzeschleudernden Himmels- und Sonnengottes. Seit dem frühen Mittelalter war es das äußere Zeichen eines *freien* Mannes. St. Wolfgang ist Hirtenheiliger und neben Petrus auch für das Wetter zuständig. Zum Schutze des Viehs hatte man Wolfgangbilder an die Stalltüren genagelt. (Josef Blau, *Der Heimatforscher*, 3. Auflage, Prag)
Wossa (das)	Wasser

Wössn (die)	Wespe ... *a Wössn in d' Pappn ghöckt* ... eine Wespe in den Mund gestochen
Wössennest	Mehlspeise ähnlich der Form eines Wespennestes GM
Wöstagäd	Patengeld (wie Krösengeld) OM
wüdi Segnbam	wilder Segenbaum wird das Heidekraut (Erika) genannt OM
wüdmassi	zornig
wunatiern	sich verwundert zeigen OM
wurd	würde ... *wånns endli oamål reg(n)ad wurd* ... wenn es endlich einmal regnen würde
wurgeln	würgen OM
wurln	sehr lebhafte Bewegung ... *då wurlts nagråd va lauter Kina* (Kinder)
wurma	ärgern, sehr beunruhigen GM
Wurn (der)	Wurm
Wurnagei	ein ganz kleines, schwaches Tier OM
Wurzlbam	Wurzelbaum
wuzelfoast	wuzeldick wie eine Walze ... *insa Buagamoasta is a großer Kunt, a wuzelfoasta*
Wurzwål (die)	der Wurzenwall, Wurzelstock eines gestürzten Baumes GM

Wurzelbaum bei Rosenhof, Gemeinde Sandl

Y

Ysumpf   Ysop (Hyssopus officinalis), Beizkraut

Z

z Gålli	in Gallneukirchen (Ortsname)
za	zu ... *za da hei(n)tign Zeit* ... *geh her za mir*
za	zähe
zach	zähe ... *a zachi Wurzn* sagt man zu einem ausdauernd arbeitsamen Menschen
Zachariasformel (die)	Formel gegen die Pest, Bannspruch, der zumeist aus 18 Großbuchstaben mit 7 Kreuzen in folgender Reihenfolge geschrieben wurde. + Z.O.L.A.+ B.L.Z.+ S.A.B. + Z.+ H.G.F.+ B.F.R.S.+ (Türinschrift). Die langgestreckten doppelarmigen Pestkreuze wurden früher als eigene Devotionalien aus Messing hergestellt und durch besondere Gebete geweiht
za da	zu der ... *za da Suppen*, ruft die Bäuerin den Hausleuten zu
Zacherl, Zaherl	Zähren ... *dö Zaherl hand eam åwagrunna*
Zädl (das)	Zuckerl ... *Münzenzädl* = Zuckerl nach Münzenkraut schmeckend
Zågö (der)	1. harmloser Schimpfname, meist bei Jugendlichen angewendet ... *du bist a rechter Zågö* (Sinndeutung unbekannt, wird gesprochen im Raum Freistadt) (siehe Band 1, S. 423) 2. Schwanz, *Zågl* nennt man auch ein schwanzförmiges Waldstück oder sonstige Grundstücke dieser Art

zåhlada Tåg	zahlender Tag, Redensart: ... *für den kimd a nu a zåhlada Tåg* ... für ein begangenes Unrecht kommt irgendwann einmal der Tag, an dem man dafür bezahlen muß ... das Schicksal wird ihn einholen
zåhlhåft måcha	seiner Schuldigkeit nachkommen ... *i wia mi scho(n) zåhlhåft måcha*
zahn, nåchizahn	schleppen, ziehen ... *an Fuaß nåchizahn*
zåhna	grinsen, auch für weinen ... *da Franzei zåhnt wia Hetschafux*
Zähntbrecha (der)	Zähnebrecher ... Der Bader war der Vorgänger des Arztes, er war auch für Hühneraugen und Zähneausbrechen zuständig. Daher kommt auch noch der Spruch ... *der schreit wira Zähntbrecha.* Der Zähnebrecher schrie selber so laut, daß er den Schmerzschrei des Patienten übertönte
Zåma (der)	geschnittener Jungstier, der als Zugtier abgerichtet (gezähmt) wurde
zåmführn	überfahren ... *ban Lampöwirt håmds a Henn zåmgführt*
zåmgståndn	1. Eine Lebensgemeinschaft ohne Verehelichung wird als *zåmgståndn* bezeichnet UM 2. geronnen ... *die Müli is scho(n) zåmgståndn* ... die Milch ist schon geronnen UM
zåmexna	zusammenfügen ... ungleiche Paare wieder zu gleichen zusamenbringen. Bei den Zugtieren ungleiche Paare auf ein Gespann zusammenstellen. Vor der Stubentür standen alle Holz-

schuhe der Hausbewohner. Kamen diese gleichzeitig bei der Tür heraus, entstand ein heilloses Durcheinander bei den Holzschuhen, man mußte die Paare wieder *såmexna*.

Es gab auch Bosnigln, die strichen manchmal Wagenschmiere in die Holzschuhe hinein. Den eiligen Benützern quoll dann oft die schwarze Schmiere zwischen den Zehen heraus, und unter bösesten Verwünschungen mußten sie ihre Gehwerkzeuge wieder in Ordnung bringen

Zamperl (der)	kleiner Hund ... *wås wü den der Zamperl?*
såmraffm	zusammenraufen, zusamengewöhnen, nebst allerlei Meinungsverschiedenheiten miteinander auskommen
såmrichten	sich kleiden
zamstessn	zusammenstoßen
såmtdem	trotzdem, samtdem ... *zamtdem is a da Erste wordn*
såmpråtschn	zusammentreten, stürzen, zusammenfallen ... das Gras auf der Wiese *zsåmpråtschn* UM
såmråmpfen	alles sich aneignen
såmschimpfen	zusammenschimpfen, zurechtweisen
såmstessen	zusammenstoßen
såmzwicka	sich besonders schön machen
såmduschn	zusammenprallen

Zän (der)	flaches, rundes Salzgebäck
zan	zum ... *zan G'sächtn g'hört a Knödel und a Kraut* ... *zan Essen und zan Betn soll ma neamd nötn*
Zångerer (der)	... rissige Haut vom Arbeiten im feuchten Erdreich, Gras u.s.w. meist beim Barfußlaufen zwischen den Zehen
Zanterl (die)	Zähne in der Kindersprache
Zåpfm	Zapfen
zåpfendusta	zappenduster, stockdunkel ... *ban Hoamgeh'n is scho zåpfendusta gwen*
Zarrad (das)	langwierige Sache, von zerren ... in die Länge ziehen
Zaschn (die)	harmloser Schimpfname für ein weibliches Wesen, meist scherzhaft gebraucht ... *du bist a rechti Zaschn!*
Zauckerl (das)	Taschenmesser mit Holzgriff in Trattenbach erzeugt (siehe Bergstadler)
Zaugg	Zugtiere
Zäuggö (das)	Hundeweibchen
zaumghörn	*G'hörts ös zwoa zåm?* Fragt der Kaufmann zwei beisammenstehende Kunden ... *na'na'*, sagt der eine Mühlviertler, *zåmkehrn kinnts eng säwa!* ... zusammenkehren könnt ihr euch selber
zaumgredat	zusammengerädert, total verbraucht wie ein altes Wagenrad

Oben: Zugtiere („Zaugg"), unten: Zehentkasten

Zaumgscherad (das)	das Zusammengescharrte, das Zusammengekratzte, der Rest
zaumgsun(g)a	1. zusammengesunken 2. zusammengesungen, Aufeinander abstimmen zweier Singstimmen
zaumhauchln, zamhodern	zusammensinken, zusammenkauern OM
Zaumleitn (das)	Zusammenläuten bei Beginn des Gottesdienstes. *Vorn Zåumleiten scho in d' Kira gåna* heißt auch, daß bereits schon vorehelicher Nachwuchs auf der Reise ist, was aber durch die Eheschließung goutiert wird
zaumpassn	zusammenpassen ... *dö passend zåm, wia wånns d' Taubm zåmtrågn hättn*
Zaumzeig (das)	Teil des Pferdegeschirrs ... Saumzeug ... Saum, Last, Säumer, Lastenträger auf den alten Saumpfaden von der Donau nach Böhmen
zau(n)düa	zaundürr
zauna	grinsen, ebenso kann es weinen bedeuten ... *då zåund a glei, wånn ma schimpft mit eam* ... da weint er gleich, wenn man schimpft mit ihm
zawö?	warum OM
zåwön	zappeln ... wenn ein Gewitter im Anzug ist, muß man beim Heueinfahren *zåwön, tråchten* (sich beeilen)
zdeppert	zu dumm
Zechankappö (das)	Zehenkuppe

zeckafoast	wuzeldick, sehr beleibt
zegözn	scherzen, necken OM
Zehentkåstn (der)	siehe Troadkåsten S. 394
Zeh'(n)	(Nasalierung auf dem „e") Penis, resp. beim Stier gebräuchlich. Der Zeh'n im getrockneten Zustand war füher auch die Schlagwaffe eines Gastwirtes, die er bei Raufhändeln in der Gaststube schnell zur Hand hatte. Der Wirt war nach dem Gesetz die erste Polizei und darf auch heute noch mit sanfter angemessener Gewalt einen Streit schlichten oder rabiate Gäste aus dem Hause verweisen
zehn duats	es will nicht gelingen
zehn	reitzen ... *den Hund zehn* ... den Hund reitzen, indem man ihm die Hand mit zwei gespreizten Fingern, dem sogenannten Gaberl, entgegenstreckt (Kollerschlag)
Zehntåschn (die)	Zehntasche, Vagina, wo der Penis, genannt der *Zehn*, gleichsam in eine Tasche eingebracht wird (bei Rindern angewendet) UM
Zehra (der)	Zehrer, Nutznießer ... *jeda Spårar findt an Zehra*
Zeid	Zeit ... *d' Zeid vageht, s'Liacht vabrinnt und s' Weib stirbt nöd* – alter Bauernspruch!
Zeidla (der)	Imker, der bei anderen Imkern den Honig aus dem sogenannten *Rauchfångstock* (veraltete Bienenbeute) mit einem langen Messer herausgeholt hatte

zeidln	melken
zeidi	zeitig, reif, dö Birn hand scho zeidi
zeidinga	Ausreifenlassen eines Geschwüres durch Auflegen von Salbe oder des vielgepriesenen Pechöls
Zeidl (die)	Biene
z hafti werdn	es geht über meine Kräfte hinaus, es ist mir zu heftig ... *dös is ma z hafti*
Zeig (der)	Baumwollstoff ... *drei Meter Zeig füra Gwåndt* ... drei Meter Baumwollstoff für ein Gewand UM
zeiln	faul dahergehen OM
zein	zeihen, bezichtigen ... jemandem eines Vergehens oder Verbrechens bezichtigen
Zeiß	Ortsname in der Gem. Alberndorf, vom Personennamen Zeizo
Zeitigan (die)	*wem die Zeitigan åwarama* ... jemanden tüchtig seine Meinung sagen
zeitla	früh, bald OM
zeitlång håbm	Langeweile haben
Zeletau	Ortsname von slav. *selo*, Waldregion bei Freistadt
Zeller	Siedler auf einer ehem. Zelle
Zenkn (der)	Zentner OM

Zent (die, Mzl.)	Zähne
Zepfn (der)	Zapfen GM
zepfi	Euterkrankheit der Kühe
zewaln	zappeln – Kinderspiel
zfachti	zu oft, zu viel, zu stark OM
zfäul	zu faul ... *der is zfäul zan Essen*
zfoast	zu fett
zfranzn	sich zu Tode lachen, auf Fransen gehen
zgach	zu jählings ... *nöt långsåm und nöt zgach und oiwei schen frisch, dös is mühlviadlerisch*
zgeh'n	zergehen ... *ön Schockalad ö da Sun zgeh'n låssen* GM
zHåår geh'n	besonders gut aufpassen müssen, ja keinen Fehler machen
zHämased	in Hellmonsödt, Ortsname
zhundastn	beschädigen, *ön Gåchtlzau(n) håmds ma zhundast* UM
zia, zia, zia - Hollerblüah	Finkengesang im Frühling
Ziach (die)	*Polsterziach, Tuchatziach* ... Polster und Tuchentüberzug
Ziadara	Hautkrankheit, sie wurde mit Fensterschwitz (Wasser von angelaufenen Fensterscheiben) geheilt (siehe Band 1, S. 425)

Ziagbrunn	Ziehbrunnen, der altbwährte *Stangelbrunn*, der früher vor jedem Wohnhaus zu finden war
ziagn, zoign, zoja, zahn	ziehen UM
Ziagschlin (der)	Ziehschlitten, großer Schlitten, der mit der Hand gezogen wurde. Holzhauer benutzten ihn auch, um das Schicht- und Langholz von den Bergen herunterzuholen. (In der Zeit, als es noch genügend Schnee gab!)
Zichori (die)	getrockneter Chicoree, der für die Kaffeerzeugung verwendet wurde, Zichorikaffee
Zichtl (die)	Korb, OM, im UM *Zistl* gespr.
zicka	etwas ausstechen, aussazicka, auszwicken
zickn	starken Geruch haben, besonders bei verdorbenem Fleisch GM
zidan wira Lampöschwoaf	zittern wie ein Lammschweif
Zidanschlågn	Zitherschlagen, Zitherspielen ... *wånn i amål stirb, stirb, miassnd mi d' Maderl trågn und dabei Zidanschlågn ...* (aus einem alten Volkslied des Mühlviertels)
Ziegerlkas (der)	Ziegerlkäse, kleine kegelförmige Käsestücke aus Magermilch. *Ziegerl* = Ausdruck für kleine Kegelform
ziegsåm	langsam OM
ziema	vermeinen, geziemen OM
Ziffa (das)	Rand ... *er steht scho(n) gånz am Ziffa*

Zigeina	Zigeuner, heute als Sinti und Roma bekannt, nicht seßhaftes, dunkelhäutiges Volk aus der ungarischen Ebene. Ein grauenhafter Bericht aus der Vergangenheit. Schon 1634 galt ein Aufruf des Marktrichters von Haslach, *die Zigeuner zu vertilgen und am Schnellgalgen* (gemeint sind die Bäume) *zu henken*. Sie wurden als vogelfrei erklärt. Laut landesfürstlicher Anordnung, wo u.a. *die Zigeuner und ihre ledigen Weiber, falls sie sich widersetzen, jederzeit niedergeschossen, ohne Prozeß zum Tode durch das Schwert verurteilt* werden durften
Zigeunamau	Zigeunermauer, Felspartie in der Gem. St. Thomas a. Bl.
Ziglöggöleiten	Zinnglöckchenläuten. Das Zinnglöckel ist die Totenglocke, welche anschlägt, wenn im Ort jemand verstorben ist (Betonung auf dem ersten „i")
Ziliacht (das)	1. wässrige Helle eines Geschwüres ... *es is ziliachti* OM 2. eigenartiges Licht an klaren Wintertagen. Es weht ein Ostwind, der im Volksmund der Ziliachti genannt wurde. *Ziliacht* könnte auch als Zinnlicht, hell, blank wie frisch geputztes Zinngeschirr, gedeutet werden (Ulrichsberg)
Zimentl (der)	Ziment, von Gastwirten benütztes Hohlmaß (veraltet)
Zimmermannsspruch:	Bei Fertigstellung eines Rohbaues war es allgemein üblich, daß ein geschmücktes Bäumchen, der *G'rüstbaum* genannt, aufgestellt wurde. Der Zimmerpolier pflegte dazu meist einen langen *Zimmermannsspruch* aufzusagen. Ein solcher Spruch lautet:

„Grüaß Euch Gott, Ihr alle insgemein,
So wie mir hier versammelt sein!
Es sei auch gegrüßt der heilige Josef!
Wir danken ihm für sein Geschäft.
Was wir haben heut verbracht, mit Gottes Hilf
und Beistand bin ich jetzt heraufgeschritten.
Hätt ich ein Pferd gehabt, so wär ich heraufgeritten.
Ich habe aber keins gehabt,
Drum hab ich es so gewagt.
Der heilige Josef als Zimmermann,
Führte diesen Strauß in seiner Hand,
Und ich will ihm das Bäumchen aufstecken,
Nicht in die Mitten, sondern in die Ecken.
Ich stelle ihn frei,
Und zeige an, daß dieses Gebäude aufgestellt sei!
Meini liabn Leit, gehts nöt glei z' Haus,
Ihr werdet sehen, was wir gutes bringen
draus.
Ich wollt jetzt auf einen Spruch studieren.
Da tuat mi a scheni Jungfrau fixiern.
Und ich ließ das Fixieren gleich sein
Und ging zu ihr in das Kämmerlein
Da bin ich eine Weile gesessen,
Auf den Spruch hab ich ganz vergessen.
Daher schenket mir ein,
A Måß Bier oder a Maß Wein!
Merkts auf wås ich Euch heut tua sågn:
Ein neues Gebäude haben wir aufgeschlagen.
Vor 14 Tagen haben die Vögel auf den Bäumen gesungen,
Die alten wie die jungen,
Und die jungen wie die alten
Und Gott wird das Gebäude in Gnade erhalten!
Er wird es beschützen vor Hagel und Feuersgefahr

Und vor Krankheit immerdar.
Wir wollen ihn noch ferner bitten,
Er wolle uns vor allem Unglück hüten,
Er wolle behüten den Bauherrn und Baufrau
Vor teurer Zeit, vor die schlechten Maurer und Zimmerleut,
Denn Zimmerleut sand verächt immerdar,
Weil es schon zur Zeit des hl. Josef auch so wår
Bauherr, jetzt komm hervor zu mir,
Ich hab was zum Reden mit Dir.
Ich frag Dich mit frischen Muat;
Gefällt es Dir wohl. So gefällt es auch mir,
Weil es gemacht ist, wie es sein soll.
Hätten wir vom Künstler die Kunst,
Von den Gelehrten alle Wissenschaft und Witz,
So bauen wir auf einen Nadelspitz.
Weil aber dieses nicht sein kann,
So bauen wir nach einem schönen Plan.
Das Gebäude ist guad bewehrt mit Rilln und Pfosten,
Drum wirds Dich oh Bauherr,
Für uns a guades Trinkgäd kosten.
Ein Dutzend Schilling wär nicht zuviel,
Aber zwei Dutzend wär das rechte Ziel.
Solls aber weniger von diesen sein,
So wollen wir auch zufrieden sein.
Das Gebäude ist aufgestellt,
Und viel haben wir uns auserwählt:
Fürn Moasta an Eimer Wein,
Då möcht hoid i a gern dabei sein.
Für d' Heber und G'selln an Hektoliter Bier!
Gelts, G'selln, das g'fållad eng und mir!
Håbn mir åber vü zan Tringa und nix zan Essen,
So wird doh die Bauersfrau af uns nöt vagessen.

Sie wird uns geben a weiß' Brot und a schweinas Fleisch,
So vü das nu wås übableibt;
Denn das Gebäude, das kostet viel Nageln und Klopfen,
Drum verlangen wir von der Baufrau a Reitern voll Kråpfen
Und van an Viertel Mehl a Koh,
Denn van Bamhebn werdn d' Leut miad und schwåh,
Und an schweinan Schinken, den måch uns nöt z'gring,
Und a Schmålzkoh bringst uns in da Laubatschwing!
Nun wünsch i ön Bauherrn a fettes Rind,
Da Baufrau recht båld a Kind
Und ön Häuslweibern a jeden a zwoa, a drei
Dann wird ön gånzen Haus a Geschrei.
Bauherr, jetz vasprich mir all's und såg Jå
Sunst håck i olli Banda und G'sperra å.
Nun weil i hiatzt nimma redn kånn,
Ruaf i meini Kåmeråden an:
Kameraden, haben wir noh a Bier,
So trinket und bringt es mir!
Und heute nach vollendetem Schmaus,
Folgt Musik und Gesang daraus."

Der Polier trinkt nun aus und wirft den leeren Krug in weiten Bogen zur Erde, daß er in Trümmer geht; Scherben bringen Glück!

Ein anderer Spruch lautet:
„Gott wird das Gebäude in Guaden erhalten.
Er wird es beschützen vor Hagel, Feuersgefahr und vor Krankheit immerdar."

Zinngießing	Ortsname, aus *(ze den) Tungotzen von PN Tungotz,* Ort in Engerwitzdorf (Engerwitzdorf aus Engelpoltsdorf)
Zipf (der)	Zipfel eines langen Gegenstandes, auch Feldes, Polsterzipf
zipfn	Kleid aus billigem Stoff *zipft*, es geht aus der Fasson und macht Zipfel
Zipföhaubn (die)	Zipfelhaube, Haube mit Quaste ... *Wås braucht den da Bauer an aufdrahten Huat, für so an Båtzenlippö is a Zipföhaubn guad* (Vierzeiler)
Zipperleinkraut (das)	Geißfuß (Aegopodium podagraria), er wird im MV auch *Erdholler, Dreifaltigkeitstee, Tåg- und Nåchtveigerl, Freysamkraut, Ackerstiefmütterchen* (Viola tricolor) genannt. Es wird wegen seiner Heilkraft beim *Vierziger*, einer Hautkrankheit der Kleinkinder, sehr geschätzt
Zistl (die)	Korb aus Drahtgeflecht oder Spänen zum Sammeln der Kartoffeln auf dem Feld
Zistlzäuna (der)	Korbflechter, der *Zisteln* erzeugt
Zitråspm (die)	Zitterespe oder auch Espe genannt, botanischer Name Zitterpappel
Zitterhaarl (das)	*Zotterhärchen, Flinserlgras, Marienhaarl* und *Jungfraunhaar* sind Namen für das Zittergras (Briza media)
Zitzl (das)	Grasbüschel, Sage: Der Förster von Neuhof (Sandl) ging auf den Anstand. Er sah ein altes Weiberl, das *Zitzl* ausriß. Er sagte ihr, sie solle aufhören, denn das Grasen sei hier nicht er-

laubt. Sie aber kümmerte sich nicht darum und riß weiterhin *Zitzl* um *Zitzl* aus. Da wußte der Förster, daß er eine Hexe vor sich habe. Er lud daher einen Rosenkranz in seine Flinte und schoß in die Luft, da war die Hexe verschwunden. (Depiny)

Zitzln (die, Mzl)	1. Euterstrichen der Ziegen 2. Zipfeln, auch die Bänder des Grastuches. (Grastuch ist ein großes *groblinnernes* Tuch zum Einfüllen des Grünfutters). Aus den Bändern sollen die Hexen auch Milch gemolken haben
Ziwebm (die)	Rosinen, Zibeben
zizalweis	kleinweise
Zizalbeerstaudn	Zitzerlbeerstaude ... das gleiche wie *Essibeerstaudn*. *Zizal* bedeutet klein
Zizibe	Gesang der Kohlmeise im Frühling
zkåtzn	zerstreiten, streiten wie zwei Katzen
zkein	zerkeilen, sich zerstreiten OM
zkledat	wackelig geworden OM
zkriagt sein	zerstritten sein (helles a), was hast du gesagt?
zkugln	zerkugeln, großen Spaß haben beim Lesen des Buches „Das Mühlviertel in Sprache, Brauch und Spruch"
zlång is's	zu spät ist es ... h*iatz is's zlång, weil a gstorbn is*

zleicha	zu leihen ... der Hans geht zum *Kramer* und verlangt ein Paket Nägel, dieser fragt: *Wie lang?, Wås?* meint darauf der Hans, *gibts ös leicht zleicha a?* ... gibt es die Nägel auch zum Ausleihen? ... (Sickerwitz, der sickert erst morgen durch!)
zleicha nehma	etwas ausleihen, – ein alter Spruch sagt: *Eine Frau und ein Fahrrad darf man nicht verleihen!*
zlexna	undicht werden der Mostfässer
zlodern	zerkleinern, zerstören ... *mei Hütten håmds ma total z lodert* ... auch *zlodiern* gespr. UM
zlodiern	zerlegen, zerschlagen
zmatschn	zerdrücken von Obst, Kartoffeln und dergl.
zmeaschan	zermörsern, zerstampfen
zmudln	jemanden verhöhnen
zmühln	zerstampfen, zermühlen
zmühln	zerquetschen, auch tüchtig verprügeln
znådi	zu notig ... *der is ma a weng znådi* ... der ist nicht nach meinem Geschmack, er ist mir zu gering, zu klein, zu dürftig, zu einfach, aus der Not gewachsen
znagst	zunächst, unlängst ... *znagst håni an Teufö gsegn, gånz an junga, an Rausch håt er a nu g'håd, dö Sau dö g'stunga* ... vor kurzem habe ich einen Teufel gesehen, ganz einen jungen, einen Rausch hat er auch noch gehabt, die Sau, die stinkende

znepft	zerzaust, ungepflegt
znichti	sehr schwach und klein OM
zöftigst	des öfteren, meistens ... *zöftigst is eh neamd dahoam ba eng* ... des öfteren ist ohnehin niemand daheim bei euch
Zöga (der)	geflochtene Einkaufstasche, *Oazöga*
zoign	ziehen
Zo(n)a	1. Draht, von Zaun GM (Nasalierung auf dem „O") 2. *Scheidazona* (der), Scheiterstoß auch *Scheidatristen* gespr. UM
Zoacha (das)	Zeichen ... *wånn d' Leut narrisch werdn, gebms a Zoacha!*
Zoaga (der)	Zeiger
zoagn	zeigen GM
Zoanzn (die)	Ortsname, Zainze, Ortsteil von Hagenberg
Zöch (die)	Zeche, Zöchen waren auch die Kirchenväter, die das Kirchenvermögen verwaltet hatten. In Altenberg gibt es die Ruine Zöch (Starhemberger Besitz)
Zocha (der)	Zocher, ein schwerfälliger Mensch OM
zocha	geschrumpft, runzelig, *gånz vazochani Öpfö gibts af Weihnåchten* ... ganz runzelige Äpfel gibt es zu Weihnachten

Zöchpropst (der)	Kirchendiener
Zodn (die)	Zotten, lange, wirre Haare
zöffön	kleine Schritte machen, *dahinzöffön*
Zoig (der)	Zeug, Werkzeug, auch *Zöog* gespr. OM
Zoipö (der)	großer *Zoipö* sagt man zu einem großen Burschen, der sich noch wie ein kleiner Bub benimmt
zoißn	zerzausen, z. B. Wolle OM
Zoi (das)	Wiener Zoll, Längenmaß = 2,634 Zentimeter, 12 Zoll = 1 Fuß oder Schuh
Zornbinkö (der)	Zornbinkel, jähzorniges Kind, Trutzkopf
Zreawa	in Rohrbach (Ortsname)
zrinna	zerrinnen, auch *grinna,* stöckeln der Milch ... der Schnee *zrinnt* in der warmen Sonne
zrittn	zerrütten ... jemanden in Zorn bringen, grantig machen, auch die Haare durcheinander bringen
zrübön	zerreiben
zrucktaufn	zurücktaufen, dem neugeborenen Kind einen Namen geben, der im Kalender zurückliegt
zrund	*zrund mächa,* etwas zu rund ausarbeiten ... kann auch das Gegenteil bedeuten ... *der mächt mas zrund* ... er treibt es auf die Spitze OM

zrupft	zerrauft (Haare)
zrüwön	zerreiben
zrupfter Uhu	ein Uhu fliegt über den Atlantik, er sieht unten einen Hai und ruft ihm zu: H - a - a - i! Der Hai winkt hinauf und ruft: U - u - h - u!
zruck	zurück ... *zruckaus ... ho ruck af Bruck und wieda zruck*
zschådn geh'n	verdorben werden, draufgehen OM
zschadriå	abwärts gehen, zu Ende gehen OM
zschmeißn kema	zurechtkommen mit Müh und Not UM
zschmiß kema	unterkommen OM
zschrickn	Sprünge bekommen, z. B. wegen zu starker Sonnenbestrahlung
zstrat	zerstreut
ztei	zu teuer
zuwigeh(n)	hinzugehen
zua	zu ... *a niadn Håcka findt sö a Stü* ... im übertragenen Sinn für Mann und Frau
Zuabreigga (der)	Zubräutigam, Trauzeuge
zuabauschn	zudecken mit der Bettdecke
Zuabraut (die)	Zubraut, Trauzeugin der Braut

Zuagroasta	Zugereister
Zuahåmmerleitn	in Weitersfelden gibt es einen geheimnisvollen Felsen, um den sich eine Sage rankt. Ein kleines Mädchen ist in einer Felsspalte am Pfingstsonntag verschwunden und erst ein Jahr darauf wieder gefunden worden (Wandersage!)
Zuahüll (die)	Bettdecke oder Tuchent
Zualissn	Zulissen, Ortsnamen und Flurnamen, Lüsse (Felder), die dem Anwesen zugewendet sind
zuaroacha	zureichen, das Heu mit der Heugabel auf den Wagen reichen (siehe *Roagåbö*)
Zuarricht (die)	Chaos, Schlamperei
zuaschånzn	zuspielen, zukommen lassen GM
zuasteh'n	zustehen, bekömmlich sein … *dö Medizin steht ma nöt zua* UM
zuatachtö	zugetan sein OM
Zuawåg	Knochen als Beigabe zum gekauften Rindfleisch. Tafel bei einem Fleischhauer mit der Aufschrift: *Der Ochs besteht aus Fleisch und Bein zum Laufen, drum kann ich das Fleisch ohne Bein nicht verkaufen*
zuawi	hinzu … *geh zuawi, sinst führns di zåm* … geh zur Seite, sonst fahren sie dich zusammen
zuawa	herzu
Zucht håbm	Anstand haben UM

zugan	zuckern
zügön	sich etwas zuziehen, eine Krankheit zuziehen etc. GM
Zugschiff	und Schiffzug. Die Schiffahrt auf der Donau ist das älteste Verkehrsmittel zwischen Ost und West. Die Donau war ursprünglich die einzige Verkehrsader, auf der sich der ganze Warenverkehr abgespielt hatte. War es *zu Tal* das Gerinne, das die Schiffe vorwärts trieb, so waren es *zu Berg* die Pferde, die die Schiffe auf der Saumstraße ziehen mußten. Ein ganzer Schiffzug mit Schleppkähnen heißt das *G'schirr*
zuiknean	hinzuknien ... *zan Kreuz zuiknean und betn*
zumalözn	sich nicht Zeit lassen, nicht erwarten können OM
Zung	Zunge, verächtlich auch *Pleschl* oder *Gealöffel* genannt ... *mia liegts af da Zung* ... sagt man, wenn einem ein bestimmter Name nicht einfällt
züngln	zweifach GM
zuraza(h)n, zuwaza(h)n	herbeiziehen, auch *zurizahn* ... hinzuziehen
zuri	hinzu OM, im UM auch *zuwi* gesprochen
zusiaßn	durch Verkleinerung sich genehm machen, einschmeicheln OM
Zussale (das)	Sage: Wallfahrer waren zu Fuß unterwegs nach Mariazell. Es war stockdunkle Nacht, nur das monotone Gebet des Rosenkranzes war zu hören. Ein kleines Mädchen ging ständig an der

Seite einer alten Frau, es weinte und weinte. Weil es gar nicht aufhören wollte, gab ihr die Wallfahrerin den Namen Zussale, worauf sich das Mädchen bedankte und sagte: Gottseidank, jetzt habe ich einen Namen; sprach es und ward verschwunden

zuwidrucka	hinzudrücken
zvü	zuviel ... *zvü Kraut aussa nehma*, sich zuviel erlauben
zwachln kema	wieder aufleben OM
zwån	waschen des Gesichtes OM
zweidigst	zu weitest, weitesthin, im weiten Umkreis ... *va zweidigst hand d'Leut zåmkema, wias ön Kröpföweber afghenkt håmd*
Zweil (der)	Zweig ... Beim Veredeln von Obstbäumen muß man einen *Zweil* von einem bereits veredelten Baum aufpelzen
zweis håbm	etwas im Sinn haben GM
zwen Schuah	ein Paar Schuhe ... *i hån ma ba an Umgeher a Paar Bataschuah kaft* ... ich habe mir bei einem Umgeher (Wanderhändler) ein Paar Bataschuhe gekauft. Bataschuhe hatten eine sehr gute Qualität und kamen aus Böhmen.
zweng	*zweng und zvü, is's Narrenzü(l)* ... zuwenig und zuviel ist des Narren Ziel
Zwe(tt)l	Ortsname, aus tschech. *Svetliek*, Lichtung

zwick mi ön Bugö	verächtliche Rede ... hab mich gern ... LmaA! (Götzzitat)
Zwickl (der)	Keil zum Spalten der Holzscheiter bzw. zum Fällen eines Baumes, um ihm die Fallrichtung zu geben
zwida	zuwider ... *Arbeit macht das Leben süß, Faulheit stärkt die Glieder und gar nix tuan is a nöt zwida*
Zwidaling	lästiger Mensch
Zwidår (der)	Zwitter
zwiefach	zweifach, *driefach* = dreifach
Zwieföhäupö	Zwiebelhäuptel
zwiefön	hart behandeln, schikanieren GM
Zwiesl (die)	Zwiesel, Gabelung OM
zwiespani	zweispännig, mit zwei Zugtieren
zwifabi	zweifärbig
Zwiggabussl (das)	mit zwei Fingern in die Wange kneifen
Zwig (der)	Verletzung ... *an Zwig åntoa* ... jemanden verletzen oder auch jemandem eine Bosheit antun
zwinsln	blinzeln
zwoa	1. Gesicht waschen im OM 2. die Zahl 2 (im städtischen Dialekt „zwa")

zwö, zwödan, zowödan?	warum? OM
zwoagga	völlig aufweichen lassen
zwögn den	wegen dem ... *zwögn den brauchst da nix åntoa*
Zwois (der)	schwerfälliger Mensch OM
Zwöschbana (ein)	Schnaps, der aus Zwetschken gebrannt wird
Zwuckal (das)	Kleinigkeit
Zwüföhäupö (das)	Zwiebelhäuptel
zwülisch	*zwielisch*, doppelwüchsige Bäume, zwei Stämme wachsen aus einer Wurzel
zwunderswögn	zur Verwunderung OM
Zwutschgal (das)	kleingeratenes Ding oder Lebewesen aller Art

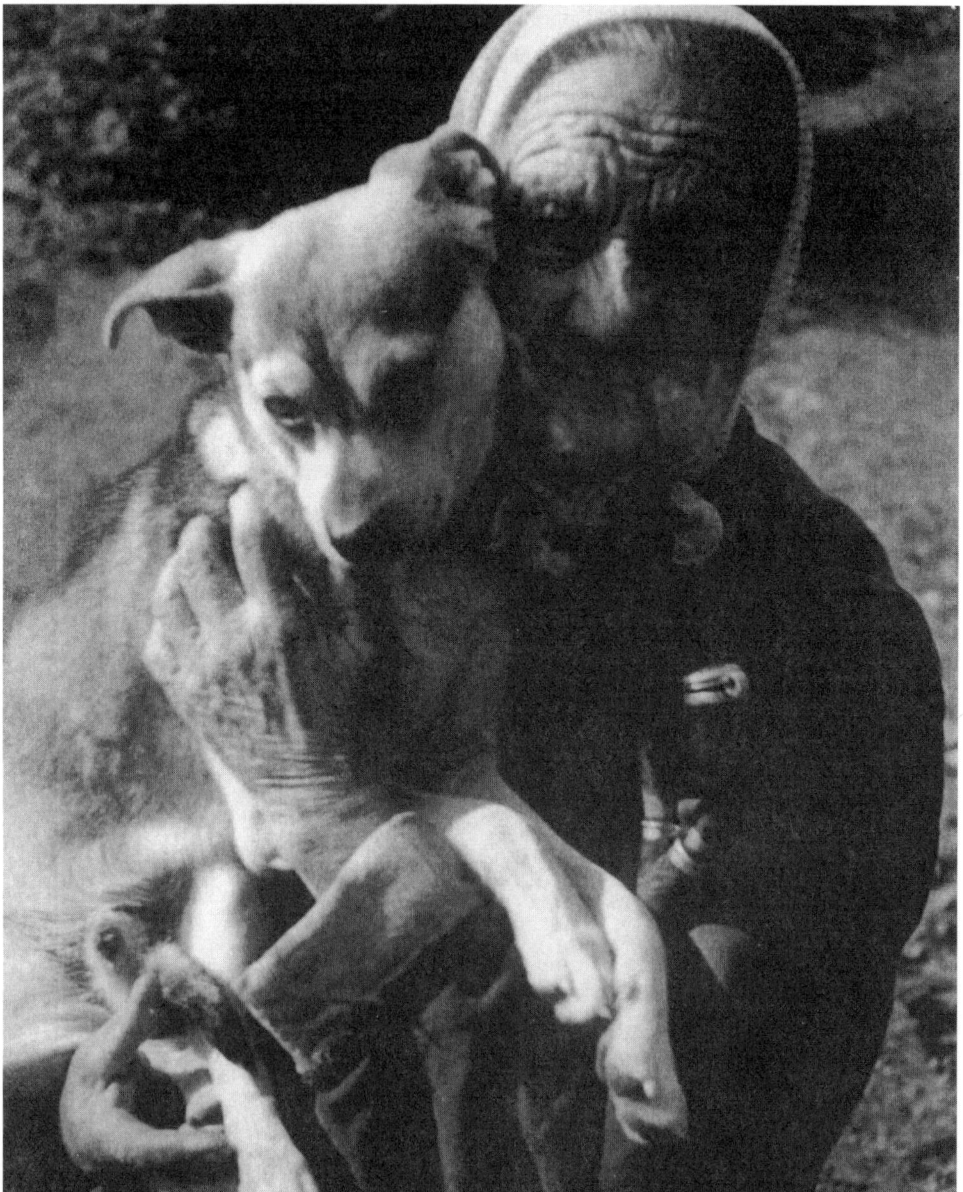

Bäuerliche Spruchweisheiten

Sprichwörter sind der greifbare Niederschlag der sittlichen, rechtlichen und wirtschaftlichen Anschauungen eines Volkes. Sie umfassen das gesamte innere und äußere Volksleben mit seinen Licht- und Schattenseiten. Sie zeigen uns, wie die Menschen denken, sprechen, handeln, sie geben uns einen genauen Gradmesser des sittlichen Standes und sind sehr wohl wert, gesammelt und so der Vergessenheit entrissen zu werden. Jede Volkskunde ist eine Sittenpredigt, so schreibt W. H. Riehl.

D' Einbüddung måcht d' Leut krånk

❋

D' Flöh huasten und s' Gråskwåchsen hörn ... alles besser zu wissen als die anderen (Naseweis)

❋

Ehrlich währt am längsten, und wer stiehlt, der lebt am schönsten

❋

D' Hauptsåch, daß ma g'sund han und d' Frau a Oawat håd

❋

D' Kina und d' Nårrn sågn d' Wåhrheit

❋

D' Költn måcht gschwindi Leut

❋

Mitn Schädl durch d' Mauer wolln

❋

D'Håår herleiha miaßn ... die Haare herleihen müssen

❋

I bi nöt afs Hirn gfålln

❋

Der is zan Daschlågn z'dumm ... der ist zum Erschlagenwerden zu dumm

❋

Den steht s' Wåsser bis zan Hals

❋

Dem rinnt s' Wåssa ön Mäul zåm ... Appetit bekommen

❋

Håst das säm einbrockt, muaßt as säm auslöffön

❈

Saufen wira Bürstenbinder

❈

D' Finger vabrenna ... sich in eine gefährliche Sache einmischen

❈

D' Füaß über d' Åxel nehma ... die Füße über die Achsel (Schulter) nehmen, er läuft was er kann

❈

Dåliegn wira z'mahda Frosch

❈

S' Renna håt koa Nåår aufbråcht,
sagt ein Raufer, der sich rechtzeitig aus dem Staub gemacht hat

❈

D' Schneid å(b)kaufen ... jemandem zeigen, daß man der Stärkere ist.

❈

Umfålln wira Mehlsåck

❈

Wåggeln wira Lampöschwoaf

❈

A G'sicht wira schwårze Kuchltür

❈

A G'sicht måcha wira z'tretner Holzschuah

❈

Dea steht eh a nöt ån in da Höh, und ban Bodn stengan olli ån
(von einem der hoch hinaus will)

❈

Dea is mit ålli Sålma (Salben) gschmiert, netta mit koana guadn nöt

❈

A Laus ön Pölz klaubn ... unbedachte Äußerungen machen

❈

Mit Kleinem fängt man an, mit Großem hört man auf (Diebstahl)

❈

Erster G'winn måcht ön Beutl gring

❈

Den druckt der Schuah ... der steht in arger Geldnot

❈

Von an schön Schüsserl werdn schöne Scherbm ... eine schöne Mutter hat auch ein schönes Kind

❋

Mit da Tür ös Haus fålln

❋

Da Esel geht netta oamål afs Eis

❋

Wegn oana Staudn verreckt koa Goaß

❋

Mi håd d' Goaß gleckt ... mich hat die Geiß geleckt ... ich war neugierig oder habe eine Dummheit gemacht

❋

S' Glück van Goaßpedan ... ein besonderes Glück haben

❋

Då springt d' Kåtz af dö åltn Fiaß, ös bleibt sö g'hupft wia gsprunga ... es bleibt so wie vorher

❋

Wer unter an grean Bam sitzt, muaß lång wårten bis er dürr wird. (Wer auf den Tod eines jungen Erblassers oder eines jungen Gatten wartet, muß lange warten.)

❋

Wer jammert, dem muaß ma wås nehma anstatt gebm

❋

Glei und glei gsöllt sö gern ... gleich und gleich gesellt sich gern

❋

Pack schlägt sich, Pack verträgt sich

❋

A Binkö Burd Hådern ... ein zusammengebundenes Bündel Hadern (Lumpen). Einer ist genau so schlecht wie der andere

❋

Oamål da Gigl, oamål da Gågl ... einmal der und einmal ein anderer

❋

U(n)recht Guat duad nöt guat ... unrecht erworbenes Gut bewährt sich nicht

❋

Häd mas nöd, so tät mas nöd, und weil mas håm, hiatz doan mas zåm

❋

Da Freida hålts nöt mit da Wocha ... diese Regel ist auf das Wetter bezogen

❄

Da Gscheida gibt nå(ch) und da Dümma fållt in Bå(ch)

❄

Då håd sö's Blattl gwendt ... es ist anders geworden, das Blatt hat sich gewendet

❄

Der red't oan a Lugga ön Bau(ch) ... der redet einem ein Loch in den Bauch

❄

Der schüd't wia Fuahmånn ... der schilt wie eine Fuhrmann

❄

Der streckt sö wia d' Katz ban Sch...

❄

Hopfm und Målz, – Gott erhålts ... alter Wirtshausspruch

❄

Bei einem, der zu allem zu dumm ist, sagt man ... *då is Hopfm und Målz valorn*

❄

Der um äfi (elf Uhr) g'henkt is wordn, der is scho kålt ... sagt man, wenn die angegebene Uhrzeit nicht stimmt

❄

Hals und Kopf kålt, dö Fiaß woam, dös måcht dö g'sund und ön Dokta oarm

❄

Kloani Ursåch, große Übel

❄

Wia da Schä(l)m is, a so denkt er

❄

Der håd a Nåsen wira Wetzkumpf ... über einen Mann mit übergroßer Nase,

❄

Der håd ban Nåsenvateiln zwoamål „hier" gschrian ... der hat beim Nasenverteilen zweimal „hier" geschrien

❄

Der duat, åls wia wån er ewi af da Wäd bleibad ... der richtet sich ein, als würde er ewig auf der Welt bleiben

❋

Der håd a Teschen am Fotz ... der hat eine Blase auf der Lippe OM

❋

Der håd an Stecka g'schlickt ... der hat einen Stock geschluckt, weil er so aufrecht geht

❋

Der håd mehr Schuidn wia da Hund Flöh håd

❋

Der håds Roß ban Schwoaf afzahmd ... der hat den Gaul von hinten aufgezäumt ... die Sache verkehrt gemacht

❋

Der håt sö ruaßi gmåcht ... der hat sich mitschuldig gemacht

❋

Der håts heraußt wia da Kråwåt s' Hemad ... der hat den Kniff heraußen wie der Kroate das Hemd. (Ein besonders Schlauer) Die herumwandernden Kroaten trugen das Hemd meist außerhalb des Hosenbundes.

❋

Der is a nu ön koana Lug dastickt ... für einen Gewohnheitslügner

❋

Obs hiatzt schen is oder bled, mia redn a so wias Mäul aufgeht

❋

Der is aufrichti wira Mausfålln ... der ist mit Vorsicht zu genießen

❋

Der is fürn Schindda z' schlecht ... der ist zu schlecht dafür, daß ihn der Wasenmeister entfernt

❋

Der kånn mehr als Birn bråtn ... d. h. der kann hexen

❋

Der kånn saufen, daß's a Mühlradl treibt

❋

Wo da Kråhn sitzt, dort schreit a ... wo der Täter ist, dort meldet er sich

❋

Der Mond hat einen Hof (einen Rand), *da kriegen wir schlechtes Wetter*

❋

Den is's Gsicht ausn Leim gånga ... d. h. er begann zu grinsen

❋

Daß dös Kind an Nåm håd ... d.h. man einigt sich

❄

A (ein) jeds Warum håt a Darum

❄

Alte reiß dö Hütten zåm, daß ma wås zan Hoazen håm (spaßhaft)

❄

Daß d' Lug (Lüge) an Vortl (Vorteil) bringt, dös måg scho sein, aber a Segn wiads sicher nöt sein

❄

Der håt d' G'scheitheit mitn Löffö gfressn

–

Der find't Såchan, dö wås dö åndern nu går nöt valorn håm

❄

S' Oa is oiweil gscheida wia d' Henn

❄

Dö Reichen kinand a nur mit oan Löffö essen

❄

Wauns Herz voll is, gehts Mäul üwa

❄

Waun d' Kåtz fort is, haumd d' Mäus Kirda

❄

Wer nöt kimt za da rechtn Zeit, muaß wårtn auf dös, wås überbleibt

❄

Außen hui und innen pfui

❄

Sage mir mit wem du umgehst und ich sage Dir wer du bist

❄

In Kopf häd as eh nu, åber d' Fiaß valåssendn

❄

A B'soffana duad sö nöt weh, so meinte man früher – als es noch kein Auto gab

❄

Waun oili einigangan, gangan eh nöt oili eini, aber weil eh nöt oili einigengan, gengan oili eini. Gemeint ist hier offenbar der Kirchenbesuch

❄

D' Not måcht erfinderisch

❄

In da Not frißt da Teufö Fliagn

❇

Gebm is säliger wia Nehma

❇

Mit da Kircha ums Kreuz geh'n

❇

Mit oan Oasch kå(n) ma nöt af zwen Kirda tånzen

❇

Der håd a G'stöll wia Såg voll Hirschgweih

❇

Da Teufel und da Tod, die sitzen afn Schråt, sö wårten af mi und i geh'ea nöt hin

❇

Wer einmal lügt, dem glaubt man nicht und wenn er auch die Wahrheit spricht

❇

Der Åpfel fållt nöt weit vom Bam

❇

S' Wåsser håt an kloan Kopf

❇

Zwischen „Finstan" und „Siagstmi nöt" – bei einbrechender Dunkelheit

❇

Abends wird der Faule fleißig

❇

Lebm wia Hund und Kåtz ... sich nicht vertragen

❇

Mir is hårt ums Herz ... es tut mir innerlich weh, wenn ich das mitansehen muß ...

❇

Ist auch der Himmel grau, zwischen dunklen Wolken wird es wieder blau

❇

Hoffart muaß leiden ... Hochmut, Überhebung, hochfahrend stolz ... besonders, hoffärtig fein gekleidet zu sein bringt nicht immer Bequemlichkeit

❇

Hoffart und Stolz wåchst af oan Holz

❇

... då kimd a schens Weda, wånn d' Stadlteara afgengan, sagt man, wenn jemand gähnen muß

❄

Augn und Mäul aufreißen ... staunen

❄

Wås da Bauer nöt kennt, frißt er nöt

❄

Wås dir g'hört, g'hört mia a und wås mia g'hört, dås geht di nix ån ... Ungleiche Besitzverhältnisse in der Familie

❄

Es wird nöt so hoaß gessen wias g'kocht wird

❄

Was du nicht willst, das man dir tu, das füg auch keinem andern zu

❄

Wås Hänschen nicht lernt, lernt Hans nimmermehr

❄

Wås ma nöt ön Kopf håd, muaß ma ön dö Fiaß håm

❄

Ein landesüblicher Verlegenheitsspruch lautet: „*I bi eh nöt es Essen kema*"

❄

Übergebm und nimma lebm ... altbewährter Bauernspruch

❄

Quäle nie ein Tier zum Scherz, denn es fühlt wie du den Schmerz

❄

Spiele nicht mit Schießgewehr, „denn es fühlt wie du den Schmerz" (spaßhafte Version)

❄

An Långsåmer kånn ma um den Tod schicka ... da kann man noch lange leben

❄

Wås ma sö einbrockt, muaß ma sö säwa auslöffen

❄

Wo da Teufö nöt säwa hinkånn, schickt er a ålts Weib

❄

Ön an niadn Åpfel steckt a g'sunda Kern

❄

Zwischen zwoa Brettln af d' Erd kema ... wenn jemand sehr wählerisch ist

❄

Hört man eine Wanduhr gehen, so sagt man: *"... es stirbt jemand im Hause."* Das Ticken der Wanduhr ist man so gewöhnt, daß man es nur sehr selten wissentlich hört.

❈

Då siagst an Nårrn glei

❈

Oa Scheitl olloa brennt nöt ... zum Streiten gehören immer zwei

❈

Ban Gäd hört sö d' Freundschaft auf

❈

Dumm geborn und nix dazuaglernt

❈

Gift und Gåll nehma ... heißt, die Hand ins Feuer legen

❈

Dua da nöt z'vü Kraut aussa

❈

Borgn måcht Sorgen

❈

Da Vortl (Vorteil) *treibts Handwerk*

❈

G'wålt vageht, Recht besteht

❈

Steh(l)n und Liagn geht über oa Stiagn

❈

Ehrlich währt am längsten, wer stiehlt, der lebt am schönsten

❈

Es gibt koan Speck ohne Schwårten

❈

Wer z'erscht kimd, der måhlt z'erscht

❈

Wer lång frågt, der gibt nöt gern, d. h. wer den Besuch fragt, ob er was zu essen will, dem ist leid darum

❈

S' Wåsser ön Båch trågen, d. h. einem, der viel hat, auch noch etwas geben

❈

Oa Nårr måcht zehne ... ein Narr macht zehn

❈

Lehrjåhr sand koani Herrnjåhr

✻

Groß und kloa schau(n) ... verwundert sein

✻

Aus da Tauf höbm ... den Taufpaten machen

✻

Da G'sunde håt hundert Wünsch, da Krånke nur oan

✻

A reins G'wissen is a guats Ruhekissen ... ein reines Gewissen ist ein gutes Ruhekissen

✻

U(n)kraut vadirbt nöt

✻

Rotz und Wåsser rean ... Rotz und Wasser weinen

✻

A dreckige Himmelfåhrt håbm ... heißt, mit großer Schuld in das Jenseits gehen

✻

Wie gewonnen, so zerronnen

✻

Geteiltes Leid ist halbes Leid

✻

Dahin gehts, håd da Spåtz gsågt und d' Kåtz håtn g'håd ban Kreuz

✻

Wer sö inta d' Kina mischt, der mischt sö inter d' Sau ... d. h. wenn Kinder untereinander streiten, soll man sich nicht dreinmischen, sie sind schneller wieder gut miteinander als man denkt, während die Feindschaft der Alten oft sehr lange andauert. Der Vergleich mit der „Säuen" klingt schockierend und derb. Das Leben und die Aussprache der Altvordern wurde eben von der harten Lebensweise geprägt. (Siehe Band 1, S. 219)

✻

Wird jemand nach seiner Meinung gefragt, so kann man spaßhalber sagen hören: „Mir is's am liaban oading" (mir ist es am liebsten egal)

✻

„Doats eng nimma weh!" – heißt es, wenn man sich von Bekannten verabschiedet, die eine begonnene Arbeit noch fertigmachen wollen.

✻

Ån da Kidlfåldn hänga ... ständig in der Nähe der Mutter oder der Frau sein

❈

Der håd Händ wira Kårfreidaratschn ... der hat so große Hände wie eine Karfreitagratsche

❈

Morgenstund håd Gold im Mund ... wer frühmorgens aufsteht, kann vieles erledigen

❈

... dö håmd nöt Köpf zåm (vertragen sich nicht)

❈

... S' Jåhr oamål måcht a åldi Kuah ar an Sprung

❈

Waun ma ön Bummerl nennt, kimd a grennt

❈

„Wås åntoa" heißt Selbstmord begehen ... *i tua ma wås ån!*

❈

Ön Teufö soll ma nöt an d' Wånd måln

❈

Wånn ma ön Esel nennt, kimmt a grennt ... wenn man von jemandem spricht, und er kommt gerade zufällig bei der Tür herein

❈

A guads Mittel gegn 's Stottern: „Hålt dö Pappm"

❈

Der steht då wia ångmålner Türk

❈

Wer lång huascht, der lebt lång ... Trost für die Kranken, wer lang hustet, der lebt lang

❈

Wer lång Suppen ißt, lebt lång

❈

Wer meldt, der bellt ... wenn jemand versucht, seine Tat auf einen anderen zu schieben

❈

Ön d' Haut eini gmua håm ... so satt sein, daß man nichts mehr hinunterbringt

❈

… macht einer ein sehr verdrossenes Gesicht, so sagt man: „Der macht a G'sicht wia 9 Tåg Regnweda."

❋

I låß mi nöt fürn Nårrn hålden (Redensart)

❋

… ön Scherbm aufhåbm … in einer peinlichen Lage sein

❋

… ön Dreck griffen håm … einen Fehlgriff gemacht haben

❋

D' Leit hand vaschieden, wånns a nu nöt gstorbn sand

❋

Sommersprossen sind auch Gesichtspunkte

❋

Zahnlose haben eine größere Zungenfreiheit

❋

Dös wås ma nöt segn, is uns nahada ois dö wås ma segn … das was wir nicht sehen, ist uns näher als das, was wir sehen

❋

a ålts Herkema … eine alte Überlieferung

❋

… dö rennt a min Schübl … die ist auch nicht schöner als alle anderen

❋

… so weit man schiabt, so weit håt man

❋

Wånns koani krånga Leit nöt gab, miaßad da Dokta ön d' Oawad geh'n … wenn es keine kranken Leute gäbe, müßte der Doktor in die Arbeit gehen

❋

Morgengebet der Jungfrau, indem sie mit beiden Händen an die Brüste greift: „Guten Morgen ihr beiden, ich grüß' euch mit Freuden, im Namen des Herrn, gressa sollts werdn."

❋

Häng di auf, daß d' Fiaß råsten kinan!

❋

…dös geht genau zåm, wia d' Haut ban Oa…

❋

G'sundheit, sågn d' Fuhrleit, fåhrns långsåm, kemans a weit.

❋

Wirtshausspruch: *„Wer morgn kimd, is zöchfrei, wer heint kimd, der zåhlt glei"*

❋

Jeder dritte, der einageht, wird daschossen! – Zwen hand scho dågwen

❋

Mit da Hosen gehn. Umschreibung für das Bedürfnis von Männern ... die Notdurft zu verrichten

❋

Renn a weng, wos ebm is ... so gesehen kann man im MV immer schön gemütlich gehen

❋

Guadi Kost, dö hüft ön Vådan af d' Muadda

❋

Ön Herrgod an guadn Månn sei(n) låssn ... man tut so, wie man will, und läßt den Herrgott einen guten Mann sein

❋

Ön Wåssa hand scho mehr dasoffn wia ön Bier ... zur Verteidigung der Verehrer des Gerstensaftes

❋

... dö schaut aus wira z'rupfti Ammerin ... die schaut aus wie eine zerrupfte Goldammer

❋

Durchs Redn kemand d' Leit zåm ... durch das Gespräch kommen die Leute zusammen

❋

Der redt wira Ölmån ... der redet so viel wie ein Ölhändler

❋

Der is a nöt weit her ... mit dem ist nicht viel los

❋

Den kå(n) ma ban Geh(n) d' Hosn fligga ... dem kann man beim Gehen die Hose flicken, weil er so langsam geht

❋

Der g'hört mit Kåtzendreg daschossen, daß er an stingadn Tod nimmt

❋

'S Gäd alloa måcht nöt glückli ... das Geld alleine macht nicht glücklich

❋

Dö neugierigen Leit miaßnd båld sterbm

❋

... nix für unguad ... nehmt mir bitte nichts übel

❋

Harbm geht ön d' Darm, dö Darm werdn moa (mürbe) und mit dir wirds går (aus). Harbm = Ärger

❋

Gring auf, gring å(b), glei wieder då ... Leitspruch der Bauern beim Heueinfahren mit Roß und Wagen

❋

Mentschamåcher und Kerschbamsetzen sol ma bleibnlåssn, wei wauns amål groß hand, hand oiweil die ånan drån ... Mädchenmachen und Kirschbäumesetzen soll man bleiben lassen, denn wenn sie einmal groß sind, sind immer die anderen dran.

❋

Der woaß a nöt, wo er sein Oa hinlegn soll ... der weiß auch nicht, wie er sich entscheiden soll

❋

... schen schwårz is a schen ... schön schwarz ist auch schön

❋

Wo da Pfening g'schlågn wird, da güt a nix

❋

s' Gäd måcht nöt glückli, wauns oan nöt g'hört

❋

Der schaut drein wia ön Tod sein Spion oder wira g'målne Bauernschüssel

❋

Probiern geht über Studiern

❋

Sch... da Hund afs Feuerzeug, brauch ma koan Benzin

❋

Liawa a Karl voll Flöh hiatn wia oa Mentsch ... lieber ein Körberl voller Flöhe hüten als ein Mädchen

❋

Ön Löffö weggalegn heißt, mit dem Leben abgeschlossen haben, man erwartet nur mehr die Sterbestunde *... i hå(n) ön Löffö scho weggaglegt*

❋

Hausspruch über den beiden südlichen Scheunentoren eines Bauernhauses bei Steinhaus: *„Behit uns Gott von theuren Zeiten, von Maurern und von Zimmerleiten."*

❋

Laßt den Neider neidig sein und den Gönner hassen, alles, was mir Gott beschert, muß mir der Neider lassen

❋

Håårlåssn miaßen ... büßen müssen

❋

Vü Köpf, vü Sinn

❋

Der schaut aus wira gschundener Raubritter

❋

Der schaut aus wira bluadiger Heilånd

❋

Wia ma ön Wåld einischreit, a so hållts z'ruck

❋

Wånnst ön Kloster a Knackwurscht essen wüst, muaßt zerscht a Sau hinbringa

❋

Wånns Herz voll is, geht da Mund über

❋

Freund in da Not, Freund in den Tod, Freund hintan Rucken, sand drei stårke Brucken. Eine andere Version besagt: *Vü Frei(n)d vü Hundsfüd* ... unter den vielen Freunden gibt es auch manche, die man mit dem Geschlechtsteil einer Hündin vergleichen kann (Siehe Band 1, S. 117)

Du weißt nicht wie die Blumen duften
Weil du nur Arbeit kennst und schuften
Und es vergeh'n die schönsten Jahre
Auf einmal liegst du auf der Bahre
Und hinter dir da grinst der Tod
Kaputtgeschuftet – Idiot

Tiere im Sprachgebrauch

an Åffen ham ... an Kåder håm ... an Spitz håm ... mit an Kåda aufsteh'n, ausschau(n) wia a Sau ... an Vogl håm ... ols für d' Kåtz ... am Hund kema ... mi håd dö Goaß gleggt ... (mich hat die Ziege geleckt, ich war zu neugierig) ... stinga wia Goaßbog ... der håd a Lebm wia junger Hund ... der liegt då wia z'mahder Frosch ... dreinschaun wia å(b)gstochana Goaßbog ... plärrn wia Haislgoaß ... der håd an Kopf wia Duttenkaibö ... a bleda Hund, der sö säwa beißt ... (wenn man sich selbst ein Leid zufügt) ... hundsjung und saudumm ... Hunga håbm wia Wolf ... der hörts Gråas wåchsen und d'Flöh huaschtn ... i bi nöt af da Sau dahergridn, wenn einer mit „Du" angesprochen wird ... sågt nöt Hund und nöt Sau ... koa Sau neamt dahoam ... waun da Bedlmå(n) afs Roß kimd, is a nimma zan dareitn ... Waun d' Kåtz ausn Haus is, håmd d' Mäus Kirda ... zwo Fliagn af oan Schlåg fånga ... Speibm wia Gerberhund ... blangi wia Goas ... då kunt jå ana Sau grausen ... dreinschaun wia d' Henn hintan Schwoaf ... kålt wia Froschhaxn ... schlau wia Fuchs ... essn wia Spåtz (so wenig) ... a fålscher Hund ... der måcht an Foz, daß d' Hea afsitzen kinadn ... brülln wia Stier ... kragitzen wira Ästan ... a Dreckfink ... a Schmutzfink ... a dummi Gåns ... dahersteign wia da Håh(n) am Mist ... a rechter Gimpö sein ... schlåfadi Hund soll ma nöt aufwecka ... wia da Håwö af d' Taubm geh'n ... den fliagn dö bråtna Taubn a nöt ban Fensta eini ... dreinschaun wia waun eam d' Hea 's Bråd gnumma hädn ... ausschaun wia Spermoasn ... singa wia Zeiserl ... valiabt sei(n) wia zwoa Täuberl ... a blinde Henn ... bålladi Hund beißend nöt ... schlafen wia Roß (ein Pferd schläft meist stehend) ... draufgeh'n wia der Håwö (Habicht) ... af d' Henn ... stehln wia Råb... a Ångsthås ... a dicker Broadling (Kröte) ... a Råbnbratl ... oa Schwålbm måcht koan Summa ... frech wia a Spåtz ... dahergeh(n) wia rauhfuaßada Tauba ... wia wånns d' Taubm zåmtrågn hädn ... Oawatn wia Viech ... a mords Viecharei (Spaß)

Perfekt ausländisch

Latein:	*Leni, wendt d' Anten um, bråts ent a*
Sanskrit:	*Binis, bistas, is as, san mas, sads ös, san sös*
Französisch:	*i moa scho a*
Chinesisch:	*D' Sunn scheint scho sche(n),*
	sche(n) scheint d' Sunn scho.

Schen Dong!

Schüsselsprüche

Die großen Bauernschüsseln aus bemalter Keramik waren oft sehr schön verziert, und allerlei schöne Sprüche konnte man nach der Mahlzeit darin lesen:

Bin ich leer auch noch so schön
Gefüllt bin ich lieber gesehn

Wer Arbeit liebt, der findet Brot
Wer sie flieht, hat viele Not

Wie der Vater, so der Sohn
Wie die Arbeit, so der Lohn

Nur gefüllt mit guten Speisen
Kann mein Magen dich lobpreisen

Selchfleisch, Knödel und ein Glas guten Most
Das ist eine prächtige Bauernkost

Reime: *I woas oan*
Der kend oan
Der a oan woaß
Der oan kend.

*Es gibt frei koan,
Der wås koan kend
Der a oan kend*

Ofenhändler zum Flori: *Mit diesem Herd ersparen sie 50% der Heizkosten –
So,* – meint ganz begeistert der Flori, *da nehm i glei zwen va dera Sorten, aft håni ma die åndre Häftn a daspårt*

Der Geiger:

Der Musikschüler kommt zu seinem Geigenlehrer und jammert: *Is e s' A scho(n) å, hiatz is 's E a nu å …* Ist ohnehin die A-Saite schon gerissen, jetzt ist die E-Saite auch noch ab.

Einen Satz mit den Wörtern Sex, Genitalien, Sperma und Vorhaut bilden: „*Wenn wir sex im Sommer gen Italien fahren, sperma in Hund in Kofferraum, daß'n ban Bremsen nöt vorhaut.*"

Der Entschuldigungszettel: Die Mutter schreibt an den Lehrer einen Entschuldigungszettel für das Fehlen ihres Buben am Vortag, kurz und bündig: „*Ich benedikte den Bum*" … ich benötigte den Buben.

Ziffernabkürzung:
1sam und ver2felt aber 3st und 4kantig

Vieldeutig

*Junger Mann mit Motorsäge sucht Frau mit Wald.
Immer zu müssen ist genauso schlecht wie nie zu dürfen.
Geld allein macht nicht glücklich, es muß einem auch gehören.
Lieber Schweißperlen wie gar keinen Schmuck.
Zucker macht den Kaffee bitter, wenn man ihn nicht hineintut.
Kochbücher gehören zur Schlundliteratur.
Barbra Streusand ist die Schutzheilige der Bauhofarbeiter.*

So und dös was gwen!
Mehr kån i eng nimma gebm
Und soid hiatzt nu wås üwableibm
Miaß mas hold am Raupfång schreibm

Quellen

Baumgarten, Amand	Das Jahr und seine Tage, in Meinung und Brauch der Heimat. Dr. A, Depiny, Linz, Pinrgruber 1927
Blau, Josef	Der Heimatforscher, Schulwissenschaftlicher Verlag A. Haade, Prag, Wien, Leipzig, 1922
Braumann, Franz:	Österreich von der Urzeit bis zu den Babenbergern. Edition der Zeitgeschichte, Tosa Verlag, Wien 1995
Commenda, Hans, Dr.	Meister der Mundart, Verlag Josef Steinbrenner, Schärding, gedruckt bei Joh. Haas in Wels
Dobesberger, Wolfgang	Der Bezirk Urfahr-Umgebung, ein Heimatbuch, O.Ö. Landesregierung Linz, 1982
Eibensteiner, Florian	Das Heimatbuch von Perg, Oberösterreich, 1933 im Selbstverlag, Druck: Buch- und Steindruckerei Wimmer, Linz
Ernest, Hans	Waldaist – Ein Sang aus Oberösterreich, Fidelius Steurer, Linz, 1910
Etzelsdorfer, Hannes	Granit – Druck Rudolf Trauner, 1992
Eysen, Andree:	Votive und Weihgaben des katholischen Volkes in Süddeutschland, Braunschweig, Viehweg 1904
Eysen, Andree	Volkskundliches aus dem bayerisch-österreichischen Alpengebiet. Braunschweig 1910, Viehweg und Sohn
Grimm, Jakob und Wilhelm	Deutsches Wörterbuch
Grohmann, Virgil Josef	Geschichte der Deutschen in Böhmen, VII. Jahrgang, Prag, 1869, k.k. Hofbuchdruckerei von Gottlieb Haase
Haasbauer, Anton	Die oberösterreichischen Mundarten, 2 Bände, 1926 und 1924/25 Heft 2
Haberlandt, Pr. d. M.	Volkskunde von Oberösterreich, „Mein Österreich, mein Vaterland", Band 1, 1914

Hanrieder, Norbert	Mundartdichtungen
Hauer, Johannes	Mundartdichtungen, 31. Jg., 1977, 3. und 4. Folge
Hönig, Franz	Da Mostschädl, Verlag bei Fidelius Steurer, Linz, 1923
Hönig, Franz	Unsa Landl, Mundartliche Dichtungen, 5. Auflage, Linz, Druck und Verlag von E. Mareis in Linz
Jahn, U.	Die deutschen Opferbräuche bei Ackerbau und Viehzucht, Breslau, 1884
Jungbauer, Gustav	Deutsche Volkskunde
Kastner, Otfried	Das Obere Mühlviertel, sein Wesen und seine Kunst, Verlag Dr. Stepan, Wien
Kramer, Sylvia und Josef	Derschmied, Luise und Hölzl Aloisia, „Umi und Uma", Aufzeichnungen aus Hackstock, Bibliothek der Provinz, 1992
Kranzmayr, Eberhard	Wie sagt man in Österreich, Wörterbuch der osterreichischen Besonderheiten. Bibliographisches Institut, Mannheim, Wien, Zürich. „Proben eines Wörterbuchs der österreichischen Volkssprache". Alt-Wien 34, 1895
Krempl, Josef	Ausn Lebn griffen, Verlag Pirngruber, Linz, 1913
Krempl, Josef	Meine Landsleut, Verlag Pirngruber, Linz, 1924
Krempl, Josef	Landlagmüat, Druck von Franz Kling, Urfahr-Linz
Krempl, Josef	Landluft, Verlag Fidelius Steurer, Linz 1920, 1. und 4. Auflage
Krempl, Josef	Studien aus dem Volksleben, Verlag Pirngruber 1921
Manhard	Wald- und Feldkulte, 2. Bd. 1875–77
Mareta, Hugo	Proben eines Wörterbuchs der österreichischen Volkssprache, Alt-Wien 34, 1895
Milz, Ernst	Südböhmen und der Böhmerwald in Boiohaemum Celtcum
Padberg	Haussprüche und Inschriften
Penn, Josef	1835–1914, Namensforschung, Mühlviertler Ortsnamen, Familien- und Taufnamen
Purschka, Norbert	Aus da Hoamat, Bilder aus dem O.Ö. Dorfle-

	ben, Druck von J. Wimmer in Linz, 1892
Resl, Franz	Då is amål, då san amål, då håd amål
Resl, Franz	Lachendes Land und lachende Leut
Riegler, Gregor	Sati(e)rische Verse, Verlag Denkmayr, Linz
Schmotzer, Oskar	Rechtsanwalt, Wels, Stadtplatz 22: unveröffentlichter Nachlaß
Schober, Friedrich	Wanderungen im Mühlviertel, O.Ö. Landesverlag, 1970
Sigl, Johann	Kleinzell, Beiträge zur Heimatkunde des Mühlviertels, 13 Bände
Sotriffer, Christian	Das Mühlviertel, Traum einer Landschaft, O.Ö. Landesverlag
Stepan, Eduard	Unteres Mühlviertel, Band 1, Wien 1930, Verlag Dr. Eduard Stepan (Deutsches Vaterland, Wien 1930)
Tauber, Reinhold	Mühlviertel, Leben auf Stein, Landesverlag
Wander, F. W.	Deutsches Sprichwörterlexikon, 5 Bände, Leipzig 1867,
Wosty, Wilhelm	Böhmische Geschichte
Zöhrer, Ferdinand	Östereichische Chronik, II Linz, Katholischer Preßverein, Linz 1905

Bauernstube in Kirchschlag

Am Webstuhl

Am Spinnradl

Der Häusler

Meine eigenen Erinnerungen & Entdeckungen

Ausdruck	Erklärung

Ausdruck	Erklärung

Auf den nachfolgenden Seiten
finden Sie weitere interessante Bücher
aus dem Mühlviertler Kleinverlag
Edition Geschichte der Heimat.
Sie können sämtliche Titel über den Buchhandel
oder direkt vom Verlag, A-4264 Grünbach, beziehen.

Schwerpunkt Mühlviertel
in der Edition Geschichte der Heimat

Fritz Fellner
Das Mühlviertel 1945
Eine Chronik – Tag für Tag
hart gebunden, 400 Seiten, S 390,–.

Die letzten Kriegsmonate und das Näherrücken der Front – die Verbrechen fanatischer Naionalsozialisten – Not und Chaos der Umbruchszeit – mühsame Schritte zur Normalität. Die Tageschronik berichtet Tag für Tag von den kleinen und großen Ereignissen im Mühlviertel.

Thomas Karny
Die Hatz
Bilder zur Mühlviertler „Hasenjagd"
gebunden, 135 Seiten, S 240,–.

Die Massenflucht von rund 500 sowjetischen Häftlingen aus dem KZ Mauthausen im Februar 1945 war der größte Ausbruch in der Geschichte der NS-Konzentrationslager. Was sich bei der anschließend von der SS gemeinsam mit Teilen der Mühlviertler Bevölkerung inszenierten „Hasenjagd" abgespielt hat, gehört zu den barbarischen und grausamen Kapiteln unserer Geschicht. Minutiös erzählt Karny in Form eines historischen Bilderbogens die Geschichte der Opfer und der Täter, aber auch jener Frauen und Männer, die inmitten der Barbarai ihre Menschlichkeit nicht vergessen und den Fliehenden unter großer persönlicher Gefahr geholfen haben.

Otto Milfait
Das Mühlviertel
Sprache, Brauch, Spruch
Gebunden, 512 Seiten, S 398,–

Dieses Lexikon der Mühlviertler Mundart rettet zahlreiche Dialektausdrücke und Redewendungen vor dem endgültigen Vergessenwerden.

Zeitgeschichte
in der Edition Geschichte der Heimat

Franz Steinmaßl
Das Hakenkreuz im Hügelland
Nationalsozialismus, Widerstand und Verfolgung
im Bezirk Freistadt 1938–1945, *370 Seiten, S 290,–*

Dieses Buch ist die ausführlichste Darstellung eines oberösterreichischen Bezirkes für die NS-Zeit. Der Autor hat aus Archivmaterial, Zeitungsberichten und Pfarr- und Gemeindechroniken eine packende Dokumentation erstellt.

Franz Steinmaßl
Arsen im Mohnknödl
Kriminalität im Mühlviertel
von der Jahrhundertwende bis 1938
gebunden, 350 Seiten, S 390,–

Über die ausführliche Darstellung der großen Verbrechen hinaus bietet dieses Buch mit seiner detaillierten Beschreibung der Alltagskriminalität einen überraschenden Einblick in die Alltagsgeschichte des Mühlviertels.
„Ich habe mich selbst immer wieder gewundert, wie viele sozialgeschichtliche Einzelheiten uns diese alten Geschichten erzählen können."

Franz Steinmaßl
Trauriger Fasching – Blutige Ostern
Kriminalität zwischen Inn und Traun
von der Jahrhundertwende bis 1938
gebunden, 400 Seiten, S 390,–

Nach seinem großen Erfolg „Arsen im Mohnknödl" wendet sich Franz Steinmaßl jetzt dem Inn- und Hausruckviertel zu. Neben den großen, aufsehenerregenden Kapitalverbrechen, die das Kernstück des Buches bilden, beschreibt der Autor auch andere größere und kleinere Delikte, die in ihrer Summe ein Stück Sozial- und Kulturgeschichte der Region ergeben.

Zeitgeschichte
in der Edition Geschichte der Heimat

Fritz Fellner (Hg.)
Passierschein und Butterschmalz
1945 – Zeitzeugen erinnern sich an Kriegsende und Befreiung
gebunden, 190 Seiten, mit zahlreichen Fotos, öS 298,–

Diese Sammlung von Zeitzeugenberichten geht auf einen Aufruf österreichischer Kirchenzeitungen an ihre Leser zurück, Erlebnisse des Umbruchsjahres 1945 aufzuzeichnen. In ihrer Gesamtheit geben die Berichte ein plastisches Bild dieses Jahres der Zeitenwende und sind ein lebendiger Beitrag zur „Geschichte von unten".

Christian Topf
Auf den Spuren der Partisanen
Taschenbuch im handlichen Einsteck-Format,
250 Seiten, S 248,–.

Das Salzkammergut war eine der regionalen Hochburgen des antifaschistischen Widerstandes, in dem sich 1945 sogar eine regelrechte Partisanenbewegung bildete. Unter Führung des legendären Ex-Spanien-Kämpfers Sepp Plieseis hatten sich zahlreiche politisch Verfolgte und Deserteure in die unwegsame Bergwelt zwischen Dachstein und Totem Gebirge zurückgezogen, um von dort aus den Nationalsozialismus zu bekämpfen.

Thomas Karny / Heimo Halbrainer
Geleugnete Verantwortung
Der „Henker von Theresienstadt" vor Gericht
Gebunden, 210 Seiten, S 298,–

1963 ging in Graz einer der spektakulärsten Kriegsverbrecherprozesse seit Ende des 2. Weltkrieges über die Bühne. Auf der Anklagebank saß der 53jährige Expeditarbeiter und frühere Mesner Stefan Rojko. Dem ehemaligen Aufseher im Gestapo-Gefängnis Theresienstadt wurden 200 Morde zur Last gelegt.

Literatur
in der Edition Geschichte der Heimat

Friedrich Ch. Zauners großer Romanzyklus
„Das Ende der Ewigkeit"

Friedrich Ch. Zauners vierbändiges Monumentalwerk „Das Ende der Ewigkeit" erzählt die Geschichte der ersten vier Jahrzehnte unseres Jahrhunderts aus der Perspektive eines kleinen, abseitigen Dorfes und seiner Bewohner. Bevor Sie dieses Werk zur Hand nehmen, vergessen Sie am besten alles, was Sie bisher zum Thema „Heimat" und „Heimatliteratur" gehört und selber vertreten haben. Denn Zauner, dieser völlig uneitle Erzähler, stellt die Heimat derart auf den Kopf, daß sie wieder auf ihren Füßen zu stehen kommt.

Band I
Im Schatten der Maulwurfshügel

Band II
Und die Fische sind stumm

Band III
Früchte vom Taubenbaum

Band IV
Heiser wie Dohlen

Jeder Band hart gebunden, 250 Seiten, S 330,-.

Alltagsgeschichte
in der Edition Geschichte der Heimat

Walter Kohl
Spuren in der Haut
Eine Expedition nach Gestern, *148 Seiten, S 248,–*
Eine Expedition, das ist eine Reise mit vollem körperlichem, geistigem und seelischem Einsatz. Eine solche Reise zurück in das Leben seines Vaters, der heute als alter Mann im Rollstuhl sitzt, hat Walter Kohl geleistet. In tagelangen Interviews hat er das Leben eines ledigen Kindes einer Bauernmagd erkundet und hatte dabei sein Schlüsselerlebnis: Für den, der genau hinschaut und mit-leidend nachfragt, stimmt bald keines der Bilder mehr, die er sich selber von der Vergangenheit gemacht hat.

Gerald Rettenegger
Holzknecht
Das Leben der Hinterwäldler / Dokumentarische Erzählung
Gebunden, 200 Seiten,
zahlreiche Fotos und Abbildungen, S 390,–
In einem Seitengraben des oberösterreichischen Ennstales, dort wo der Most schon nach Schatten schmeckt, leben noch ehemalige Holzknechte. In langen Gesprächen mit dem Autor haben sie ihr Leben vor seinen und der Leser Augen wieder auferstehen lassen. Eine ausführliche Fotodokumentation ergänzt diese wertvollen Überlieferungen.

Maria Hauser
Der erste Schrei
Aus den Erinnerungen der Mühlviertler Hebamme Rosina Riepl
Gebunden, 160 Seiten, zahlreiche Fotos und Abbildungen, S 248,–
Neben Arzt und Priester hatte besonders die Hebamme Einblicke in die intimsten Lebensverhältnisse der Menschen. Die Erinnerungen der Mühlviertler Hebamme Rosina Riepl sind deshalb ein wertvolles Stück Alltagsgeschichte.

Alltagsgeschichte
in der Edition Geschichte der Heimat

Maria Hauser
Gras zwischen den Steinen
Geschichten aus dem Mühlviertel
Gebunden, 120 Seiten, S 198,–

Zäher Lebens- und Überlebenswille unter widrigen Umständen ist das gemeinsame Thema von Maria Hausers Mühlviertler Geschichten. Sie erzählen von Knechten und Mägden, ledigen Kindern und armen Keuschlern – und von dem mühevollen Ringen dieser Menschen auf dem kargen Boden. Ihre warmherzige, aber unsentimentale Schilderung menschlicher Schicksale gibt uns einen Einblick in das Leben in unserer Heimat, wie es vor 50 Jahren noch alltählich war.

Johanna Schobesberger
Wer schützt die dünne Haut?
Von einem einfachen Leben, das gar nicht so einfach ist
Gebunden, 125 Seiten, S 228,–

„Die Angstzustände kommen wieder. Nach drei Stunden Schlaf werde ich jede Nacht wach. Ich will in die Nervenheilanstalt. Mein Mann fährt mich ins Krankenhaus. Ein zehnminütiges Aufnahmegespräch. Hellgraue Augen blicke kalt, uninteressiert, gelangweilt, abweisend.
Wieder so eine, die mit dem Leben nicht zurecht kommt. Es gibt zu viele von ihnen. Sie sind uninteressant, gänzlich uninteressant."